中原历代中医药名家文库

主编　许敬生

中医名家珍稀典籍校注丛书

读素问钞校注

〔元〕滑寿　注　〔明〕汪机　续注

冯明清　孙华妤　校注

河南科学技术出版社
·郑州·

图书在版编目（CIP）数据

《读素问钞》校注/（元）滑寿注；（明）汪机续注；冯明清，孙华好校注. —郑州：河南科学技术出版社，(2024.8重印）

ISBN 978-7-5349-6831-0

Ⅰ.①读… Ⅱ.①滑… ②汪… ③冯… ④孙… Ⅲ.①《素问》-内容提要 Ⅳ.①Z89：R221. 1

中国版本图书馆 CIP 数据核字（2014）第 122529 号

出版发行：河南科学技术出版社

地址：郑州市郑东新区祥盛街27号　　邮编：450016

电话：（0371）65788613　65788639

网址：www. hnstp. cn

策划编辑：李喜婷　马艳茹

责任编辑：邓　为

责任校对：王晓红

封面设计：张　伟

版式设计：若　溪

责任印制：朱　飞

印　　刷：永清县晔盛亚胶印有限公司

经　　销：全国新华书店

幅面尺寸：185 mm×260 mm　印张：14. 75　字数：205 千字

版　　次：2014 年 10 月第 1 版　2024 年 8 月第 2 次印刷

定　　价：98. 00 元

中原历代中医药名家文库（典籍部分）

主　　编　许敬生
副 主 编　冯明清　侯士良　卢丙辰　刘道清
学术秘书　马鸿祥

序

河南省地处中原，是中华民族优秀文化发祥地，从古及今，中原大地诞生许多杰出之士，他们的文化精神和伟大著作，一直指引着中华民族科学文化的发展与进步。老子、庄子、张衡、许慎、杜甫、韩愈等伟大思想家、科学家、文字学家、诗人、文学家在中国文化史上，做出伟大贡献。诞生于南阳的医圣张仲景两千年来以其《伤寒论》《金匮要略》一直有效地指导着中医理论研究与临床实践。中原确为人杰地灵之区。

河南省诞生许多著名中医学家，留下大量优秀中医著作。北宋淳化三年编成之《太平圣惠方》卷八收录《伤寒论》，为孙思邈所称“江南诸师秘仲景要方不传”残卷秘本，可觇辗转传抄于六朝医师手中的《伤寒论》概貌。《伤寒补亡论》作者郭雍，从父兼山学《易》，事载《宋元学案·兼山学案》，以治《易》绪馀，精究宋本《伤寒》，其书可补宋本方剂之不足、条文之缺失，可纠正《伤寒卒病论》“卒”字之讹，谓“卒”是“杂”字俗写而讹者，郭书对研究考证宋本《伤寒论》甚为重要。丛书所收诸家之作，大多类此。

中医发展，今逢盛世。河南科学技术出版社高瞻远瞩，不失时机地将河南省历代中医药名家著作精选底本，聘请中医古代文献专家许敬生教授担任主编，组织一批专家教授进行校勘注释予以出版，这对于继承和发展中医药事业具有重大意义。本书汇集之作，皆为中医临床及理论研究必读之书。读者试展读之,必知吾言之不谬。

振兴中医,从读书始。

北京中医药大学　钱超尘

2014 年 1 月 1 日

前　言

中原是华夏文明的主要发祥地，光辉灿烂的中原古代文明造就了丰富多彩的中医药文化。

中州自古多名医。在这块土地上，除了伟大的医圣张仲景之外，还产生了许多杰出的医学家。早在商代初期，就有商汤的宰相伊尹著《汤液》发明了汤剂。伊尹是有莘国（今河南开封县，一说是嵩县、伊川一带）人。早期的医方大家、晋朝的范汪是颍阳（今河南许昌）人，一说南阳顺阳（今河南内乡）人，他著有《范汪方》。较早的中医基础理论著作《褚氏遗书》的作者、南朝的褚澄是阳翟（今河南禹州）人。唐代的针灸和中药名家甄权是许州扶沟（今河南扶沟）人，寿 103 岁。唐代名医张文仲为高宗时御医，是治疗风病专家，曾著《疗风气诸方》，为洛州洛阳（今河南洛阳）人。对痨病（结核病）提出独到见解，著有《骨蒸病灸方》一卷的崔知悌是许州鄢陵（今河南鄢陵）人。中国现存最早的食疗专著《食疗本草》的作者，唐代的孟诜是汝州（今河南汝州）人。北宋著名的医方类书《太平圣惠方》的作者王怀隐是宋州睢阳（今河南商丘）人。宋代著名的儿科专家阎孝忠是许昌（今河南许昌）人，他为恩师编写《小儿药证直诀》一书，使儿科大师钱乙的学说得以传世。北宋仁宗时，“校正医书局”中整理古医书的高手有好几位河南人。如撰《嘉祐本草》的掌禹锡为许州郾城（今河南漯河市郾城区）人，完成《重广补注黄帝内经素问》的孙兆、孙奇，均为卫州（今河南卫辉）人。北宋医家王贶是考城（今河南兰考）人，著有《全生指迷方》，《四库全书提要》评价说："此书于每证之前，非惟详其病状，且一一详其病源，无不辨其疑似，剖析微茫，亦可为诊家之枢要。"北宋末期的著名医家、《鸡峰备急方》（又称《鸡峰普济方》）的作者张锐是郑州（今河南郑州）人。南宋的伤寒大家，《伤寒补亡论》的作者郭雍是洛阳（今河南洛阳）人。南宋法医学家郑克是开封（今河南开封）人，他著的《折狱龟鉴》是与宋慈的《洗冤集录》齐名的一部法医著作。金元四大家之一，攻下派的代表金代张子和是睢州考城（今河南兰考县，一说民权县）人。元代名医滑寿祖籍是襄城（今河南襄城县）人，他著有《读素问钞》《难经本义》，对《黄帝内经》和《难经》的研究做出了巨大贡献；他著的《诊家枢要》和《十四经发挥》分别是诊断学专著和针灸专著，均在中医发展史上占有光辉的一页。明太祖朱元璋的五皇子朱橚，就藩在开封，为周定王，他著的《救荒本草》，以河南的灾荒为背景写成，开创了对野生可食植物的研究，对后世产生了深远影响。著名的医史专家、明代的李濂是祥符（今河南开封）人，他的《医史》十卷，是我国首次以"医史"命名的医学史专著，书中为张仲景、王叔和、王冰等人补写了传记。清代名医，《嵩崖尊生全书》的作者景日昣，是登封（今河南登封）人。清代温病学家的北方代表人物、《寒温条辨》的作者杨栗山是中州夏邑（今河南夏邑）人。清代著名的植物学家吴其濬，是河南固始县人，他撰写的《植物名实图考》和《植物名实图考长编》，不仅是植物学的名著，也是继《本草纲目》后最重要的本草类著作，对世界医学曾产生过重要影响。还有很多很多，不再一一列举。据不完全统计，史传和地方志中有籍可考的河南古代医家多达1000余人。《周易·系辞上》曰："子曰：'书不尽言，言不尽意'。"这些著名的医家，犹如璀璨的群星，照亮了中医学发展的历史道路。

粤稽往古，从火祖燧人氏点燃华夏文明之火，改变了先民的食性，到酒圣杜康发明酿酒，促进了医药的发展；从殷墟甲骨文到许慎的《说文解字》，作为中医药文化载体的汉字，其发展过程中的主要阶段得以确立和规范；从伏羲制九针、岐黄论医道，创立岐黄之学，到伊尹著《汤液》，创中医汤剂；从道圣老子尚修身养性、庄子倡导引养生，到医圣仲景论六经辨证而创经方，确立辨证论治法则，成为中医学术的核心思想和诊疗模式，中医的经典著作《黄帝内经》《伤寒杂病论》《神农本草经》等纷纷问世；从佛教于汉代传入中国，直到禅宗祖庭少林寺融禅、武、医于一体而形成的禅医文化，这一切均发生在中原大地。

寻根溯源，我们深深感到是光辉灿烂的中原文明，孕育了中华瑰宝——中医药文化。经过几千年的历史积淀，中医药文化在中原文明的沃土中生根开花、发展壮大，并从儒、道、释及华夏文明的多个领域中汲取精华和营养，逐渐在九州大地兴旺发达，一直传到五洲四海，为华夏文明增添了绚丽的色彩，为人类的健康做出了杰出的贡献。作为后人，作为中医药文化的传承者，不能忘记，这是我们的历史，这是我们的根脉。

中原古代医药名家留下的宝贵著作，积淀了数以千年的中医精华，养育了难以计数的杏林英才。实践证明，中医的成才之路，除了师承和临证以外，读书是最基本的路径。

为了保护和传承这笔宝贵的文化财富，让广大读者顺利阅读这些古籍，并进一步深入研究中原医学，我们组织了一批中医专家和从事中医文献研究的专家，整理编写了这套《中原历代中医药名家文库·典籍部分》。计划出版 40 余部，首批校注出版 19 部，随后陆续整理出版。此套丛书，均采用校注的形式，用简化字和现代标点编排，每本书前都有对该书基本内容和学术思想的介绍及校注说明，在正文中随文出校语，做注释，注文力求简明扼要，以便读者阅读。

对中医古籍的整理研究，既是对中医学术的继承，又是对中医学术的发展；既是对前人经验的总结，又是对后人运用的启示；既可丰富基础理论，又可指导临床实践。其意义深远，不可等闲视之。为了“振兴中医”和实现“中原崛起”这伟大的历史使命，我们这些生于斯、长于斯的中原中医学子，愿意尽一点绵薄之力。当然，由于水平所限，难免会出现一些缺点和错误，恳请学界同道和广大读者批评，以便我们及时修正。

此套丛书得以付梓，要诚挚感谢河南科学技术出版社的汪林中社长、李喜婷总编、马艳茹副总编等领导和医药卫生分社的同志们，是他们的远见卓识和辛勤劳作玉成了此事。承蒙著名中医文献专家、北京中医药大学钱超尘教授在百忙中为本套丛书作序，深表谢意。时值辞旧迎新之际，祝愿我们的中医事业永远兴旺发达。

许敬生

2014年1月5日

于河南中医学院金水河畔问学斋

原书作者及书籍内容和学术价值简介

一、 作者生平

滑寿，字伯仁，又字伯休，晚号撄宁生。约生于元大德八年（1304年），卒于明洪武十九年（1386年），祖籍许州襄城（今河南省襄城县）。元初其祖父做官于江南，举家徙居江苏仪真（今江苏仪征市），滑寿生于该地，后迁浙江余姚。滑寿在元代是与朱丹溪齐名的“一代医师之良”，卒于明初，故《明史》有传，《河南通志》《浙江通志》《仪真县志》有传。《河南通志》载：“当元时，父、祖官江南，自许（昌）迁仪真，生寿。”《浙江通志》载：“寿与宋禧（宋禧为宋濂兄弟）为友，其诗雅健，元时曾乡举。按《滑氏家谱》，则为刘基之兄也，基尝访之于余姚，留数月而去。其子孙散居余姚、武林，而武林为最盛。”《绍兴府志》记：“今子孙为余姚人，知府（滑）浩是其孙。叶知府逢春云：寿盖刘文成基之兄，易姓名为医。刘文成既贵，尝劝之仕，不应，留月余乃去。”可知，滑寿原本与明初的大儒刘基是一家，元代易鼎后隐于医。元·戴良《九灵山房集》有《怀撄宁诗》，诗曰：“蜀客著书人岂识，韩公卖药世偏知，道涂同是伤心客，只合相从赋黍离。”道出滑寿自为抱节之遗民。

滑氏自幼“笃实详敏，博极群书”，“日记千余言，操笔为文，词有思致，尤长于乐府”，儒学师从韩说。京口（今江苏镇江）名医王居中客居仪征时，滑寿从其学习医理。在钻研《素问》过程中，他觉得《素问》内容虽详，但“为说各异，篇次无绪”，多有错简，遂将《素问》要言按脏象、经度、脉候、病能、摄生、论治、色脉、针刺、阴阳、标本、运气、汇萃十二项，分类摘抄，集成《读素问钞》三卷，方便阅读。是书以“抄而读之”为主，其中也间有己见和前人之注，达到“本其旨义，注而读之”的目标。

滑氏行医五十年，精于诊而审于剂，通运气。《河南通志》说他：“多治验，所至人争延至，以得撄宁生一决生死为无憾。无问贫富，皆往治。不责报，遂知名吴楚间。在淮南曰滑寿，在吴曰伯仁氏，在鄞、越曰撄宁生。年七十余，颜如童子，行步轻捷，饮酒无算。”他最早发现麻疹初起时病儿口腔黏膜有白色斑疹，上海高镜朗医师在《古代儿科疾病新编》中称其为“滑氏斑”，比丹麦医生费克1833年发现称“费氏斑”约早500年。

续注者汪机是明代著名医学家，字省之，新安祁门人，世居祁门之石山坞，因号石山，又号朴墅，是新安医学的开山。生于明天顺七年（1463年），卒于明嘉靖十八年（1539年）。《明史》有传。汪氏治学亦以《内经》《难经》为宗，又吸收丹溪和东垣之说，创立了“调补气血，固本培元”之论，在诸弟子们的拥立下，遂形成了“固本培元学派”。汪氏深入研究五运六气，明确指出：“有不因冬伤于寒而病温者，此特春温之气，可名曰春温。如冬之伤寒，秋之伤湿，夏之伤暑相同，此新感之温病也。”是语成为他创立“新感温病”学说的纲领，与“伏气”温病理论相并。此后吴又可在此基础上提出疫病论，著《瘟疫论》。在针灸上，汪氏也本于《内经》《难经》，但认为针有泻无补，灸有补无泻。在脉学方面，他对太素脉提出批评。汪机一生，著述了大量的医学著作，除《读素问钞》外，还有《外科理例》《脉诀刊误集解》《针灸问对》《痘治理辨》《石山医案》《推求师意》《运气易览》，合为《汪石山医书八种》。

二、 本书成就及其学术价值

《读素问钞》，又名《黄帝素问抄》《素问补抄》《重集素问钞》《续素问钞》或《汪氏续素问钞》。为元·滑寿（字伯仁）编辑，明·汪机（字省之）续注。编辑者和续注者，均是元、明时代理精医工的大家，书以类分有序，融会诸家，辨论精当，为分类重编《素问》的重要注本之一。

滑寿的《读素问钞》，以分类佳、摘要精、注释简见长。《四库全书提要·子部·医家类》说："（寿）以文士而精于医，故其注较诸家所得为多。"在他以前，有唐代杨上善类分《内经》为十九类，滑寿分十二类，在他以后，张介宾《类经》也分十二类。比较起来，滑寿的分类明晰实用。张介宾的分法与滑寿略同，只不过次序有别，滑寿称"经度"者，张介宾称"经络"；滑寿称"汇萃"者，张介宾为"会通"等不同。滑寿还以最精练的笔法对十二类加以概括，如"脏象"之概语为："五脏以位，六腑以配，五行攸属，职司攸分。""经度"之概语为："周乎身，惟经度，荣卫注焉，吉凶寓焉，其注其寓，其审察之。"此十二类的概括，可堪为《内经》"知其要者，一言而终"。汪机认为，滑寿经文的选抄，"喜其删去繁芜，撮其枢要"。所抄之注文，主要是对前人诸注说的概括，如在"脏象"类注《素问·灵兰秘典论》"故主明则下安"句，注曰："主，即前之所谓君主也。心为君主，内明则能诠善恶，察安危，民不获罪于枉滥，身不失伤于非道矣。故施之天下，则天下获安，国祚昌盛矣。《素问》之书，设为轩岐问答，有君臣之义，故有为天下，为国之譬，《史》云为政之法，似理身是也。"注文之选编，与滑寿儒医的理念相契。

汪机的补注，除文本之校订外，还阐发滑氏未尽之义。汪机得到的滑氏元本，已经"所辑者不复识别"，又深感唐代王冰的释文价值殊大，遂采王冰原注大略，因重为补录，并附以己见。其书顺序和标目悉依滑寿之旧。所增入王冰的释注，以“续”字别之；附以汪机之语，则冠以“愚谓”二字；原注文中，系滑寿之语者，别以“今按”二字。这样做起到了“如此庶使原今所辑之注，各有分辨，或是或非，俾学者知所择焉”的作用。

三、 校注说明

《读素问钞》续注初刻于明嘉靖三年甲申（1524 年）至五年丙戌（1526 年），由程玘纲、戴殷、吴朴、程珂、程从迁、程文杰出资，祁门朴墅汪氏祠堂汇刻入《汪石山医书八种》，此后至清初，汪氏祠堂本又以原版多次重印。明万历四十六年（1618 年）闽建乔木山房抽出单刻，1921 年，上海石竹山房二酉书庄石印，存此书。

1. 本次校注以明嘉靖三年甲申（1524 年）至五年丙戌（1526 年）程纪纲、程文杰等刻本为底本，以 1921 年上海石竹山房石印本（简称石印本）为主校本。正文用明顾从德刻本《黄帝内经素问》（简称《素问》）及赵府居静堂刊本《灵枢经》（简称《灵枢》）参校。凡底本中有明显误字处，出具校注；凡底本中能确认的文字脱误衍倒而有校本可据处，出具校注；凡滑氏有意删去而又无悖经旨医理处，不出校注。

2. 校注采用简体横排，以新式标点对原文加以句读。底本中繁体字、俗字，径改为规范简化字。对于不常见的通假字、古今字、异体字，出注说明。

3. 正文中汪氏补注滑氏缺文，原刻用阴文。现在校注中加以说明。

4. 汪氏补注中原有“续”“愚谓”及《素问》篇名，原刻多用阴文，也有阳文者，因无特殊含义，不再出校。

重集《读素问钞》序

予读滑伯仁氏所集《素问钞》，喜其删去繁芜[①]，撮其枢要[②]，且所编次，各以类从，秩然[③]有序，非深于岐黄之学者不能也。但王氏[④]所注，多略不取，于经文最难晓处，仅附其一二焉。然自滑氏观之，固无待于注。后之学者，未必皆滑氏，苟无注释，曷[⑤]从而入首邪？爰[⑥]复取王氏注，参补其间，而以续字弁[⑦]之于首简。间有窃附己意者，则以愚谓二字别之。滑氏元[⑧]本所辑者，不复识别；滑氏自注者如旧，别以今按二字。如此，庶使[⑨]原今所辑之注，各有分辨，或是或非，俾[⑩]学者知所择焉。虽然予之所辑，未必一一尽契[⑪]经旨而无所误，或者，因予之误，推而至于无误，未可知也。谚云抛砖引玉，亦或有补于万一云。

正德己卯三月朔旦[⑫]祁门汪机省之序

睹兹厥像[⑬]，藐焉寒微。其容和粹[⑭]，其貌清癯[⑮]。心存仁术，志好儒书。颠已垂白，手不停披。平居不敢于名而犯义，交际不敢口是而心违。事求免于流俗，礼合于先儒。谦约节俭，乐易[⑯]疏愚。不求闻达，甘守穷庐。宁为礼屈，勿为势拘。不知我者谓我狂妄，其知我者谓我坦夷。噫，顾我所行，未必尽合乎道也；然造次克念[⑰]，惟求无愧于心欤！

上石山先生自赞

试问林翁，何名何氏，细认来都不似。好三分，似得石山居士。一种心苗许多春意，却不逐杏花飞去。听旁人齐说，是这林翁，卢扁[18]再生今世。

上《锦堂春》镜山李汛题

貌古心明，言和行固。咀英华以充日用之强，耻奔竞而却[19]云霄之步。学以为己是图，医以济人为务。居穷[20]不失其自然，处变弗愆于常度[21]。所以为一代之伟人，起四方之敬慕也。

休阳程文杰师周书于率溪书院

舜颜其齿，玉质丹唇。襟度吞云梦之泽，英迈盖苍梧之云。学足以溯河洛之趣[22]，医足以逼岐黄之真。出入造化，弛张鬼神。栖情于烟霞泉石，却步于云路鹏程。激励之论，足以回狂澜于既倒；回天之术，曾以拯[23]夭札于同仁。庙算神谟[24]，余盖得之万一；生死肉骨，迨不知其几人。蓍蔡之德[25]未艾，乔松[26]之寿方臻。是盖卢扁之能契其妙，而岂摩诘[27]之能状其亲也欤！

门生石墅陈桷惟宜拜题

先生姓汪氏，名机，字省之，别号石山。世居徽祁之朴墅。早岁习《春秋》，补邑庠弟子员。性至孝，因思事亲者不可不知医，复精于医，赖以存活者众，镜山李先生《别传》详矣。所著有《素问钞[28]》《推求师意》《外科理例》《运气易览》《痘治理辨》《石山医案》《针灸问对》诸书若干卷，行于世。先生生于天顺癸未九月十六日酉时[29]，殁嘉靖己亥十二月初四日戌时[30]。

嘉靖辛丑[31]五月朔旦梅续题[32]

【校注】

① 繁芜：繁多，芜杂。

② 枢要：关键，纲领。

③ 秩然：秩序井然；整饬貌。

④ 王氏：指王冰。

⑤ 曷（hé　禾）：怎么。

⑥ 爰（yuán　原）：于是。

⑦ 弁（biàn　变）：古代用皮革做成的一种帽子，此为“放在……前面”之义。

⑧ 元：通“原”。

⑨ 庶使：希望能够，但愿能够。

⑩ 俾（bǐ　比）：使。

⑪ 契（qì　气）：切合，投合。

⑫ 正德己卯三月朔旦：即1519年农历三月初一。正德，明武宗朱厚照的年号；己卯，干支纪年；朔旦，指旧历每月初一。

⑬ 厥像：石山先生对自己相貌的指代。厥，代词，犹“其”。

⑭ 和粹：平和纯朴。三国·魏·嵇康《答难养生论》有：“弃世不群，志气和粹。”

⑮ 清癯：清瘦。

⑯ 乐易：喜好《易》。

⑰ 造次克念：在行为上能够严格要求自己。造次，慌忙、仓促。

⑱ 卢扁：战国时名医扁鹊因为家住卢国，所以人称“卢扁”。后指名医。

⑲ 却：退。

⑳ 居穷：处于困境。

㉑ 愆于常度：违背常规。愆（qiān 迁），违背、违反。常度，法度、规则。

㉒ 溯河洛之趣：承接传统文化意趣。河洛，即河洛文化、中原文化，是数千年中国传统文化的主体。

㉓ 拯：原作“極”，形近而误，据文义改。

㉔ 庙算神谟：同“神谟庙算”，指神奇的谋略和计划。庙算，春秋战国时期的战略概念，《孙子兵法》有曰：“夫未战而庙算胜者，得算多也。”张预在《张预注孙子》中说：“古者兴师，命将必致斋于庙，授以成算，然后遣之。”谟，计谋、策略。

㉕ 蓍蔡之德：此喻德高望重的人。蓍蔡，同“蓍龟”，指卜筮。蔡，占卜用的大龟。

㉖ 乔松：古代传说中王子乔和赤松子的并称。两人均为传说中的仙人，以此比喻长寿。

㉗ 摩诘：唐代诗人王维，字摩诘，诗书画都很有名。

㉘ 钞：通“抄”。原作“抄”，据书题及目录改。

㉙ 天顺癸未九月十六日酉时：即1463年，明英宗天顺七年农历九月十六日17时至19时。

㉚ 嘉靖己亥十二月初四日戌时：即1539年，明世宗嘉靖十八年农历十二月四日19时至21时。

㉛ 嘉靖辛丑：即1541年，明世宗嘉靖二十年。

㉜ 续题：原无此段续题序文，据石印本补。

目　录

卷上

卷上之一

素问〔续〕素者，本也。问者，黄帝问岐伯也。按《乾凿度》云：夫有形者生于无形，故有太易、太初、太始、太素。太易者，未见气也；太初者，气之始也；太始者，形之始也；太素者，质之始也。气形质具，病由是生，故黄帝因而问之。《素问》之名义或由此。

脏象[①]〔续〕象，谓所见于外，可阅者也。

五脏以位，六腑以配，五行攸[②]属，职司攸分，具脏象钞。

帝曰：脏象何如？岐伯曰：心者，生之本[③]，神之变[④]也；〔续〕心藏神，故神之变动由之。**其华在面，**〔续〕英华也。**其充在血脉，**愚谓：充，溢也。或云：充，当也，主也。**为阳中之太阳，通于夏气。**〔续〕心者，君王[⑤]之官，神明出焉。万物系之以兴亡，故曰生之本，神之变也。火气炎上，故华在面。心养血，其主脉，故充在血脉也。心主于夏气，合太阳，以太阳居夏火之中，故曰阳中之太阳，通于夏气也。**肺者，气之本，魄之处也；其华在毛，其充在皮，为阳中之太阴，通于秋气。**〔续〕肺藏气，其神魄，其养皮毛，故曰气之本，魄之处，华在毛，充在皮也。肺脏为太阴之气，主旺于秋，昼日为阳气所行，位非阴处，以太阴居于阳分，故曰阳中之太阴。《校正》云：当作少阴。肺在十二经虽为太阴，然在阳分之中，当为少阴也。**肾者，主蛰，封藏之本，精之处也；**〔续〕地户封闭，蛰虫深藏。肾又主水，受五脏六腑之精而藏之，故云然也。其华在发，肾者，水也，出高原，宜其华在发也。抑发者，血之余，血者，水之类，又其黑色，故云。其充在骨，为阴中之少阴，通于冬气。〔续〕“少阴”当作“太阴”。肾在十二经虽属少阴，然在阴分之中当为太阴。肝者，罢极之本，肝主筋，应乎木；又肝者，干也。人之运动，由乎筋力，象木之动也，动则多劳。又肝者，将军之官，谋虑出焉，故云。魂之居也；其华在瓜[6]，其充在筋，〔续〕爪者，筋之余；筋者，肝之养，故华在爪，充在筋也。为阳中之少阳，通于春气。脾、胃、大肠、小肠、三焦、膀胱[7]者，仓廪之本，营之居也，营，犹营垒之营。言物之所屯聚也。能化糟粕，转味而出入者也[8]；其华在唇四白，唇四际之白色肉也。其充在肌，此至阴之类，通于土气[9]。凡十一脏，取决于胆[10]也。胆者，中正之官，而其经为少阳。少阳，相火也，风寒在下，燥热在上，湿气居中，火独游行于其间，故曰取决于胆云。脾、胃、大肠云云至通于土气，此处疑有错误。当云：脾者，仓廪之本，营之居也；其华在唇四白，其充在肌，此至阴之类，通于土气。胃、大肠、小肠、三焦、膀胱，能化糟粕，转味而出入者也。出〔六节脏象论〕

帝曰：五脏应四时，各有收受[11]乎？岐伯曰：东方青色，入通于肝，开窍于目，藏精于肝，其病发惊骇；〔续〕精，谓精气也。木精之气，其神魂，阳升之方，以目为用，故开窍于目。东方主病发惊骇，余方各缺，疑此为衍[12]。其味酸，其类草木，其畜鸡，巽为鸡。其谷麦，五谷之长。其应四时，上为岁星，〔续〕木之精气，上为岁星。十二年一周天。是以春气在头也，〔续〕万物发荣于上，故春气在头。余方言故病在某，不言某气在其[13]，互文也。其音角，〔续〕木音调而直也。其数八，〔续〕《洪范》曰：二[14]曰木。木生数三，成数八。其臭臊，〔续〕凡气因木变则为臊。是以知病之在筋也。其在声为呼，其变动为握，〔续〕握，所以牵就也。握、忧、哕、咳、慄五者，改志而有名曰变动。在志为怒。怒伤肝，〔续〕虽志为怒，甚则自伤。悲胜怒；风伤筋，燥胜风；酸伤筋，辛胜酸。南方赤色，入通于心，开窍于耳[15]，手少阴之络会于耳。藏精于心，其[16]病在五脏；以夏气在脏也。其味苦，其类火，其畜羊[17]，未为羊，与土同旺。〔今按〕未为季夏月建。其谷黍[18]，黍赤色。其应四时，上为荧惑星，〔续〕火之精气，上为荧惑星，七百四十日一周天。是以知病之在脉也。其音徵，〔续〕火声和而美[19]也。其数七，〔续〕《洪范》曰：二曰火。火生数二，成数七。其臭焦。〔续〕凡气因火变则为焦。其在声为笑，在变动为忧，〔续〕在肺之志，忧为正也，而心主于忧，变而生忧也。在志为喜。喜伤心，恐胜喜；热伤气，寒胜热；苦伤气，咸胜苦。中央黄色，入通于脾，开窍于口，〔续〕脾受水谷，口纳五味。藏精于肝[20]，〔续〕土精之气，其神意。故病在舌本。脾脉上连于舌本。其味甘，其类土，其畜牛，坤为牛，土旺于四季，故畜取丑牛。又以牛色黄也。其谷稷，色黄味甘。其应四时，上为镇星，〔续〕二十八年一周天。是以知病之在肉也。其音宫，〔续〕土音柔而和也，其数五，〔续〕成数五。其臭香，其在声为歌，在变动为哕，在志为思。思伤脾，怒胜思；湿伤肉，风胜湿；甘伤肉，酸胜甘。西方白色，入通于肺，开窍于鼻，藏精于肺，〔续〕金精之气，其神魄。肺藏气，鼻通息，故开窍于鼻。故病在背。肺在胸中，背为胞[21]之府也。其味辛，其类金，其畜马，乾为马。其谷稻，色白。其应四时，上为太白星，〔续〕三百六十五日一周天。是以知病之在皮毛也。其音商，〔续〕金声轻而劲也。其数九，〔续〕金生数四，成数九。其臭腥。〔续〕凡气因金变，则为腥膻。其在声为哭，在变动为咳，在志为忧。忧伤肺，喜胜忧；热伤皮毛，寒胜热；辛伤皮毛，苦胜辛。北方黑色，入通于肾，开窍于二阴，〔续〕肾藏精阴，泄注，故开窍二阴。藏精于肾。故病在谿，肉之小会为谿。〔今按〕谿犹谿谷，言深处也。冬气居肉，故病在深处。其味咸，其类水，其畜彘，亥为豕。其谷豆，黑色。其应四时，上为辰星，〔续〕三百六十五日一周天。是以知病之在骨也。其音羽，〔续〕水音沉而深也。其数六，〔续〕水生数一，成数六。其臭腐，其在声为呻，在变动为慄，〔续〕慄谓战慄，甚寒大恐而悉有之。在志为恐。恐伤肾，思胜恐；寒伤血，燥胜寒；咸伤血，"血"，《太素》作"骨"。上同。甘胜咸。〔金匮真言论、阴阳应象论参并〕

帝曰：愿闻十二脏之相使[22]，贵贱何如？〔续〕脏，藏也，言腹中之所藏者。非复有十二形神之所藏也。岐伯曰：心者，君主之官也，神明出焉。肺者，相傅[23]之官，位高非君。治节出焉[24]。主行荣卫，故治节由之。肝者，将军之官，谋虑出焉。〔续〕勇而能断，故曰将军；潜发未萌，故谋虑出焉。胆者，中正之官，决断出焉。〔续〕刚正果决，故官为中正，直而不疑，故决断出焉。膻中[25]者，膻中在胸中两乳间，为气之海。膻，徒旱[26]切，上声，浊字。《说文》云：肉膻也，音同袒裼之"袒"。云膻中者，岂以袒裼之袒而取义耶？臣使之官，喜乐出焉。〔续〕膻中主气，以气布阴阳，气和志适，则喜乐由生；分布阴阳，故官为臣使。脾胃者，仓廪之官，五味出焉。大肠者，传导之官，变化出焉。〔续〕传导不洁之道，变化物之形也。小肠，受盛之官，化物出焉。承奉胃司，受盛糟粕，受已复化，传入大肠，故云。肾者，作强之官，强于作用。伎巧出焉。造化形容。〔续〕在女则当其伎巧，在男则正曰作强。三焦者，决渎之官，引导阴阳，开通闭塞。水道出焉。膀胱者，州都[27]之官，位当孤府，故曰州都。津液藏焉，气化则能出矣。〔续〕膀胱居下，内空，故藏津液。若得气海之气施化，则溲便注泄，气海之气不及，则隐闭不通，故云。凡此十二官者，不得相失也。〔续〕失，失职也。失则灾害至。故主明则下安，以此养生则寿。没世不殆[28]，以为天下，则大昌。主，即前之所谓君主也。心为君主，内明则能诠善恶、察安危，民不获罪于枉滥，身不失伤于非道矣。故施之天下，则天下获安，国祚昌盛矣。《素问》之书，设为轩岐问答，有君臣之义，故有为天下、为国之譬。《史》云：为政之法似理身，是也。主不明则十二官危。使道[29]闭塞而不通，形乃大伤，以此养生则殃，以为天下者，其宗大危。戒之！戒之！〔续〕使道，谓神气行使之道。夫心不明则邪正一，损益不分，动之凶咎，陷身于羸瘠矣，故形乃大伤，以此养生则殃矣。夫主不明则委于左右，权势妄行，吏不得奉法而民皆受枉屈矣。且人惟邦本，本不获安，宗社安得不倾危乎？〔灵兰秘典〕

心之合脉也，〔续〕火气发动，脉类亦然，其荣色也，〔续〕火炎上，故荣美于面而色赤。《新校正》云：发见于面之色，皆心之荣也，岂专为赤哉！其主肾也。知其所畏则听命焉，故曰主。余同。肺之合皮也。〔续〕金气坚定，皮象亦然。其荣毛也，其主心也。肝之合筋也，〔续〕木性曲直，筋体亦然。其荣爪也，其主肺也。脾之合肉也，〔续〕土性柔厚，肉体亦然。其荣唇也，〔续〕谓四际白色之处，非赤色也。其主肝也。肾之合骨也，〔续〕水性流湿，精气亦然。骨通精髓，故合骨也。其荣发也，其主脾也。〔五脏生成篇〕

帝曰：予闻方士[30]，〔续〕明悟方术之士。或以脑髓为脏，或以肠胃为脏，或以为腑，愿闻其说。岐伯曰：脑、髓、骨、脉、胆、女子胞，此六者，地气之所生也，皆藏于阴而象于地，故藏而不泻，名曰奇恒之腑。〔续〕脑、髓、骨、脉虽名为腑，不正与神脏为表里；胆与肝合而不同六腑之传泻；胞虽出纳，纳则受纳精气，出则化出形容。形容之出，谓化极而生。然出纳之用有殊于六腑，故言藏而不泻，名曰奇恒之腑。愚按：奇者，异也，不同于常腑也。夫胃、大肠、小肠、三焦、膀胱，此五者，天气之所生也，其气象天，天气、地气，以动静言也。故泻而不藏，此受五脏浊气，名曰传化之腑。〔续〕三焦者，决渎之官，水道出焉。故亦名传化之腑。此不能久留，输泻者也。〔续〕水谷入已，糟粕变化而泄出，不能久久留注于中，但当化已，输泻令去也。传泻诸化，故曰传化之腑。魄门亦为五脏使，水谷不得久藏。〔续〕魄门谓肝[31]之门，内通于肺，受已化物，则为五脏行使。然水谷亦不得久藏于中。又云：魄门即肛门也。五脏者，藏精气而不泻也，故满而不能实。〔续〕精气为满，水谷为实。六腑者，传化物而不藏，故实而不能满也。〔续〕以不藏精气，但受水谷故也。所以然者，水谷入口则胃实而肠虚，〔续〕以未下也。食下则肠实而胃虚，〔续〕水谷下也。故曰实而不满，满而不实也。帝曰：气口[32]何以独为五脏主？岐伯曰：胃者，水谷之海，六腑之大源也。五味入口，藏于胃，以养五脏气。气口亦太阴也，是以五脏六腑之气味。皆出于胃，变见于气口。故五气入鼻，藏于心肺，心肺有病，而鼻为之不利也[33]。〔续〕五气入鼻以下，与上文义不相发，岂因五味而遂及五气入鼻耶？〔并五脏别论〕

心藏神，肺藏魄，肝藏魂，脾藏意，肾藏志。〔续〕神，精气之化成也；魄，精气之匡佐也；魂，神气之辅弼也；意，记而不忘者也；志，专意而不移者也。

《灵枢》云：两精相薄谓之神，并精而出入者谓之魄，随神而往来者谓之魂，心有所忆谓之意，意之所存谓之志。神脏，则藏神五者云云也。形脏，谓一头角，二耳[34]，三口齿，四胸中，皆如器物外张，虚而不屈，合藏于物，故云：形脏也。又云：形分于外，故云形脏；神藏于内，故名神脏。〔宣明五脏气论[35]、三部九候论相并〕

【校注】

① 脏象：脏腑生理功能、病理变化的外现。

② 攸（yōu　优）：所。

③ 生之本：生命之根本。 高士宗："心为身之主，故为生之本。"

④ 神之变：《灵枢·大惑论》有"心者，神之舍也"，所以心为神所居之处。《灵枢·本神》有"所以任物者谓之心"，可见，心是接受外界客观事物并做出反应，进行心理、意识、思维活动的脏器，心神通过统帅五脏五志，以维持人体的精神和思维活动。

⑤ 王：据石印本应作"主"。

⑥ 瓜：据下文，《素问》应作"爪"。

⑦ 胃、大肠、小肠、三焦、膀胱：此处为阴文，为汪机据《六节脏象论》补入。滑氏以为此段有错简，改为"脾者，仓廪之本，营之居也，其华在唇四白，其充在肌，此至阴之类，通于土气。……胃、大肠、小肠、三焦、膀胱，名曰器，能化糟粕，转味而出入者也"。

⑧ 能化糟粕，转味而出入者也：为阴文，同上注。

⑨ 通于土气：《太阴阳明论》有："脾者，土也，治中央，常以四时长四脏，各十八日寄治，不得独主于时。"《脏气法时论》又有："脾主长夏。"因脾之主时有此两方面意义，故此处不言时，而言"通于土气"加以概括。

⑩ 凡十一脏，取决于胆：《类经》言，"五脏者，藏精气而不泻，故五脏皆内实；六腑者，主化物而不藏，故六腑皆中虚。 惟胆以中虚，故属于腑，然藏而不泻，又类乎脏。 故居少阳为半表半里之经，亦曰中正之官，又曰奇恒之腑，

所以能通达阴阳，而十一脏皆取乎此也。然东垣曰：胆者少阳春升之气，春气升则万化安，故胆气春升，则余脏从之，所以十一脏皆取决于胆。其说亦通。"

⑪ 收受：《类经》言："收受者，言同气相求，各有所归也。"

⑫ 疑此为衍：新校正也有："祥东方云病发惊骇，余方各阙者，按《五常政大论》：委和之纪，'其发惊骇'，疑此文为衍。"

⑬ 其：据《素问》应作"某"。

⑭ 二：据《尚书·洪范》、石印本应作"三"。

⑮ 开窍于耳：王冰注："舌为心之官，当言于舌，舌用非窍，故云耳也。《缪刺论》曰：手少阴之络，会于耳中。义取此也。"《甲乙经》卷一第四有："心气通于舌，舌非窍也，其通于窍者，寄在于耳。"

⑯ 其：《素问》作"故"。

⑰ 羊：《五常政大论》作"马"。

⑱ 黍：《五常政大论》作"麦"。

⑲ 羙（měi 美）：古同"美"。

⑳ 肝：据《素问》应作"脾"。

㉑ 胞：据石印本应作"胸"。

㉒ 相（xiàng 向）使：泛指官职。相，当为《吕氏春秋·举难》"相也者，百使之长也"。使，臣使之谓。言奉使命者。

㉓ 相傅：同义复词，傅亦相也。

㉔ 治节出焉：张景岳注："肺与心皆居膈上，位高近君，犹之宰辅，故称相傅之官。肺主气，气调则营卫脏腑无所不治，故曰治节出焉。"治节，即治理与调节。

㉕ 膻中：此处指心包。

㉖ 早：据《说文》应作"旱"。

㉗ 州都：水液积聚之义。《礼记·王制》有"二百一十国以为州，州有伯"。郑玄注："州，犹聚也。"都，聚水之处。《水经注》卷六文水注："水泽所聚谓之都。"

㉘ 没世不殆：指生命没有危险。没，《素问》作“殁”。

㉙ 使道：指十二官发挥作用的通道。

㉚ 方士：通晓方术之人。

㉛ 肝：据《素问》应作“肛”。

㉜ 气口：亦称寸口、脉口。腕上高骨旁脉动处，当手太阴经经渠处，候此处脉搏变化，可知全身气血盛衰情况。张介宾：“气口之义，其名有三：手太阴，肺经脉也，肺主气，气之盛衰见于此，故曰气口；肺朝百脉，脉之大会聚于此，故曰脉口；脉出太渊，其长一寸九分，故曰寸口。是名虽三，而实则一耳。”

㉝ 故五气入鼻，……而鼻为之不利也：为阴文。

㉞ 二耳：据通行本《灵枢经》耳下脱“目”字。

㉟ 宣明五脏气论：据此书引用《素问》原文之通例，应作《宣明五气篇》。

卷上之二

经　度

周乎身惟经度，荣卫注焉，吉凶寓焉。其注、其寓、其审察之，具经度钞。

足太阳与少阴为表里，少阳与厥阴为表里，阳明与太阴为表里，是为足之阴阳也。手太阳与少阴为表里，少阳与心主[①]为表里，阳明与太阴为表里，是为手之阴阳也。〔血气形志论[②]〕

帝曰：愿闻三阴三阳之离合[③]也。岐伯曰：圣人南面而立，前曰广明，后曰太冲。〔续〕广，大也。南方丙丁火位主之，阳气盛明，故曰大明也。向明治物，故圣人南面而立。然在人身中，则心脏在南，故谓前曰广明。冲脉在北，故谓后曰太冲。然太冲者，肾脉与冲脉合而盛大，故曰太冲。太冲之地名曰少阴，少阴之上名曰太阳。〔续〕此正明两脉相合而为表里，肾脏为阴，膀胱腑为阳，阴气在下，阳气在上，此为一合之经气。太阳根起于至阴，按此太阳言根结，余经不言结，详见《灵枢·根结篇》。结于命门[④]，〔续〕至阴，穴名。命门者，脏精光照之所，则两目也。太阳之脉起于目而下至于足，故根于趾端而上结于目也。名曰阴中之阳。〔续〕以太阳居少阴之地，故曰阴中之阳。中身[5]而上名曰广明，广明之下名曰太阴，〔续〕腰以上为天，腰以下为地，则中身之上属于广明，广明之下属太阴也。雪斋云：心脏下则太阴脾脏。太阴之前名曰阳明，〔续〕阳明胃脉，行在脾脉之前，太阴脾脉，行于胃脉之后。阳明根起于厉兑[6]，名曰阴中之阳。〔续〕以阳明居太阴之前，故曰阴中之阳。厥阴之表，名曰少阳，〔续〕少阳胆脉行肝脉之分内[7]，厥阴肝脉行胆脉之位内，故曰厥阴之表名少阳。以少阳居厥阴之表，故曰阴中之少阳。少阳根起于窍阴[8]，名曰阴中之少阳。是故三阳之离合也，〔续〕离谓别离应用，合谓配合于阴。别离则正位于三阳，配合则表里而为脏腑也。太阳为关[9]，所以司动静之机，阳明为阖，所以执禁固之权。少阳为枢，所以主动静之微。〔续〕关、阖、枢者，言三阳之气多少不等，动用殊也。按《灵枢·根结篇》曰：太阳为开，阳明为阖，少阳为枢。故关折则肉节溃而暴病起矣，故暴病者取之太阳。溃者，皮肉宛焦而弱也。阖折则气无止息而痿疾起矣，故痿疾者取之阳明。无所止息者，真气稽留邪气居之也。枢折则骨摇而不安于地，故骨摇者取之少阳。骨摇者，节缓而不收也。三经者，不得相失也。搏而勿浮，命曰一阳。一谓齐一也，浮而不至于虚。所以搏者，胃气也，故曰一阳。愚谓：搏手有胃气，浮而不至于虚，则三阳齐一，无复有差降之为用也。若浮而虚，则三阳差降而相失矣。应前不得相失句。愿闻三阴。岐伯曰：外者为阳，内者为阴。然则中为阴，中即内也。其冲在下，名曰太阴，冲者，冲要之义。冲脉在脾之下，故言其冲在下。此下皆言脏位及经脉之次也。太阴根起于隐白[10]，名曰阴中之阴。〔续〕以太阴居阴故名。太阴之后，名曰少阴，雪斋云：脾脏之下，近后则肾之位，太阴脉起大趾端，少阴脉起小趾下。少阴根起于涌泉[11]，名曰阴中之少阴。少阴之前，名曰厥阴，〔续〕厥者，尽也。阴气至此而尽，故曰阴中之绝阴。雪斋云：肾脏之前，近上则肝之位，厥阴脉交出太阴之后。厥阴根起于大敦[12]，名曰阴中之绝阴。是故三阴之离合也，太阴为关[13]，厥阴为阖，少阴为枢。三经者，不得相失也。搏而勿沉，名曰一阴[14]。一，齐一也。沉而不至于溺，所以搏者，胃气也。故曰一阴。〔续〕亦气之不等也。关折则仓廪无所输，膈洞者取之太阴。阖折则气施[15]善悲，取之厥阴。枢折则脉有所结而不通，取之少阴。愚谓：太阳为关，至命曰一阳一节，盖言太阳居表，在于人身如门之关，使荣卫流于外者周[16]，阳明居里，在于人身如门之阖，使荣卫守于内者固。少阳居中，在于人身如门之枢，转动由之，使荣卫出入内外也。常三经干系如此，是以不得相失也。何以见之？分而言之，三阳虽有表里之殊；概而言之，则三阴俱属于里，三阳俱属于表。而脉浮，若浮而不至于虚，搏而有胃气者，乃三阳齐一，各司所守而不相失。故太阳虽为关，有邪莫能入；阳明虽为阖，无邪之可闭；少阳虽为枢，其邪安从而出入进退哉？后三阴仿此。〔阴阳离合论〕

帝曰：皮有分部，脉有经纪，筋有结络，骨有度量，其所生病各异，别其分部，左右上下，阴阳所在，病之始终，愿闻其道。岐伯曰：欲知皮部，以经脉为纪者，诸经皆然。〔续〕循经脉行止所主，则皮部可知。诸经，谓十二经脉也。十二经脉皆同。阳明之阳，名曰害蜚，金性杀五虫，〔续〕蜚，生化也；害，杀气也。杀气行，则生化弭，故曰害蜚。上下同法，上下谓手足经也。视其部中有浮络者，〔续〕部，皆谓本经络之部分。浮，谓浮见也。皆阳明之络也，其色多青则痛，多黑则痹，黄赤则热，多白则寒，五色皆见则寒热也，络盛则入客于经，阳主外，阴主内。阳谓阳络，阴谓阴络，此通言之也。手足身分所见经络皆然。少阳之阳，名曰枢持[17]，枢，枢要；持，执持。上下同法，视其部中有浮络者，皆少阳之络也，络盛则入客于经，故在阳者主内，在阴者主出，以渗于内，诸经皆然[18]。"故在阳者"至"诸经皆然"十九字，上下不相蒙，不知何谓。太阳之阳，名曰关枢[19]，今按：太阳谓阳主气，名曰关枢，谓为诸阳之关键枢纽也。上下同法，视其部中有浮络者，皆太阳之络也，络盛则入客于经。少阴之络，名曰枢儒[20]，今按：枢儒，柔顺也，阴从乎阳，故曰枢儒。上下同法，视其部中有浮络者，皆少阴之络也，络盛则入客于经，其入经也，从阳部注于阴[21]，其出者，从阴内注于骨[22]。愚谓：其出者，从阳经而出者。心主之阴，名曰害肩，心主脉，入腋下，气不和则妨害肩腋之动运。今按：王注于诸经皆言其性用，独心主曰害肩而不言其性用，义不可晓。上下同法，视其部中有浮络者，皆心主之络也，络盛则入客于经。太阴之阴，名曰关蛰[23]，关闭蛰类，使顺行藏。上下同法，视其部中有浮络者，皆太阴之络也，络盛则入客于经。凡十二经络脉者，皮之部也。〔续〕列阴阳位部主于皮，故曰皮之部也。愚谓：百病必先于皮毛，邪中之则腠理开，开则入客于络，留而不去，传入于经，又渐传入于腑脏矣，故列皮部以明之。〔皮部也[24]〕

任脉者，起于中极之下，〔续〕会阴之分也。以上毛际，循腹里，上关元，至咽喉，上颐，〔续〕腮下为颔，颔中为颐。循面入目。〔续〕循承浆，环唇，上至龈交，分行系两目下之中央，会承泣而终也。愚按：下文云其少腹直上者，贯脐中央，上贯心，入喉，上颐环唇，上系两目之下中央，据此并任脉之行。而彼云是督脉所系，疑衍文也。任脉始终行身之前。东垣云：任脉起于会阴，根于曲骨，入前阴中，出腹里，过脐上行，附足厥阴之经，会生化之源，贯穿诸经，无所不系焉。谓之任者，女子得之妊养也。又冲脉，《素问》曰：并足少阴之经，《难经》曰：并足阳明之经。况少阴经挟脐左右各五分，阳明经挟脐左右各二寸，气冲又是阳明脉气所发。如此推之，则冲脉自气冲起，在阳明、少阴二经之内挟脐上行，其理明矣。又考《针经》载：冲脉在腹，行乎幽门，通谷脉，都右关商曲、肓俞、中注、四满、气穴、大赫、横骨。凡二十二穴皆足少阴之分。然则冲脉并足少阴之经，又无疑矣。已上皆经旨，故并著之，使有所考。冲脉者，起于气街，并少阴之经，挟脐上行，至胞中而散。〔续〕任脉、冲脉，奇经也。任脉当脐中而上行，冲脉挟脐两傍而上行。中极，穴名，在脐下四寸，起于中极之下者，言中极从少腹之内上行，而外出于毛际而上，非谓本起于此也。关元穴在脐下三寸，气街穴在毛际两旁，鼠鼷上一寸。按：冲脉、任脉皆起于胞中，上循腹里，为经络之海。其浮而小者，循腹上行，会于咽喉，别而络唇口。由此言之，则任脉、冲脉从少腹之内，上行至中极之下、气街之内明矣。任脉为病，男子内结七疝，女子带下瘕聚；冲脉为病，逆气里急；督脉为病，脊强反张[25]。〔续〕督脉亦奇经也。然任脉、冲脉、督脉者，一源而三岐也。故经或谓冲脉为督脉，或以任脉循背者，谓之督脉自少腹直上者，谓之任脉，亦谓之督脉，是则以背腹阴阳别为名目尔。以任脉自胞上过，带脉贯脐而上，故男子为病内结七疝，女子则带下瘕聚也。以冲脉挟脐而上，并少阴之经，上至胞中，故冲脉为病则逆气里急也。以督脉上循脊里，故督脉为病则脊强反折也。**督脉者，起于少腹以下骨中央，女子入系挺孔。**〔续〕起非初起，亦犹任脉、冲脉起于胞中也。其实乃起于肾，下至于少腹，则下行于腰，横骨围之中央也。系挺孔者，谓窈漏近前阴穴也。以其阴挺系属于中，故名之。**其孔，溺孔之端也。**孔则窈漏也，窈漏之中其上有溺孔焉。端谓阴挺，在此溺孔之上端也，而督脉自骨围中央，则至于是。**其络循阴器，合篡间，**会阴穴也。**绕篡后，**〔续〕督脉别络自溺孔之端，分而各行，下循阴器乃合篡间。所谓间者，谓前阴后阴之两间也，自两间之后，已复分而行，绕篡之后。**别绕臀，至少阴与巨[26]中络者合，少阴上股内后廉，贯脊属肾[27]，**〔续〕别谓别络，分而各行者。足少阴之络，自股内后廉贯脊属肾，足太阳络之，外行者，循髀枢络股阴而下，其中行者，下贯臀，至腘中与外行络合。故言至少阴与巨阳中络合，少阴上股内后廉，贯脊属肾也。股外为髀，揵骨之下为髀枢。**与太阳起于目内眦，上额交巅上，入络脑，还入[28]别下项，循肩髆内，挟脊抵腰中，入循膂络肾[29]。**〔续〕接绕臀而上行也。愚按：自少阴上股内至循膂络肾，四十六字，上下必有脱简，否则古注文、衍文也。**其男子循茎下至篡与女子等，其少腹直上者，贯脐中央，上贯心入喉，上颐环唇，上系两目之下中央[30]。**〔续〕自与太阳，起于目内眦，下至女子等，并督脉之别络也，其直行者，自尻上循脊里，而至于鼻柱也。自其少腹直上，至两目之下中央，并任脉之行而云是督脉所系。由此言之，则任脉、冲脉、督脉各异而同一体也。愚按：督脉始终行身之后。东垣云：督脉者，出于会阴穴，即所谓篡也，根于长强穴，上行脊里至于巅，附足太阳膀胱脉。膀胱脉，诸阳之首，兼荣卫之气系焉，督脉为附督者，都能为表里上下中十二经之病焉。谓之督者，以其督领诸脉也。又跷、督、任三脉，《内经》谓在十二经，荣气周流度数一十六丈二尺之内，扁鹊谓奇经八脉不拘于十二经。两说矛盾，以待贤者。〔骨空之论[31]〕

肺经

手太阴之脉，起于中焦，下络大肠，还循胃口，上膈属肺，起，发也；络，绕也；还，复也；循，巡也，又依也；属，会也；中焦，在胃中脘；胃口，胃上下口也，上口在脐上五寸上脘穴分，下口在脐上二寸下脘穴分。膈者，隔也。凡心下有膈膜以遮浊气，不使上熏于心肺也。**从肺系横出腋下，循臑[32]内，行少阴心主之前，**〔续〕肺系，喉咙也，喉以候气，下接于肺，臂下胁上际曰腋膊，下对腋处为臑肩，肘之间也。臑尽处为肘臂节也。**循臂内上骨[33]下廉，入寸口，上鱼际[34]，循鱼际，出大指之端。**〔续〕肘以下为臂廉，隅也，边也。手掌后高骨旁动脉为关，关前动脉为寸口，曰鱼曰鱼际云者，谓掌骨之前，大指本节之后，其肥肉际起处统谓之鱼，鱼际则其间之穴名也。端，杪也。**其支者，从腕后直出次指内廉出其端。**臂骨尽处为腕脉之大隧，为经交，经者为络。愚按：《经》云：经脉十二伏行分肉之间，深而不见。诸脉浮而常见者，皆络脉也。又云：诸络脉不能经大节之间，必行绝道而出入，复合于皮。又云：当数者为经，不当数者为络。今滑伯仁发挥，谓手太阴脉，其支从腕后出次指端，交于手阳明者，为手太阴络。又手阳明脉其支从缺盆、挟口鼻交于足阳明者为手阳明络。凡十二经之支脉，伏行分肉者，皆释为络脉，则络脉亦伏行分肉之间而不浮见，亦能经大节而不行绝道，亦当经脉十六丈二尺内之数，而非不当数也。伯仁长于注释，愚何敢议，姑着之以俟明哲。

大肠经

手阳明之脉，起于大指次指之端，循指上廉，出合谷两骨[35]之间，

上入两筋[36]之中。大指之次指谓食指也。手阳明，大肠经也。凡经脉之道，阴脉行手足之里，阳脉行手足之表。循臂上廉，入肘外廉，循臑外前廉，上肩，出髃骨之前廉。肩端两骨间为髃骨。上出柱骨之会于大椎。肩甲上际会处为天柱骨[37]。大椎，脊上高骨。下入缺盆，络肺，下膈，属大肠。缺盆，穴名，在肩下横骨陷中。其支别者，从缺盆上颈贯颊，入下齿缝中。头茎为颈，耳以下曲处为颊，口前小者为齿。还出挟口，交人中，左之右，右之左，上挟鼻孔。口，两口吻也。口唇上、鼻柱下为人中。

胃　脉

足阳明之脉，起于鼻，交頞[38]中，旁约大肠之脉，下循鼻外，入上齿中，还出挟口环唇，下交承浆。頞，鼻茎也，鼻山根为頞。承浆，穴名，唇下陷中。却循颐[39]后下廉，出大迎，循颊车，上耳前，过客主人[40]，循发际，至额颅。腮下为颔，颔中为颐，囟前为发际，发际前为额颅。大迎，穴名，在曲颔前一寸三分骨陷中动脉。颊车穴，在耳下曲颊端陷中。客主人穴，在耳前起骨上廉，开口有空、动脉宛宛中。其支别者，从大迎前下人迎，循喉咙，入缺盆，下膈属胃络脾。胸两旁高处为膺，膺上横骨为巨骨，巨骨上陷中为缺盆。人迎穴，在颈大筋前，直大迎，下气舍之上。其直者，从缺盆下乳内廉，下挟脐，入气街。一名气冲，去中行各二寸。其支者，起胃口[41]，胃下口，下脘之分，所谓幽门者是也。下循腹里，下至气街而合，以下髀关，抵伏兔，下入膝膑中，下循胻外廉，下足跗，入中趾内间。抵，至也。股外为髀，髀前膝上起肉处为伏兔，伏兔后交纹为髀关，挟膝解中为膑，胫骨为胻。跗，足面也。其支者，下膝三寸而别，以下入中趾外间。与厉兑合。其支者，别跗上，入大趾间，出其端。交于足太阴。

脾　经

足太阴之脉，起于大趾之端，循趾内侧白肉际，过覈骨后，上内踝前廉，覈骨，一作核骨，俗云孤拐骨是也。足跟后两旁起骨为踝骨。上腨内，循胻骨后，交出厥阴之前，腨，腓肠也。上循膝股内前廉，入腹，属脾络胃。髀内为股，脐上下为腹。上膈，挟咽，连舌本，散舌下。咽，所以咽物也，居喉之前，至胃长一尺六寸，为胃系也。舌本，舌根也。其支别者，复从胃别上膈，注心中。交于手少阴。

心　经

手少阴之脉，起于心中，出属心系，下膈络小肠。心系有二：一则上与肺相连，而入肺两大叶间；一则由肺系而下，曲折向后，并脊膂细络相连，贯脊髓与肾相通，正当七节之间，盖五脏系皆通于心，心通五脏系也。其支者，从心系挟咽，系目；其直者，复从心系却上肺，出腋下，极泉穴分。下循臑内后廉，行太阴心主之后，下肘内廉，少海穴分，循臂内后廉，抵掌后锐骨之端，入掌内后廉，循小指之内出其端。腕后踝为兑骨也。

小肠经

手太阳之脉，起于小指之端，循手外侧上腕，出踝中。臂骨尽处为腕，腕兑骨为踝。直上循臂骨下廉，出肘内侧两筋之间，上循臑外廉[42]，出肩解，绕肩髀，交肩上。脊两旁为膂，膂上两角为肩解，肩解下成片骨为肩髀，髀，一作胛。入缺盆，络心，循咽下膈，抵胃，属小肠。其支别者，从缺盆循颈上颊，至目锐眦，却入耳中。目外角为锐眦。其支者，别循颊上𩓐抵鼻，至目内眦[43]。目下为𩓐，目大角为内眦。睛明穴分，以交于足太阳也。斜络于颧。

膀胱经

足太阳之脉，起于目内眦，上额交巅上，发际前为额，脑上为巅顶也。其支别者，从巅至耳上角。角当率谷穴分，在耳上如前三分，入发际一寸五分陷者宛宛中。其直行者，从巅入络脑，还出别下项。脑，头髓也。颈上为脑，脑后为项，此当天柱穴分也，在颈大筋外廉挟项发际陷中。循肩髆内，挟脊[44]抵腰中，入循膂，络肾，属膀胱。肩后之下为肩髆，椎骨为脊尻，上横骨为腰，挟脊为膂。其支别者，从腰中下挟脊，贯臀，入腘中。臀，尻也。挟腰髋骨两旁为机，机后为臀腓，上膝后曲处为腘，当委中穴也。其支别者，从髆内左右，别下贯胛，挟脊内过髀枢。膂肉曰胛，挟脊肉也。股外为髀，楗骨之下为髀枢也。循髀外后廉下合腘中，以下贯腨内，出外踝之后，循京骨至小趾外侧端[45]。当至阴穴，交于足少阴也。腨，腓肠也。

肾　经

足少阴之脉，起于足小趾之下，斜趣[46]足心。当涌泉穴。趣，向也。出然谷之下，循内踝之后，别入跟中，上腨内，出腘内廉。跟，足跟也。然谷，穴名，在足内踝前，大骨下陷中。出腘内廉，当阴谷穴分，在膝内辅骨后，大筋下、小筋上，按之动脉应手，曲膝得之。上股内后廉，贯脊，会于长强穴。属肾，络膀胱。其直者，从肾，当肓俞穴，属肾处而上也，穴在商曲下一寸，去脐旁五分。上贯肝膈，入肺中，循喉咙，挟舌本。其支者，从肺自神藏[47]别出统心。**出络心，注胸中。**当膻中穴分，交于手厥阴。

心包经

一名手心主。一经二名，实相火也。

手厥阴之脉，起于胸中，出属心包[48]，下膈，历络三焦[49]。上脘、中脘及脐下一寸，下焦之分也。**其支者，循胸出胁，下腋三寸，**当天池穴，在腋下三寸、乳后一寸，着胁直腋撅筋间。**上抵腋下，下循臑内，行太阴少阴之间，入肘中。**当曲泽穴，在肘内廉下陷中，屈肘取之。**下臂，行两筋之间[50]，入掌中，**劳宫穴也。**循中指出其端；**当中冲穴，在手中指端。**其支别者，从掌中[51]，**自劳宫穴别行。**循小指次指出其端。**小指次指，无名指也，乃于此交手少阳。

三焦经

水谷之道路，气之所终始也。上焦在胃上口，其治在膻中；中焦在胃中脘，其治在脐旁；下焦当膀胱上口，其治在脐下一寸。

手少阳之脉，起于小指次指之端，关冲穴分也。**上出两指之间，循手表腕[52]，**臂骨尽处为腕。**出臂外两骨[53]之间，上贯肘，**臑尽处为肘，天井穴也，在肘内大骨后一寸两筋间陷中，屈肘得之。**循臑外，**在肘之间髆下对腋处为臑。**上肩，交出足少阳之后，入缺盆，交膻中，散络心包，下膈，遍[54]属三焦。**下膈当胃上口，以属上焦；于中脘，以属中焦；于阴交，以属下焦。**其支者，从膻中[55]上出缺盆，上项，**脑户后为项。**挟耳后，直上出耳上角，**角孙穴也。**以屈下颊至䪼。**目下为䪼，颧髎穴之分。**其支者，从耳后，**翳风穴分也。**入耳中，却出至目锐眦。**会瞳子髎、丝竹空，交于足少阳。

胆经

足少阳之脉，起于目锐眦，上抵头循角，颔厌穴分也，在曲角上颞颥上廉，一名脑空。下耳后，天冲穴分也，在耳后发际二寸，耳上如前三分。自此至风池，皆少阳所行之分也。循颈，风池穴也，在顶后发际陷中，按之急肩，是穴陷。行手少阳之前，至肩上，肩井穴也，在肩上，以三指按而取之，当中指陷者中是穴。却交出少阳之后，秉风穴分也。入缺盆。其支者，从耳后颞颥间翳风穴分也。入耳中，出走耳前，听会穴分。至目锐眦后。瞳子髎穴分也。其支者，别目锐眦，下大迎，合手少阳于𩓐，颧髎穴下，下临颊车，下颈，合缺盆，下胸中，天池穴分，贯膈，络肝，属胆，即期门之所，下至日月穴分而属于胆。循胁里，章门穴分。出气街，绕毛际，横入髀厌中。胁，胠也，腋下为胁曲，骨之分为毛际，两旁动脉中为气街，楗骨之下为髀厌，即髀枢环跳穴也。其直者，从缺盆下腋循胸，渊液穴分。过季胁下，胁骨之下为季胁、京门等穴分，合髀厌中，以下循髀外[56]，中渎等穴分，出膝外廉，阳陵泉穴也。下外辅骨[57]之前，胻外为辅骨、阳交等穴分也。直下抵绝骨[58]之端，外踝之上为绝骨。下出外踝之前，丘墟穴分也。循足跗，足面为跗，临泣等穴分。上入小趾次趾之间。窍阴穴也。其支者，别跗上，临泣穴别行。入大趾，循歧骨内出其端，大趾端也。还贯入爪甲，出三毛。足大趾本节后为歧骨，大趾爪甲后为三毛，就此交于足厥阴也。愚按：胆脉起目锐眦，上抵头角，下耳后，未尝言其脉有曲折也。伯仁《十四经发挥》言足少阳脉起目锐眦至完骨是一折，又自完骨至睛明是一折，又自睛明至风池是一折，则是《内经》以经脉之曲折者，朦胧为直行也。若依《内经》直行，则少阳头部二十穴无从安顿；若依伯仁三折，则穴可安，似又戾于经旨。此愚所未解也，俟明者正焉。

肝 经

足厥阴之脉，起于大趾聚毛之上[59]，足大趾爪甲后为三毛，三毛后横纹为聚毛，由此之大敦穴。循[60]足跗上，上，上廉也。去内踝一寸，去，相去也，中封穴分。上踝三寸，三阴交穴分。交出太阴之后，上腘内廉，曲泉穴分，屈膝得之，在膝横纹头是。循股入阴中[61]，髀肉为股阴包等穴分。阴中，阴毛中也。环阴器抵少腹，脐下为少腹。挟胃属肝，络胆，循章门至期门，挟胃属肝，复下日月之分络于胆。上贯膈，布胁肋，循喉咙之后，上入颃颡[62]，连目系，上出额，与督脉会于巅。目内连深处为目系。颃颡，咽颡也。额，临泣穴分也。巅，百会穴也。其支者，从目系，下颊里，环唇内，交环口唇之内，其支者，复从肝，期门穴分。别贯膈，上注肺。交于手太阴也。

督 脉

督者[63]为言都也，行背部之中，行为阳脉之都纲，乃奇经八脉之一也。

督脉，起于下极之俞[64]，下极之俞，两阴之间屏翳处也。屏翳两筋间为篡内深处，为下极之俞，督脉所始也。并于脊里，上至风府，入脑，脑户穴分也，在枕骨上强间后一寸半。上巅，循额至鼻柱，属阳脉之海。以人之脉络周流于诸阳之分，譬犹水也，而督脉则为之都纲，故曰阳脉之海。

任 脉

任之为言妊也，行腹部中行，为人身生养之本，奇经之一脉也。

任脉起于中极之下，会阴之分也。以上毛际，循腹里，上关元，至

喉咙，属阴脉之海。亦以人之脉络周流于诸阴之分，譬犹水也，而任脉则为之总任焉，故曰阴脉之海。

【校注】

① 心主：手厥阴经。

② 论：《素问》作“篇”。

③ 离合：离，分离，离开；合，合并，结合。人体有三阴经、三阳经，分开可为六经，合之即为表里。

④ 结于命门：结，上着为结，下同。此处但指目而言，秦汉后才作为脏象学说概念。

⑤ 中身：身体的中段。

⑥ 厉兑：其下，《灵枢·根结篇》《太素》卷五阴阳合均有“结于颡大”；《甲乙经》卷二第五有“结于颃颡”，此处脱文。

⑦ 内：《素问》王注作“外”。

⑧ 窍阴：其下，《灵枢·根结篇》《太素》卷五阴阳合、《甲乙经》卷二第五均有“结于窗笼”。

⑨ 关：《素问》《灵枢·根结篇》《甲乙经》卷二第五作“开”，《太素》卷五阴阳合作“关”。

⑩ 隐白：其下，《灵枢·根结篇》《太素》卷五阴阳合、《甲乙经》卷二第五均有“结于太仓”。

⑪ 涌泉：其下，《灵枢·根结篇》《太素》卷五阴阳合、《甲乙》卷二第五均有“结于廉泉”。

⑫ 大敦：其下，《灵枢·根结篇》《太素》卷五阴阳合、《甲乙》卷二第五均有“结于玉英”。

⑬ 关：《太素》卷五阴阳合作“关”；今本《素问》《灵枢》《甲乙》作“开”。

⑭ 搏而勿沉，名曰一阴：指三阴经的脉象多沉，但不能沉之太过，当为搏指有力

而不至过沉，乃三阴协调，合而为一之征。

⑮ 施：据《素问》王注应作“弛”。

⑯ 周：石印本作“固”，义长。

⑰ 枢持：少阳枢转阳气的功效，似门户之转轴。

⑱ 故在阳者主内，……诸经皆然：此十九字原作阴文。

⑲ 关枢：太阳主一身之表，具有卫外而为固的功能，可约束少阳枢转出入之机。

⑳ 枢儒：少阴位于太阴、厥阴之间，具有枢转阴阳之功，与“少阳为枢”之义同。儒，新校正云：“按《甲乙经》‘儒’作‘檽’。”

㉑ 从阳部注于阴：络为阳，经为阴，故指病邪由络内注于经。

㉒ 从阴内注于骨：指病邪由阴经内渗而入于骨。

㉓ 关蛰：说明太阴有闭藏，不使阴气外泄的作用。

㉔ 皮部也：原为阴文。《素问》“也”作“论”。

㉕ 张：《素问》作“折”。

㉖ 巨：《素问》其下有“阳”字。

㉗ 少阴上股内后廉，贯脊属肾：此 11 字底本原作阴文。

㉘ 入：《素问》作“出”。

㉙ 与太阳起于目内眦，……入循膂络肾：此 35 字底本原作阴文。

㉚ 其少腹直上者，……上系两目之下中央：此 27 字底本原作阴文。

㉛ 骨空之论：即《素问·骨空论》。

㉜ 臑（nào 闹）：指上臂。

㉝ 上骨：指桡骨。

㉞ 鱼际：《灵枢·经脉》作“上鱼”。

㉟ 两骨：第 1、2 掌骨。

㊱ 两筋：指拇长伸肌腱和拇短伸肌腱。

㊲ 天柱骨：即颈柱骨。又名旋台骨、玉柱骨、颈骨、大椎骨。为 4、5、6 颈椎的合称。

㊳ 頞（è 恶）：鼻根。

㊴ 颐：下颌部，口角后。

㊵ 客主人：上关穴。

㊶ 起胃口：《灵枢·经脉》作“起于胃口”。

㊷ 上循臑外廉：《灵枢·经脉》作“上循臑外后廉”。

㊸ 至目内眦：据《灵枢·经脉》其后有“斜络于颧”。

㊹ 挟脊：原脱，据《灵枢·经脉》补。

㊺ 至小趾外侧端：《灵枢·经脉》作“至小指之端外侧”。

㊻ 趣：《灵枢·经脉》作“走”。

㊼ 神藏：足少阴肾经穴。在胸部，当第2肋间隙，前正中线旁开2寸。

㊽ 心包：《灵枢·经脉》作“心包络”。

㊾ 历络三焦：指自胸至腹依次联络上中下三焦。

㊿ 下臂行两筋之间：《灵枢·经脉》作“下循臂行两筋之间”。两筋：指掌长肌腱和桡侧腕屈肌腱。

51 其支别者，从掌中：《灵枢·经脉》作“其支者，别掌中”。

52 手表腕：手背腕关节。

53 两骨：指尺骨和桡骨。

54 遍：《灵枢·经脉》作“循”。

55 膻中：此指胸中，不指穴名。

56 外：《灵枢·经脉》作“阳”。

57 外辅骨：腓骨。

58 绝骨：指腓骨下端凹陷处。

59 聚毛之上：《灵枢·经脉》作“丛毛之际”。

60 循：据《灵枢·经脉》及注文，知前有“上”字。

61 循股入阴中：《灵枢·经脉》作“循股阴入毛中”。

62 颃颡：指喉头和鼻咽部。

63 者：石印本作“之”。

64 下极之俞：即脊柱下端之长强穴。

卷上之三

脉　候

日月行天，厥候有常，薄蚀侵饵，愆[①]乎常也，脉于人身有常候焉，愆则见之，具脉候钞。

帝曰：胗[②]法何如？岐伯曰：诊法常以平旦，阴气未动，阳气未散[③]，饮食未进，经脉未盛[④]，络脉调匀，气血未乱[⑤]，故乃可诊有过之脉[⑥]。〔续〕《新校正》云：平旦至日中[⑦]，天之阳，阳中之阳也，则平旦为一日之中纯阳之时，阴气未动耳。散谓散布而出也，过谓异于常候。愚谓：平旦未劳于事，是以阴气未扰动，阳气未耗散。切脉动静而视精明，视人之精彩神明也。察五色，观五脏有余不足，六腑强弱，形之盛衰，以此参伍，决死生之分。〔续〕切谓以指切近于脉也。愚谓：参伍，以色脉、脏腑形气参合，比伍也。夫脉者，血之府也，府，聚也，故脉实血实，脉虚血虚。长则气治[⑧]，安也。短则气病[⑨]，数则烦心[⑩]，大则病进[⑪]，〔续〕长为气和故治，短为不足故病，数则为热故烦心，大为邪盛故病进。上盛则气高，下盛则气胀，代则气衰，细则气少，涩则心痛，〔续〕上谓寸口，下谓尺中，盛谓盛满。浑浑革至如涌泉，病进而色弊，绵绵其去如弦绝，死。〔续〕浑浑言脉气浊乱也；革至谓脉来弦实大长也；如涌泉言脉汩汩，但出而不返也；绵绵其去，脉来绵绵相续而去，不见其入也；弦绝者，言脉卒断，如弦之绝去也。此主病候日进而色弊恶，必至于死。愚谓：此则溢脉类也，与仲景弦大虚芤之革不同。〔脉要精微论〕

微妙在脉，不可不察，察之有纪，从阴阳始，〔续〕从阴阳升降，精微妙用，皆在经脉之气候，是以不可不察，故始以阴阳为察候之纪纲。始之有经，从五行生，生之有度，四时为宜。〔续〕言所始以知……有经脉之察候司应者，何哉？盖从五行衰旺而为准度也。征求太过不及之形症，皆以应四时者为生气所宜也。愚按：此假意谓脉理至微至妙。然不可不察，而察之有道，始当从阴阳而论，其升降又当从五行而论，其生旺又当从四时而论。其所宜如此，则脉理虽至微妙，亦可以察而知之也。是故声合五音，色合五行，脉合阴阳。〔续〕声表宫商角徵羽，故合五音；色见青黄赤白黑，故合五行；脉彰寒暑之休王，故合阴阳之气也。持脉有道，虚静为保，〔续〕《甲乙经》作"宝"，言持脉之道，必虚其心，静其志，乃为可贵。春日浮，如鱼之游在波；〔续〕虽出，犹未全浮。夏日在肤，泛泛乎万物有余；〔续〕泛泛，平貌。阳气盛，脉气亦象万物有余，易取而洪大也。秋日下肤，蛰虫[12]将去；〔续〕随阳气渐降，故曰下肤，观蛰虫将藏可见矣。冬日在骨，蛰虫周蜜，君子居室。〔续〕在骨言脉深沉也。尺内[13]两旁，则季胁也，两旁谓内外侧也，季胁近肾，尺主之，尺下两旁，季胁之分，季胁之上，肾之分，乃尺中也。尺外以候肾，尺里以候腹中，附上，左外以候肝，附上，如越人所定关中也。内以候膈，右外以候胃，内以候脾。脾居中，故内候；胃为市，故外候。上附上，如越人所是寸口也。右外以候肺，内以候胸中，〔续〕肺叶垂外，故外候；胸中主气管，故内候。左外以候心，内以候膻中，〔续〕心主膈中，膻中气海也。前以候前，后以候后。〔续〕上前字指左寸，下前字指胸之前膺及气海也。上后字指右寸，下后字指胸之后背及气管也。上竟上者，胸喉中事也，下竟下者，少腹腰股膝胫足中事也。〔续〕上竟上，至鱼际也；下竟下，谓尽尺之脉动处也。〔脉要精微论〕

帝曰：平人何如？岐伯曰：人一呼脉再动，一吸脉亦再动，呼吸定息脉五动[14]，闰以大息，命曰平人。〔续〕呼吸脉各再动，定息又一动，则五动也。人一呼脉一动，一吸脉一动，曰少气。〔续〕经脉周身一日五十营，以一万三千五百息，则气都行八百一十丈，如是则应天常度，无过不及，若呼吸脉各一动，准候减平人之半，一万三千五百息，都行四百五丈，少气之理可知矣。人一呼脉三动，一吸脉三动而躁，尺热曰病温。尺之皮肤热也。尺不热脉滑曰病风，脉涩曰痹。〔续〕尺，阴分位也；寸，阳分位也。然阴阳俱热，是则谓温。躁谓烦躁。《经》曰：中恶风者，阳气受也，滑为阳盛，故病为风；涩为无血，故为痛痹也。人一呼脉四动以上曰死。脉绝不至曰死。乍疏乍数[15]曰死。〔续〕呼吸脉各四动，准候过平人之倍，况其已上邪！脉绝不至，天真已无，乍疏乍数，胃谷之精亦败，皆死候也。平人之常气禀于胃。胃[16]者，平人之常气也，〔续〕常平之气，胃海致之。人无胃气曰逆，逆者死。〔续〕逆谓反平人之候，人常禀气于胃脉，以胃气为本，无胃气曰逆，逆者死。所谓无胃气，但得真脏脉也。春胃[17]微弦曰平，微似弦也。弦多胃少曰肝病，但弦无胃曰死。〔续〕急而益劲，如新张弓弦。胃而有毛曰秋病[18]。〔续〕毛，秋脉。毛甚曰今病[19]。〔续〕木受金邪故今病。脏真[20]散于肝〔续〕真，真气也。肝脏筋膜之气也。又曰：平肝脉来，软弱招招，如揭长竿末梢，曰肝平，〔续〕竿末梢言长软也。春以胃气为本。〔续〕春有胃气乃长软如竿末梢矣。病肝脉来，盈实而滑，如循长竿，曰肝病。〔续〕长而不软也。死肝脉来，急溢[21]劲，如新张弓弦，曰肝死。〔续〕劲谓劲强，急之甚也。又曰：真肝脉至，中外急，如循刀刃责责然，如按琴瑟弦，色青白不泽，毛折，乃死。

夏胃微钩曰平，钩多胃少曰心病，但钩无胃曰死。〔续〕谓前曲后居如操带钩也。愚谓：前曲后居，尺则沉伏不动而关寸陷下不浮也。盖夏脉当浮，今得陷下则反矣。胃而有石曰冬病，石甚曰今病，〔续〕火被水侵故今病。脏真通于心，心藏血脉之气也。又曰：平心脉来，累累如连珠，如循琅玕，曰心平。〔续〕言脉满而盛，微似连珠之中手。琅玕，珠之类也。夏以胃气为本。〔续〕脉有胃气则累累微似连珠也。病心脉来，喘喘连属，其中微曲，曰心病。〔续〕曲谓中手而偃曲也。愚谓：偃曲乃略近低陷之意，数至之中而有一至似低陷不应指也。《难经》以啄啄连属其中，微曲为肾病，与此不同。死心脉来，前曲后居，如操带钩，曰心死。〔续〕居，不动也，操，执持也；钩谓革带之钩。愚谓：寸口心脉所出，脉当浮大，今反低陷，而尺又不见动，则坎离不交，心肾气绝矣。又曰：真心脉至坚而搏，如循薏苡子累累然，色赤黑不泽，毛折乃死。

长夏胃微软弱曰平。弱多胃少曰脾病，但代无胃曰死，〔续〕动而中止，不能自还。软弱有石曰冬病，〔续〕以次相克，"石"当作"弦"，长夏土绝，故云石也。弱甚曰今病，〔续〕弱甚，土气不足，故今病。《甲乙经》"弱"作"石"。脏真濡于脾，脾藏肌肉之气也。又曰：平脾脉来，和柔相离[22]如鸡践地，曰脾平，〔续〕言脉来动数相离缓急和而调。愚谓：如鸡践地，形容其轻而缓也，如鸡举足，言如鸡走之举足，形容脉来实而数也。践地与举足不同，践地是鸡不惊而徐行也，举足是被惊时疾行也。况实数与轻缓相反，彼此对看，尤见明白。《难经》以此为心病。长夏以胃气为本，〔续〕如鸡践地之调缓也。病脾脉来，实而盈数，如鸡举足，曰脾病。死脾脉来，锐坚如鸟之啄，《千金》作"如鸡之啄"。如鸟之距，如屋之漏，如水之流，曰脾死。〔续〕鸟喙、鸟距言锐坚也，水流、屋漏言其至也，水流谓平至不鼓，屋漏谓时动复住。又曰：真脾脉至，弱而乍疏乍数，色黄青不泽，毛折乃死。

秋胃微毛曰平，毛多胃少曰肺病，但毛无胃曰死。〔续〕如物之浮，如风吹毛也。毛而有弦曰春病，〔续〕弦春脉以次乘克，弦当为钩，金气逼肝则弦来见，故不钩而反弦也。弦甚曰今病，〔续〕木气逆来乘金则今病。脏真高于肺[23]，以行荣卫阴阳也。〔续〕肺处上焦，故脏真高也。《灵枢》曰：荣气之道，纳谷为宝，谷入于胃，气传与肺，流溢于中，宣布于外。精专者，行于经隧，以其自肺宣布，故云以行荣卫阴阳也。**又曰：平肺脉来，厌厌聂聂，如落榆荚，曰肺平。**〔续〕浮薄而虚者也。《新校正》云：《难经》以厌厌聂聂，如循榆荚曰春平脉，蔼蔼如车盖，按之益大曰秋平脉。与此说不同。张仲景云：秋脉蔼蔼如车盖者，名曰阳结；春脉聂聂如吹榆荚者，名曰数。恐越人之说误也。**秋以胃气为本。**〔续〕脉有胃气则微，似榆荚之轻虚也。**病肺脉来不止**[24]**不下，如循鸡羽，曰肺病。**愚谓：不上不下，恐是上竟上，按之不可得；下竟下，按之不可得。详细消息则如循鸡羽，中央坚而两旁虚也。**死肺脉来，如物之浮，如风吹毛，曰肺死。**〔续〕如物之浮，瞥瞥然；如风吹毛，纷纷然也。《难经》云：按之消索如风吹毛，曰死。**又曰：真肺脉至大而虚，如以毛羽中人肤，色赤白不泽，毛折乃死。**

冬胃微石曰平，石多胃少曰肾病，但石无胃曰死。〔续〕谓如夺索，辟辟如弹石也。**石而有钩曰夏病，**〔续〕钩，夏脉，火兼土气也。次其乘克，钩当云弱，土旺长夏，不见正形，故石而有钩，兼其土也。**钩甚曰今病，**〔续〕水受火土之邪，故曰今病。**脏真下于肾**[25]**，**〔续〕肾居下焦，故言脏真下也。**肾藏骨髓之气也，又曰：平肾脉来，喘喘累累如钩，按之而坚曰肾平。**愚按：喘喘累累如钩，言其滑而濡也；按之而坚，濡滑有力也。《难经》云：其来上大下锐，濡滑如雀之喙曰平。雀喙本大而末锐也。**冬以胃气为本，病肾脉来如引葛，按之益坚曰肾病。**〔续〕形如引葛，言不按且坚，明按之则尤甚也。**死肾脉来，发如夺索，辟辟如弹石，曰肾死。**〔续〕发如夺索，犹蛇之走；辟辟如弹石，言促又坚也。愚谓：夺索与引葛意同。彼但坚硬不促，故病；此则坚而又促，故死；辟辟如弹石言其促也，以下文真肾脉至，搏而绝者证之，尤见明白。盖搏击者，坚也；绝者，弹石也、促也。**又曰：真脏**[26]**脉至，搏而绝，如弹石辟辟然，色黑黄不泽，毛折，乃死。**〔玉机真脏与平人气象论归并〕

帝曰：春脉何如而弦？岐伯曰：春脉者肝也，东方木也，万物之

所以始生也，未有枝叶。故其气来，软弱轻虚而滑，端直以长，状如弦也。故曰弦，反此者病。曰：何如而反？曰：其气来实而强，此谓太过，病在外；其气来不实而微，此谓不及，病在中。〔续〕气余则病形于外，气少则病在于中。吕广㉗云：实强者，阳气盛也。少阳当微弱，今更实强，谓之太过。阳处表，故令病在外，厥阴之气养于筋，其脉弦，今更虚微，故曰不及。阴处中，故令病在内。太过则令人善怒㉘，〔续〕肝气实则怒。忽忽眩冒而巅疾，其不及则令人胸痛引背，下则两胁胠满。〔续〕忽忽，不爽也，眩谓目眩，视如转也，冒谓冒闷，胠谓腋下胁也。厥阴肝脉自足上入毛中，又上贯膈，布胁肋，入颃颡，出额与督脉会于巅，故病如是。曰：夏脉何如而钩？曰：夏脉者，心也，南方火也，万物之所以盛长也，故其气来盛去衰，故曰钩。〔续〕其脉来盛去衰，如钩之曲也。《难经》曰：夏脉钩者，南方火也，万物之所盛，垂枝布叶，皆下曲如钩，故其脉来疾去迟。阳盛故来疾，阴虚故去迟，脉从下上至寸口疾，还尺中迟也。反此者病。曰：何如而反？曰：其气来盛去亦盛，此谓太过，病在外；其气来不盛去反盛，此谓不及，病在中。太过则令人身热而肤痛，为浸淫；其不及则令人烦心，上见咳唾，下为气泄㉙。少阴心脉起心中，出属心系，下膈络小肠，又从心系上肺，故心太过则身热肤痛而浸淫，流布于形分；不及则心烦，上见咳唾，下为气泄。曰：秋脉何如而浮？曰：秋脉者，肺也，西方金也，万物之所以收成也，故其气来，轻虚以浮，来急去散，故曰浮，脉来轻虚，故名浮也。滑注："来急去散"四字，不知何谓，将解浮字义邪？反此者病。曰：何如而反？曰：其气来也，毛而中央坚，两旁虚，此谓太过，病在外；其气来，毛而微，此谓不及，病在中。太过则令人逆气而背痛，愠愠然㉚；其不及则令人喘，呼吸少气而咳，上气见血，下闻病音。上气见血，下闻病音，谓喘而咯血，次复咳嗽也。下犹次也，复也。曰：冬脉何如而营？营如营垒之营，所屯聚处也。冬月万物含藏，故曰营也。曰：冬脉者，肾也，北方水也，万物之所以含藏也，故其气来沉以搏，故曰营，〔续〕“沉以搏”，《甲乙经》作“沉而濡”。濡，古软字。脉沉而濡，乃冬脉之平调，若沉搏击于手，则冬脉之太过也。《难经》云：冬脉石者，盛冬之时水凝如石，故其脉来沉濡而滑，故曰石也。反此者病。曰：何如而反？曰：其气来如弹石者，此谓太过，病在外；其去如数[31]者，此谓不及，病在中。太过则令人解㑊，一说作解极，谓懈倦之极也。盖以其状寒不寒、热不热、弱不弱、壮不壮，传不可名，谓之解㑊也。脊脉痛而少气不欲言；其不及则令人心悬如病饥[32]，䏚[33]中清，脊中痛，少腹满，小便变[34]。〔续〕足少阴肾脉，自股内后廉贯脊属肾络膀胱。其直行者，入肺中循喉咙挟舌本。其支别者，络心注胸中，故病如是。䏚者，季胁之下，挟脊两旁空软处也，肾外当䏚，故䏚中清冷也。《难经》肝心肺肾四脏脉俱以实强[35]为太过，虚微为不及，与此不同。曰：脾脉独何主？谓主时月。曰：脾脉者，土也，孤脏[36]以灌四傍者也。〔续〕纳水谷、化滓液，灌溉于肝心肺肾也。以不正主四时，故谓之孤脏。善者不可得见，恶者可见。〔续〕不正主时，寄王于四季，故善不可见，恶可见也。其来如水之流者，此谓太过，病在外；如鸟之啄[37]者，此谓不及，病在中。太过则令人四肢不举，〔续〕以脾主四肢也。其不及则令人九窍不通。中气不和，不能灌溉于四旁，则五脏不和，故九窍不通也。〔玉机真脏论〕

食气入胃，浊气归心，淫精于脉。浊气，谷气也。心居胃上，故谷气归心，淫溢精气，入于脉也。何者？心主脉故也。脉气流经，经气归于肺，肺朝百脉，输精于皮毛。言脉气流运乃为大经，经气归宗，上朝于肺，肺为华盖，治节由之，故受百脉之朝会也。肺朝百脉，然乃布化精气，输于皮毛矣。毛脉合精，行气于府[38]。府谓气之所聚处，气海膻中是也。府精神明[39]，留于四脏，气归于权衡[40]。〔续〕膻中之布气者，分为三隧：其下者走于气街，上者走于息道，宗气留于海，积于胸中，命曰气海也。如是分化乃四脏安宅，三焦平均，中外上下各得其所也。权衡以平，气口成寸，以决死生。〔续〕脉法以三寸为寸关尺之分，故中外高下，气绪均平，则气口之脉而成寸也。夫气口者，脉之大要会也，百脉尽朝，故以其分决死生也。愚谓：食气入胃已下，皆言脉之必以胃气为本之故，又见寸口所以能决死生也。饮入于胃，游溢精气[41]，上输于脾。水饮至于中焦，水化精微，上为云雾，云雾散变，乃注于脾。《灵枢》曰：上焦如雾，中焦如沤是也。脾气散精，上归于肺，通调水道，下输膀胱。水土合化，上滋肺金，金气通肾，故调水道转下，下焦膀胱禀化乃为溲矣。《灵枢》曰：下焦如渎是也。水精四布，五经并行，合于四时五脏阴阳，揆度以为常也。〔续〕从是水精布，经气行，筋骨成，血气顺，配合四时寒暑，证符五脏阴阳，揆度盈虚，用为常道。度，量也。以，用也。〔经脉别论〕

人以水谷为本，故人绝水谷则死，脉无胃气亦死。所谓无胃气者，但得真脏脉，不得胃气也。所谓脉不得胃气者，肝不弦肾不石也。〔续〕不弦不石皆谓不微似也，但举肝肾则心肺可以类推矣。〔平人气象论〕

帝曰：见真脏曰死，何也？岐伯曰：五脏者，皆禀气于胃，胃者五脏之本也。〔续〕胃为水谷之海，故五脏禀焉。脏气者不能自致于手太阴，必因于胃气，乃至于手太阴也，〔续〕《甲乙经》云：人常禀气于胃脉，以胃气为本也。故五脏各以其时，自为而至于手太阴也。〔续〕自为其状，至于手太阴也。故邪气胜者，精气衰也；故病甚者，胃气不能与之俱至于手太阴，故真脏之气独见。独见者，病胜脏也，故曰死。〔续〕《新校正》云：真脏脉者，无余物和杂，故名真也。如弦是肝脉，若微弦则和而有胃气也。微弦谓二分胃气、一分弦气，故曰微弦。若三分俱是弦则为真脏脉矣。五脏之气不得独用，如至刚独见则折，和柔济之则固也。欲知五脏真见为死，和胃为主[42]者，于寸口胗[43]即可知也。〔玉机真脏论〕

《脉要》曰：春不沉，夏不弦，冬不涩，秋不数，是为四塞。〔续〕天地四时之气闭塞而无所运行也。愚谓：此指孟春言也，孟春犹寒，冬气尚在，故宜脉沉，沉甚太过，反为病矣。沉甚曰病，弦甚曰病，涩甚曰病，数甚曰病，参见曰病，复见曰病，未去而去曰病，去而不去曰病。〔续〕参谓参和诸气，来见、复见谓再见已衰已死之气也。去谓王已而去者也，日行之度未出于差，是为天气未出而脉先去，日度过差是为天气已去而脉尚在，既非得应，故曰病。反者死。〔续〕谓夏见沉，秋见数，冬见缓，春见涩也，犯违天命，其能生乎？上文秋不数，是谓四塞，此云秋见数是谓反，盖以脉差只在仲月，差之度尽而数不去，谓秋之季月而脉尚数，则为反也。〔至真要论〕

心脉搏坚而长[44]，当病舌卷不能言；〔续〕搏谓搏击于手也。诸脉搏坚而长皆为劳心，脏气虚极也。手少阴心从心系上挟咽喉，故令舌卷短不能言也。其软而散者，当消环自已[45]。〔续〕诸脉软散皆为气实血虚也，消谓消散，环谓环周，言其经气如环之周，当其火旺自消散也。《甲乙》"环"作"渴"。肺脉搏坚而长，当病唾血；〔续〕肺虚极则络逆，络逆则血泄，故唾出也。其软而散者，当病灌汗[46]，至令不复散发也。〔续〕灌汗谓寒水灌洗，皮密汗藏至令不复发泄也，盛水多为此也。下文诸脏各言色而心肺不言色者，疑缺文也。肝脉搏坚而长，色不青，当作"其色青"。当病坠若搏[47]，回血在胁下，令人喘逆；〔续〕病坠若搏，谓坠堕或搏击也。肝主两胁，故曰血在胁下，肝脉布胁肋，循喉咙，其支者，从肝贯膈上入肺，今血在胁下，故血气上熏于肺而喘逆也。其软而散，色泽，当病溢饮。溢饮者，渴暴多饮而易[48]当作溢。入肌皮肠胃之外也。〔续〕面色浮泽是为中湿，血虚中湿，水液不消，故病溢饮。以水饮满溢，渗入肌皮肠胃之外也。胃脉搏坚而长，其色赤，当病折髀；〔续〕胃虚色赤，火气救之，胃脉下髀抵伏兔，故病则髀如折也。其软而散者，当病食痹[49]。〔续〕痹，痛也，胃脉下膈属胃络脾，故食则痛闷而气不通也。《校正》：谓痹为痛，其义未通。脾脉搏坚而长，其色黄，当病少气，〔续〕脾虚则肺无所养，肺主气，故少气也。其软而散，色不泽者，当病足胻肿，若水状也。〔续〕色气浮泽为水之候，色不润泽，故言若水状也。脾脉上踹[50]内，循胻骨膝股入腹。故病足胻肿也。肾脉搏坚而长，其色黄而赤者，当病折腰。〔续〕色气黄赤，是心脾干肾，腰为肾府，故病腰折。其软而散者，当病少血，至令不复也。〔续〕肾主水，以生化津液，今肾气不化，故病少血，至令不复。〔脉要精微论〕

欲知寸口寸口，统关尺二部而言之。太过与不及，寸口之脉中手[51]著人手也。短者，曰头痛。寸口脉中手长者，曰足胫痛。〔续〕短为阳气不足，故病于头；长为阴气太过，故病于足。寸口脉中手促上击者，曰肩背痛。〔续〕阳盛于上故肩背痛。寸口脉沉而坚者，曰病在中。寸口脉浮而盛者，曰病在外。〔续〕沉坚为阴，故病在中；浮盛为阳，故病在外。寸口脉沉而弱，曰寒热及疝瘕少腹痛。〔续〕沉为寒，弱为热，故曰寒热。又沉为阴盛，弱为阳余，余盛相薄，正当寒热，不当为疝瘕少腹痛，应错简耳。《甲乙经》无此十五字，况下文已有寸口脉沉而喘曰寒热，脉急者曰疝瘕少腹痛，此文衍，当去可知。寸口脉沉而横，曰胁下有积，腹中有横积痛。〔续〕亦阴气内结也。愚谓：脉沉而横，言脉象沉而坚长如横木之在指下也。寸口脉沉而喘曰寒热。〔续〕喘为阳吸，沉为阴争，争吸相薄，故寒热也。脉从阴阳病易已，脉逆阴阳病难已。〔续〕脉病相应谓之从，脉病相反谓之逆。脉得四时之顺曰病无，他脉反四时及不间脏[52]曰难已。〔续〕反四时，如春得秋脉之类，间脏七传也。〔平人气象论〕

脉有阴阳，知阳者知阴，知阴者知阳。深知则备识其变易。凡阳有五，胃土之数即下文胃脘之阳也。五五二十五阳[53]。五脏各以胃气为本。《玉机真脏论》云：故病有五变，五五二十五变，义与此同。所谓阴者，真脏[54]也，无胃气。见则为败，败必死也。〔续〕五脏为阴，故曰阴者真脏也，见者谓如肝脉至中外急，如循刀刃责责然，如按琴瑟弦之类，此脉见者皆为脏败神去，故必死也。所谓阳者，胃脘之阳也。〔续〕胃脘之阳，人迎之气也。察其气脉，动静小大与脉口应否也。胃为水谷之海，故候其气而知病处，人迎在结喉两旁，脉动常左小而右大，左小常以应脏，右大常以候腑。别于阳者，知病处也；知病在何处。别于阴者，知死生之期。以真脏脉推之，知在何脏。愚谓：别，审别也。能审别人迎之脉则知病在何脏何腑也。**三阳在头，三阴在手**[55]**，所谓一也**。"三阳"当作"二阳"，谓结喉两傍人迎脉以候足阳明胃气，三阴谓气口以候手太阴肺气也。胃为五脏之本，肺为百脉之宗也。气口、人迎皆可以候脏腑之气，两者相应，俱往俱来。若引绳小大齐等，命曰平人。故言所谓一也。**别于阳者，知病忌时**[56]**；别于阴者，知死生之期**。二句申前说，或直为衍文亦可。**所谓阴阳者，去者为阴，来者为阳；静者为阴，动者为阳；迟者为阴，数者为阳。凡持真脏之脉者，肝至悬绝**[57]**，十八日死；**金木成数之余也，肝见庚辛死之类。愚谓：悬绝如悬丝之微而欲绝也。王注如悬物之绝去，似指代脉言也。**心至悬绝，九日死；**水火生成数之余也，**肺至悬绝，十二日死；**金火生成数之余也。**肾至悬绝七日死；**水土生成数之余也。**脾至悬绝四日死**。木土生成数之余也。**鼓一阳曰钩**，愚谓：脉来只见一阳鼓动而无阴和杂其中，此无胃气之钩也，下文仿此。**鼓一阴曰毛，鼓阳胜急曰弦，鼓阳至而绝曰石**，当作"鼓阴至而绝"。此四者，盖亦真脏脉也。**阴阳相过曰溜**。愚谓：过者，阴阳皆失其常度也，或阴失常度而过于柔，或阳失常度而过于刚，或阳刚而阴亦以刚应，或阴柔而阳亦以柔应，此皆谓失常度也。脉名曰溜，如水之溜而不收也。即下文关格之类也。〔阴阳别论〕

人迎一盛病在少阳，胆脉，**二盛病在太阳**，膀胱脉，**三盛病在阳明**，胃脉，**四盛**[58]**已上为格阳**[59]，〔续〕阳脉法也，一盛者，谓人迎之脉大于寸口一倍也，余盛同法。四倍已上，阳盛之极，故格拒而食不得入也，所谓格则吐逆也。**寸口一盛病在厥阴**，肝脉。**二盛病在少阴**，肾脉。**三盛病在太阴**，脾脉。**四盛已上为关阴**[60]。〔续〕阴脉法也，盛法同阳，四倍已上阴盛之极，故关闭而溲不得通也，所谓闭则不得溺也。**人迎与气口俱盛四倍已上为关格**[61]，谓俱大于平常之脉四倍也。**关格之脉羸，不能极于天地之精气，则死矣**。"羸"当作"盈"，盛之极也。今按：不能极于天地之精气者，过乎中也。盖极者，中也，不及不得为中，太过亦不得为中。〔六节脏象论〕

帝曰：脉从而病反者，其诊何如？岐伯曰：脉至而从，按之不鼓，诸阳皆然。曰：诸阴之反，其脉何如？曰：脉至而从，按之鼓甚而盛也。言病热而脉数，按之不鼓手，乃阴盛格阳而致之，非热也。形症是寒，按之脉却鼓击手下而盛者，乃阳盛拒阴而然，非寒也。〔至要真论〕

粗大者，阴不足阳有余，为热中也。〔续〕粗大，脉洪大也，脉洪为热，故曰热中。来疾去徐，上实下虚，为厥巅疾；〔续〕愚谓：厥者逆也，其气逆上而为巅项之病也。来徐去疾，上虚下实，为恶风[62]也。故中恶风者，阳气受也。〔续〕以上虚故阳气受也。有脉俱沉细数者，少阴厥也；〔续〕尺中有脉沉细数者，少阴气逆也。何者？尺脉不当见数，有数故言厥也。俱者言左右尺中也。沉细数散者，寒热也；〔续〕数为阳，阳干于阴，阴气不足，故寒热也。浮而散者，为眴[63]仆。〔续〕脉浮为虚，散为不足，气虚而血不足，故为头眩而仆倒也。诸浮不躁者，皆在阳[64]，则为热；足阳经中，阳为火气故为热。其有躁者在手[65]，手阳经中，言大法也。诸细而沉者皆在阴[66]，手阴脉中"诸细而沉"，王注作"细沉而躁"。今按：有此躁字方可对静字说。则为骨痛；阴主骨故。其有静者在足[67]。足阴脉中。数动一代者，病在阳之脉也，泄及便脓血。〔续〕代，止也。数动一代，是阳气生病，故曰病在阳之脉。所以然者，以泄利及脓血。脉乃尔。诸过者切之，愚谓：诸脉之失常者切之，即下文涩滑之类。涩者，阳气有余也。血少也。滑者，阴气有余也。血多也。阳气有余为身热无汗，阴气有余为多汗身寒，〔续〕血少气多斯可知也。阴阳有余则无汗而寒。〔续〕阳余无汗，阴余身寒，若阴阳有余则无汗而身寒也。推而外之，内而不外，有心腹积也。〔续〕脉附臂筋，取之不审，推筋令远，使脉外行内而不出外者，心腹中有积乃尔。推而内之，外而不内，身有热也。〔续〕脉远臂筋，推之令近，远而不近，是阳气有余，故身有热也。推而上之，上而不下，腰足清也。〔续〕推筋按之，寻之而上，脉上涌盛，是阳气有余，故腰足冷也。《甲乙经》作"下而不上"。推而下之，下而不上，头项痛也。〔续〕推筋按之，寻之而下，脉沉下掣，是阴气有余，故头项痛也。《甲乙经》作"上而不下"。按之至骨，脉气少者，腰脊痛而身有痹也。阴气太过故尔。〔脉要精微论〕

妇人手少阴脉[68]动甚者，妊子也。或作"足少阴，大如豆，厥厥动摇者，动脉也"。阴阳相薄名曰动。愚谓：动甚非指动脉形状，谓脉来过于滑动也。病[69]热而脉静，泄而脉大[70]，脱血脉实，病在中脉虚，病在外脉涩坚者，皆难治。〔续〕病热当脉躁而反静，泄而脱血当脉虚小而反实大，邪气在内当脉实而反虚，病气在外当脉虚滑而反坚涩，故皆难治。《玉机真脏论》云：病在中脉实坚，病在外脉不实坚，皆难治。与此相反，彼经误而此为得自病热脉静，至此与《玉机真脏论》文相重。脉盛滑坚者，曰病在外。脉小实而坚者，病在内。〔续〕盛滑为阳，小实为阴。阴病病在内，阳病病在外。脉小弱以涩，谓之久病。〔续〕小为气虚，涩为无血，血气虚弱，故云久病。脉滑浮而疾者，谓之新病。〔续〕滑浮为阳足，脉疾为气全。阳足气全，故病新浅。脉急者，为疝瘕少腹痛。愚按：前言寸口脉沉弱为疝瘕者，误也。此言脉沉急者，与诊相应。脉滑曰风。脉涩曰痹。〔续〕滑为阳，阳受病为风；涩为阴，阴受病为痹。缓而滑曰热中。盛而紧曰胀。〔续〕缓谓纵缓之状，非动之迟缓也。阳盛于中，故脉滑缓；寒气否满，故脉盛紧也。〔平人气象论〕

心脉满大，痫瘛筋挛。〔续〕心脉满大，则肝气下流，热气内薄，筋干血涸，故痫瘛筋挛。肝脉小急，痫瘛筋挛。〔续〕肝养筋，内藏血，肝气受寒，故痫瘛筋挛。脉小急者，寒也。肝脉骛暴，有所惊骇，〔续〕骛谓驰骛，言迅急也。阳气内薄，故发为惊也。脉不至若瘖，不治自已。肝脉骛，因暴有惊骇也。若脉不至骛及不瘖，则虽有所惊骇亦不治而自已也。王注：肝气若厥，厥则脉不通，厥退则脉复通。又其脉布胁肋循喉咙，故脉不至若瘖，则虽有所惊骇，不治亦自已。肾脉小急，肝脉小急，心脉小急，不鼓皆为瘕。〔续〕小急为寒甚,不鼓则血不流,血不流而寒薄,故血内凝而为瘕也。愚谓:小急为寒,按之不鼓,内寒自甚,血逢寒则凝,故病瘕也。盖心主血,肝藏血,肾养血,是三脏皆主于血,故脉同而病亦同也。肾肝并沉为石水,〔续〕肝脉入阴,内贯少腹;肾脉贯脊,中络膀胱。两脏并脏,气熏冲脉,自肾下络于胞,令水不行化,故坚而结。然水冬水,水宗于肾,肾象水而沉,故气并而沉,名为石水。并浮为风水,〔续〕脉浮为风,下焦主水,风薄于下,故名风水。并虚为死,〔续〕肾为五脏之根,肝为发生之主,二者不足,是主脉俱微,故死。并小弦欲惊。〔续〕小弦为肝肾俱不足故尔。肾脉大急沉,肝脉大急沉,皆为疝。〔续〕疝者,寒气结聚所为也。夫脉沉为实,脉急为痛,气实寒薄,聚为绞痛,为疝。心脉搏滑急为心疝,肺脉沉搏为肺疝。〔续〕皆寒薄于脏故也。三阳急为瘕,三阴急为疝,〔续〕太阳受寒,血凝为瘕;太阴受寒,气聚为疝。二阴急为痫厥,二阳急为惊。二阴,少阴也;二阳,阳明也。脾脉外鼓,沉为肠澼,久自已。〔续〕外鼓谓不在部位鼓动于臂外。肝脉小缓为肠澼,易治。〔续〕肝脉小缓为脾乘肝,故易治也。肾脉小搏沉,为肠澼下血,〔续〕小为阴气不足,搏为阳气乘之。热在下焦,故下血也。血温身热者死。〔续〕血温身热是阴气丧败,故死。脉至而搏,血衄身热者死。〔续〕血衄而虚,脉不应搏,今反脉搏,是气极乃然,故死。脉来悬钩浮为常脉。愚谓:悬钩小而软也,浮小而软为血衄常脉。脉至如喘,名曰暴厥,〔续〕喘谓卒来盛急去而便衰,如人之喘状也。暴厥者,不知与人言。脉至如数,使人暴惊,〔续〕脉数为热,热则内动肝心,故惊。三四日自已。〔续〕数为心脉,木被火干,病非肝生,不与邪合,故三四日后自除,以木生数三也。〔大奇论〕

岐伯曰:万物之外,六合之内,天地之变,阴阳之应,彼春之暖,为夏之暑;彼秋之忿,为冬之怒[71]。四变之动,脉与之上下,〔续〕六合谓四方上下也。春暖为夏暑,言阳生而至盛;秋忿为冬怒,言阴少而之壮。"忿"一作"急",言秋气劲急也。以春应中[72]规[73],〔续〕春脉软弱轻虚而滑,如规之象，中外皆然。故以春应中规。**夏应中矩**[74]，〔续〕夏脉洪大兼之滑数，如矩之象，可正平之，故以夏应中矩也。**秋应中衡**，〔续〕秋脉浮毛轻涩而散，如秤衡之象，高下必平，故以秋应中衡也。**冬应中权**。〔续〕冬脉如石，兼沉而滑，如秤权之象，下远于衡，故以冬应中权也。以秋中衡、冬中权者，言脉之高下异处如此尔，此则随阴阳之气，故有斯四应不同也。**是故冬至四十五日，阳气微上，阴气微下；夏至四十五日，阴气微上，阳气微下。阴阳有时，与脉为期**[75]；〔续〕谓上四应也。**期而相失，如脉所分**[76]；**分之有期，故知死时**[77]。〔续〕察阴阳升降之准，则知经脉递迁之象；审气候递迁之失，则知气血分合之期；分闭不差，故知人死之时也。〔脉要精微论〕

【校注】

① 愆（qiān 迁）：过，与常相对，有变化失常之意。

② 胗：同“诊”。

③ 阴气未动，阳气未散：指平旦之时既未劳神，又未劳形，故阴气未被扰动，阳气未被耗散。

④ 经脉未盛：指经脉之气平静尚未充盛。

⑤ 气血未乱：指气血运行有条不紊。

⑥ 有过之脉：指有病之脉。过，病也。

⑦ 平旦至日中：石印本此句前有《金匮真言论》。

⑧ 长则气治：长，指脉体过长，超过本位。气治，气血平和协调。

⑨ 短则气病：短，指脉体短不及本位。气病，气血不足也。

⑩ 数则烦心：数，指数脉，即一息五至以上之脉。数脉主热，热则烦心。

⑪ 大则病进：指脉象盛大满指，属邪气亢盛有余，病情进一步发展之象。

⑫ 蛰虫：藏伏土中越冬之虫。

⑬ 尺内：指尺泽之内，此以下指诊尺肤部位法。

⑭ 呼吸定息脉五动：呼吸定息，两次呼吸的间歇。脉五动，指一息四动定息再计一动，共计五动，非定息之时脉五动。

⑮ 乍疏乍数：指脉跳忽慢忽快。

⑯ 胃：胃气。

⑰ 胃：指脉中的胃气，即有胃气之脉，其象为从容和缓、节律一致。下皆为是。

⑱ 胃而有毛曰秋病：指春季脉虽有胃气但兼见秋季之毛脉者，至秋就要发病。下文以此类推。

⑲ 毛甚曰今病：指春脉毛甚者，当时就要发病。今，在此指春季。下文类推。

⑳ 脏真：指五脏的真气。肝旺于春，所以春季五脏真气主要布散于肝。下文类推。

㉑ 溢：《素问》作“益”。

㉒ 和柔相离：按之和柔而附着有神。

㉓ 高于肺：上归于肺。

㉔ 止：据注文内容应为“上”。

㉕ 下于肾：下藏于肾。

㉖ 脏：据《素问》应作“肾”。

㉗ 吕广：三国时期吴国人，曾任吴国太医令，注解《八十一难经》。《难经集注》引有其内容。

㉘ 怒：《素问》作“忘”。

㉙ 气泄：指矢气。

㉚ 愠愠然：郁闷不舒貌。

㉛ 数：为非实热之数脉，乃虚热之数脉，数而无力。

㉜ 心悬如病饥：心中空虚而怯，有如饥饿感。

㉝ 胁（chǎo 吵）：季胁下空软处。

㉞ 小便变：《脉经》卷三第五作“小便黄赤”；《千金》卷十九第一作“小便变黄赤”。

㉟ 实强：石印本作“强实”。

㊱ 孤脏：土在四方无定位，而应于四维（四隅），在人则脾居中央，以养其余四

脏。

㊲ 啄：《素问》作“喙”。

㊳ 毛脉合精，行气于府：皮毛和经脉中的精气会合后，流归入脉中。府，脉为血府。

㊴ 府精神明：经脉中的气血，经阴阳相互作用而不断变化。神明，指变化莫测。

㊵ 权衡：指气血运行保持协调平衡。权，秤锤；衡，秤杆。

㊶ 游溢精气：指精气游溢布散而言。

㊷ 主：据文意疑为“生”。

㊸ 胗：同“诊”。

㊹ 搏坚而长：指脉来搏击于指，坚挺有力而长。

㊺ 消环自已：《太素》卷十五五脏脉诊注有“消渴以有胃气，故自已”。消环，《甲乙》《脉经》《太素》均作“消渴”，当是。

㊻ 灌汗：指汗出多且不止，如水灌注。

㊼ 坠若搏：指跌仆损伤之病证。

㊽ 易：新校正云：“易”当作“溢”。

㊾ 食痹：病名，指胸膈痹阻闷痛饮食难下之病。

㊿ 踹：应为“腨”。小腿肚。

51 中手：应指也。

52 不间脏：传其所克也，如肝病传脾。

53 五五二十五阳：指春、夏、长夏、秋、冬五时各有五之长脏，即每时均有五脏常脉应之，五时共计二十五种。

54 真脏：真脏脉，即无胃气之脉，脏腑败坏，真气将绝之征。

55 三阳在头，三阴在手：指三阳经的虚实可从人迎脉测知，三阴经的虚实可从寸口脉测知。头，人迎脉。手，寸口脉。

56 知病忌时：指脏病所忌之时，以五行相克之理推之，如肝病忌庚辛日或秋季。

57 悬绝：指脉来孤悬将绝，乃胃气衰败之象。悬，无所依附。绝，断绝。

58 一盛、二盛、三盛、四盛：分别指脉搏比正常时大一倍、二倍、三倍、四倍。

盛，脉搏盛大也。

(59) 格阳：指气血盛溢于三阳，与三阴格拒不相交通，又称溢阳。

(60) 关阴：指气血盛溢于三阴，与三阳格拒不相交通，又称溢阴。

(61) 关格：指阴阳俱盛至极而不得交通，以致生化将息之征。

(62) 恶风：此指恶厉风邪，非恶风症状。

(63) 眴（xuàn 炫）：同“眩”。

(64) 阳：足三阳。

(65) 手：手三阳。

(66) 阴：手三阴。

(67) 足：足三阴。

(68) 手少阴脉：指神门穴处。

(69) 病：《素问》作“风”。

(70) 脉大：《素问》无此二字。

(71) 怒：指代冬天寒凉的杀厉之气。

(72) 中：合也，下同。

(73) 规：作圆之器。

(74) 矩：作方之器。

(75) 阴阳有时，与脉为期：指四时阴阳的变化是有规律的，脉象的变化与此规律相应。

(76) 期而相失，如脉所分：指脉象的变化与四时的阴阳变化规律失去了相应的关系，则可以从脉象的变化测知病情的轻重。

(77) 分之有期，故知死时：指五脏之中每脏都有自己所主的时令，据此可以推断病人的死期。

卷上之四

病　能病之形能也，王注内作病形也。

六气之淫，七情之祟，是动所生，奸在荣卫，具病能钞。

帝曰：夫百病之生也，皆生于风寒暑湿燥火，以之化之变也。《经》言：盛者泻之，虚者补之，工巧神圣，可得闻乎？岐伯曰：审察病机，无失气宜，此之谓也。〔续〕风寒暑湿燥火，天之六气也。静而顺者为化，动而变者为变。故曰之化之变也。针曰工巧，药曰神圣。愚按：病机不出乎运气，诸病之生或属于五运者，或属于六气者，不可不审察也。经曰：治病必求其本是也。无失气宜，言治法也，必须别阴阳、辨标本。求其有无之所以殊，责其虚实之所以异，汗吐下不失其宜，寒热温凉各当其可，不使有差殊乖乱之失可也。《经》曰：无失天信，无失气宜。又曰：必先岁气，无伐天和是也。曰：愿闻病机[①]？曰：诸风掉眩，皆属于肝。〔续〕掉，摇也；眩，昏乱旋运也。风性动，木气同之。诸寒收引，皆属于肾。〔续〕收敛引急寒之用也。故冬寒则拘缩，水气同之。诸气膹郁，皆属于肺。〔续〕膹谓膹满，郁谓奔迫。气之为用，金气同之。故金旺则雾气蒙郁，征其物象属可知矣。诸湿肿满，皆属于脾。〔续〕土平则干，土高则湿，湿气之用，土气同之。河间云：地之体也，土湿极甚则痞塞肿满，物湿亦然，故长夏属土，则庶物隆盛也。诸热瞀瘛，皆属于火，诸痛痒疮，皆属于心。〔续〕人近火气，微热则痒，热甚则痛，附近则灼而为疮，皆火之用也。**诸厥固泄，皆属于下。**〔续〕下谓下焦肾肝气也。夫守司于下，肾之气也。门户束要，肝之气也。故诸厥固泄皆属下也。厥谓气逆，固谓禁固，诸有气逆上行及固或泄，燥湿不恒，皆由下焦之主守也。**诸痿喘呕，皆属于上。**〔续〕《校正》按《痿论》云：五脏使人痿者，因肺热叶焦，发为痿躄[②]，故云属于上也，痿又谓肺痿也。**诸禁鼓慄，如丧神守，皆属于火。**〔续〕禁，冷也，俗作“噤”。如丧神守者，神能御形而反禁慄，则如丧失保守形体之神矣。**诸痉项强，皆属于湿。**〔续〕筋劲强直而不柔和也。土主安静故也。阴痉曰柔痉，阳痉曰刚痉。亢则害，承乃制，故湿过极则反兼风化制之。然兼化者，虚象而实非风也。**诸逆冲上，皆属于火。**〔续〕火气炎上故也。**诸腹胀大，皆属于热。**〔续〕气为阳为热，气甚则如是也。**诸躁狂越，皆属于火。**〔续〕热盛于胃及四末也。躁，躁动烦热扰乱而不宁，火之体也；狂者，狂乱而无正定也；越者，乖越礼法而失常也。**诸暴强直，皆属于风。**〔续〕暴，卒也、虐害也；强，强劲有力不柔和也；直，筋劲强也。然燥金主紧敛劲切，风木为病反见燥金之化，由亢则害，承乃制也。**诸病有声，鼓之如鼓，皆属于热。诸病胕肿，疼酸惊骇，皆属于火。**〔续〕胕肿，热胜肉而阳气郁滞故也；疼酸，酸疼也，由火实制金，不能平木，则木旺而为兼化，故酸疼也；惊，心卒动而不宁，火主于动也；骇，惊愕也。反兼肾水之恐者，亢则害承乃制故也。恐则伤肾而水衰，心火自甚，故惊恐也。**诸转反戾，水液浑浊，皆属于热。**〔续〕反戾，筋转也，热气燥灼于筋，则挛瘛而痛，火主烦灼燥动故也；水液，小便也，天气热则水浑浊也。**诸病水液，澄彻清冷，皆属于寒。**〔续〕上下所出及吐出溺出也。澄彻清冷，湛而不浑浊也。为天气寒则浊水自澄清也。**诸呕吐酸，暴注下迫，皆属于热。**〔续〕胃膈热甚则为呕，火气炎上之象也。酸，酸水及沫也。酸者，肝木之味，由火盛制金不能平木，则肝木自甚，故为酸也，如饮食热则易于酸矣。暴注，卒暴注泄也，肠胃热甚而传化失常，火性急速，故如是也。下迫，后重里急窘迫急痛也，火性急速而能燥物故也。**故《大要》曰：谨守病机，各司其属，有者求之，无者求之[③]，盛者责之，虚者责之[④]，必先五胜，疏其血气，令其条达，而致和平。此之谓也。**深乎圣人之言，理宜然也。有无求之，虚实责之，言悉由也。愚谓：诸病皆由于有无虚盛也。夫如大寒而甚，热之不热，是无火也；热来复去，昼见夜伏，夜发昼止，时节而动，是无火也，当助其心。又如大热而甚，寒之不寒，是无水也；热动复止，倏忽往来，时动时止，是无水也，当助其肾。内格呕逆，食不得入，是有火也；病呕而吐，食入反出，是无火也；暴逆注下，食不及化，是无水也；溏泄而久，止发无常，是无水也。故心盛则生热，肾盛则生寒，肾虚则寒动于中，心虚则热收于内。又热不得寒，是无火也；寒不得热，是无水也。夫寒之不得寒，责其无水；热之不得热，责其无火；热之不久，责心之虚；寒之不久，责肾之少。有者泻之，无者补之，虚者补之，盛者泻之，于其中间，疏其壅塞，令上下无碍，气血通条，则寒热自和，阴阳条达矣。是以方有治热以寒，寒之而谷食不入；攻寒以热，热之而昏燥以生，此则气不疏通，壅而为是也。纪于水火余气可知。故曰：有者求之，无者求之，盛者责之，虚者责之，令气通条妙之道也。五胜谓五行更胜也，先以五行寒暑温凉湿酸咸甘辛苦相胜为法也。愚按：病机十九条，实察病之要旨。而有者求之，无者求之，盛者责之，虚者责之十六字，乃答篇首盛者泻之、虚者补之之旨，而总结病机一十九条之义，又要旨中之要旨也。《原病式》但以病机一十九条立言而遗此十六字，不免临病误投汤剂，致人夭折。今引经传之旨，证其得失。夫风病者，皆属于肝，风木甚则肝太过而病化风，如岁木太过发生之纪，病掉眩之类，俗谓之阳痓、急惊等病，治以凉剂是也。燥金胜则肝为邪攻而病亦化风，如岁木不及，阳明燥金下临，病掉振之类，俗谓之阴痓慢惊等病，治以温剂是也。诸火热病，皆属于心，火热甚则心太过而病化火热，如岁火太过，赫曦之纪，病谵妄狂越之类，俗谓之阳燥谵语等病，治以攻剂是也。寒水胜则心为邪攻而病亦化火热，如岁火不及，病燥悸心烦谵妄之类，俗谓之阴躁、郑声等病，治以补剂是也。诸湿病者，皆属于脾，湿土甚则脾太过而病化湿，如湿胜则濡泄，仲景用五苓等剂去湿是也。风木胜则脾为邪攻而病亦化湿，如岁木太过，病飧泄之类，钱氏用宣风等剂去风是也。诸气膹郁皆属于肺，燥金甚则肺太过而病化膹郁，如岁金太过，甚则喘咳之类，东垣谓之寒喘，治以热剂是也。火热胜则肺为邪攻，而病亦化膹郁，如岁火太过，病喘咳之类，东垣谓之热喘，治以寒剂是也。诸寒病者，皆属于肾，寒水甚则肾太过而病化寒，如太阳所至为屈伸不利之类，仲景用乌头汤等治之是也。湿土胜则肾为邪攻而病亦化寒，如湿气变病筋脉不利之类，东垣用复煎散、健步丸治之是也。其在太过，所化之病为盛，盛者，真气也。其在受攻，所化之病为虚，虚者，假气也。故有其病化者，恐其气之假，故有者亦必求之；无其病化者，恐其邪隐于中，如寒胜化火之类，故无者亦必求之；其病化似盛者，恐其盛之未的，故盛者亦必责之；其病之化似虚者，恐其虚之未真，故虚者亦必责之。凡十九条病机，皆用此十六字为法求之，庶几补泻不差也。河间损此十六字，似以病化有者为盛，无者为虚，不复究其假者、虚者，实为未备，此智者之一失也。〔至真要大论〕

帝曰：风之伤人也，〔续〕伤谓人自中之也。或为寒热，或为热中，或为厉风[5]、或为偏枯[6]，“偏枯”当作“偏风”，下文以春甲乙云，云则为偏风是也。或当作“均”。为风也，其病各异，其名不同，或内至五脏六腑，不知其解，愿闻其说。岐伯曰：风气藏于皮毛之间，内不得通，外不得泄，〔续〕腠理开疏则邪气入，风气入已，玄府闭封，故内不得通，外不得泄也。风者，善行而数变，腠理开则洒然寒，闭则热而闷。〔续〕洒然，寒貌；闷，不爽貌。腠理开则风飘扬，故寒；腠理闭则风混乱，故闷。其寒也则衰饮食[7]，其热也则消肌肉，故使人怢慄[8]而不能食，名曰寒热。〔续〕风气入胃故饮食衰，热气内藏故消肌肉，寒热相合故怢慄而不能食，名曰寒热。怢慄，卒振寒貌。风气与阳明入胃，循脉而上至目内眦，其人肥则风气不得出[9]泄，则为热中而目黄；人瘦则外泄而寒，则为寒中而泣出。〔续〕阳明者胃脉也，人肥则腠理密致，故不得外泄，则为热中而目黄，人瘦则腠理开疏，风得外泄，则寒中而泣出也。风气与太阳俱入，行诸脉俞，散于分肉之间，与卫气相干[10]，其道不利，故使肌肉愤䐜[11]而有疡，卫气有所凝而不行，故其肉有不仁也。〔续〕肉分之间，卫气行处，风与卫气相薄，俱行肉分之间，故气道涩而不利，气道不利，风气内攻，卫气相持，故肉愤䐜而疮出也。若卫气被风攻之，不得流转，所在偏并，凝而不行，则肉有痛而不知寒热痛痒之处。疠者有“有”字衍。营卫热胕，腐同。其气不清，故使鼻柱坏而色败，皮肤疡溃，风寒客于脉而不去，名曰疠风，此段当作风寒客于脉而不去，名曰疠风。疠者，荣卫热胕，其气不清，故使鼻柱坏而色败，皮肤疡溃。〔续〕此则风气入于经脉之中也。荣行脉中，故风入脉中与荣气合，则热而血腐坏也，其气不清，言溃乱也。然血脉溃乱，荣复挟风，阳脉尽上于头，鼻为呼吸之所，故鼻柱坏而色恶，皮肤破而溃烂，经曰：脉风盛为疠溃是也。以春甲乙[12]伤于风者为肝风，以夏丙丁伤于风者为心风，以季夏戊己伤于邪[13]者为脾风，以秋庚辛中于邪[14]者为肺风，以冬壬癸中于邪者为肾风。风中五脏六腑之俞，亦为脏腑之风，各入其门户[15]，所中则为偏风。〔续〕随俞左右而偏中之则为偏风。风气循风府而上，则为脑风。风入系头[16]，则为目风、眼寒。〔续〕风府，穴名，督脉、阳维之会。脑户者，督脉足太阳之会，故循风府而上则为脑风也。足太阳脉起目内眦，上额交巅，上入络脑，故风入系头，则为目风、眼寒也。饮酒中风，则为漏风。〔续〕热郁腠疏汗出如漏。入房汗出中风，则为内风。〔续〕内耗其精，外开腠理，风因内袭，故曰内风。新沐中风，则为首风。久风入中[17]，则为肠风飧泄。食不化而出也。风在肠中，上熏于胃，故食不化而下出也。外在腠理则为泄风。〔续〕风居腠理则玄府开通，风薄汗泄，故云泄风。故风者，百病之长也。〔续〕长，先也，先百病而有也。至其变化乃为他病也，无常方[18]，然致有风气也。帝曰：五脏风之形状不同者何？愿闻其诊及其病能。〔续〕诊谓可言之症，能谓内作病形。岐伯曰：肺风之状，多汗恶风，色皏[19]然白，时咳短气，昼日则差[20]，暮则甚，诊在眉上，其色白。〔续〕凡内多风气则热有余，热则腠理开，故多汗也。风薄于内，故恶风焉；皏，薄白色也。肺色白，在变动为咳，主藏气，风内迫之，故色皏然白，时咳短气也。昼则阳气在表，故差；暮则阳气入里，风内应之，故甚。眉上谓两眉间之上，阙庭之部，外司肺候，故诊在焉。心风之状，多汗恶风，焦绝[21]善怒吓，《甲乙经》无"吓"字，病甚则言不可快[22]，诊在口，其色赤。焦绝谓唇焦文理断绝，热则皮剥故也。风薄于心则神乱，故善怒而吓人也。心系挟咽喉而主舌，故病甚则言不可快也。口唇色赤，故诊在焉，赤者心色。肝风之状，多汗恶风，色微苍，嗌干善怒，时憎女子，木之性曲而又直也。诊在目下，其色青。〔续〕肝脉属肝络胆，上贯膈，布胁肋，循喉咙之后入颃颡，其支别者，从目系下，故嗌干善怒，诊在目下也。青，肝色也。脾风之状，多汗恶风，身体怠惰，四肢不欲动，色薄微黄，不嗜食，诊在鼻上，其色黄。〔续〕脾主四肢，脾风则四肢不欲动矣。脾气合土，主中央，鼻于面部亦居中，故诊在焉。黄，脾色也。肾风之状，多汗恶风，面庬[23]然浮肿，脊痛不能正立[24]，隐曲不利[25]，肾者，作强之官，精液藏焉，故病隐曲不利。诊在肌上，其色黑。〔续〕

庞然，言肿起也。肾脏受风则面庞然而浮肿，肾脉起于足下，上股内后廉，贯脊，故脊痛不能正立也。隐曲者，谓隐蔽委曲之处。肾藏精，外应交接，今被风薄，精气内微，故隐曲之事不通利所为也。经曰：气归精，精食气，今精不足，则气内归，精不注于皮，故肌皮上黑也。黑，肾色也。**胃风之状，颈多汗恶风，食饮不下，膈塞不通，腹善满，失衣㉖则䐜胀。食寒则泄，诊形瘦而腹大。**失衣则外寒而中热，故䐜胀，食寒则寒物薄胃而阳不内消，故泄利也。胃合脾而主肉，胃气不足则肉不长，故瘦。胃中风气蓄聚，故腹大。孙思邈曰：新食竟，取风为胃气。**首风之状，头面多汗恶风，当先风一日则病甚㉗，头痛不可以出内㉘，至其风日则病少愈。**〔续〕夫人阳气外合于风，故先当风一日则病甚，以先风故亦先衰，是以至其风日则病少愈。不可以出屋室之内，以头痛甚不喜外风故也。孙思邈云：新沐浴竟，取风为首风。**漏风之状，多汗，常不可单衣，食则汗出，甚则身汗，喘息恶风，衣常濡㉙，口干善渴，不能劳事。**〔续〕肺胃风热，故不可单衣，甚则风薄于肺，故身汗、喘息、恶风、衣濡、口干善渴，形劳则喘息，故不能劳事。孙思邈云：因醉取风为漏风，其状恶风多汗，少气，口干善渴，近衣则身热如火，临食则汗流如雨，骨节懈惰，不欲自劳。**泄风之状，多汗，汗出泄衣上，口中干，上渍㉚，其风不能劳事，身体尽痛则寒。**上渍，谓皮上湿如水渍也，汗多则津液涸，故口中干，形劳则汗出甚，故不能劳。身体尽痛，以其汗多，汗多亡阳，故寒也。孙思邈云：新房屋，竟取风为内风，其状恶风，汗流沾衣裳。疑此泄风乃内风也。〔风论〕

帝曰：痹㉛之安生？岐伯曰：风寒湿三气杂㉜至，合而为痹也。〔续〕虽合为痹，发起亦殊也。**其风气胜者为行痹㉝，寒气胜者为痛痹㉞，湿气胜者为着痹㉟也。**〔续〕风则阳受之，故为痹行；寒则阴受之，故为痹痛；湿则皮肉筋脉受之；故为痹着而不去也。**曰：其有五者，何也？曰：以冬遇此者为骨痹㊱，以春遇此者为筋痹㊲，以夏遇此者为脉痹㊳，以至阴遇此者为肌痹㊴，以秋遇此者为皮痹。**〔续〕至阴谓戊己月及土寄三月也。**曰：内舍㊵五脏六腑，何气使然？**〔续〕此则言五痹以五时之外遇，然内居脏腑，何以致之。**曰：五脏皆有合病，久而不去者，内舍于其合㊶也。**〔续〕合病，肝合筋之类，久病不去则入于是。**故骨痹不已，复感于邪，内舍于**

肾。筋痹不已，复感于邪，内舍于肝。脉痹不已，复感于邪，内舍于心。肌痹不已，复感于邪，内舍于脾。皮痹不已，复感于邪，内舍于肺。所谓痹者，各以其时[42]重感于风寒湿之气也。〔续〕时，谓气王之月，如肝王春之类；感，谓感应也。凡痹之客五脏者，肺痹者，烦满喘呕，以脏气应息，又其脉还循胃口，故使烦满喘而呕。心痹者，脉不通，烦则心下鼓[43]，暴上气而喘，嗌干善噫，厥气上则恐。〔续〕心合脉，受邪则脉不通利，邪气内扰，故烦也。手心主手少阴之脉，俱出属心系，下膈，又上肺挟咽喉，故烦则心下鼓满，暴上气而喘，嗌干也。以心鼓满，故噫之以出气，若是逆气上乘于心，则恐畏也，神惧凌弱故耳。肝痹者，夜卧则惊，多饮数小便，上为引如怀[44]。小便上引也，此约束失常故然。王注：肝主惊，又其脉环阴器，抵少腹，挟胃上膈，循喉咙，故多饮水，数小便，上引小腹痛，如怀妊之状。肾痹者，善胀，尻以代踵[45]，脊以代头[46]。〔续〕肾者，胃之关，关不利则胃气不转，故善胀。踵，足跟也，尻以代踵，足挛急也。脊以代头，身蜷屈也。肾脉起足小趾，别入跟中，上股内后廉，贯脊属肾络膀胱，气不足而受邪，故不伸展。脾痹者，四肢懈惰，发咳呕汁，上为大塞[47]。〔续〕脾主四肢，又其脉入腹属脾络胃，上膈挟咽，故发咳呕汁，脾气养肺胃，复连咽，故上为大塞也。肠痹者，数饮而出不得，中气喘争，时发飧泄。〔续〕大肠之脉络肺下膈属大肠，小肠之脉络心循咽下膈抵胃属小肠。今小肠有邪，则脉不下膈，故肠不行化而胃气蓄热，故多饮水不得下出也。肠胃中阳气与邪气奔喘交争，故时或通利，以肠气不化则为飧泄。胞[48]痹者，少腹膀胱按之内痛，若沃以汤[49]，涩于小便，上为清涕。〔续〕膀胱为津液之府，胞内居之，少腹处关元之中，内藏胞器。今胞受风寒湿气，则膀胱太阳之脉郁结不行，故按之内痛。若沃以汤，涩于小便也，小便既涩，太阳之脉不得下行，故上烁其脑而为清涕。淫气[50]喘息，痹聚在肺；淫气忧思，痹聚在心；淫气遗溺，痹聚在肾；淫气乏竭，痹聚在肝；淫气肌绝，痹聚在脾。王注：淫气谓气之妄行者，各随脏之所主入而为痹也。今按：如此则属内伤，非风寒湿三气杂至而为外伤者。《宣明五气论》云：邪入于阴则为痹。所谓邪者，岂指淫气而言邪？诸痹不已，亦益内也。益，深入于内也。其风胜者，其入易已也。留皮肤间故也。曰：痹其时有死者，或痛久者，或易已者,其故何也?曰:其入脏者死,其留连筋骨间者疼久,留皮肤间者易已。〔续〕入脏以神去也,筋骨疼久以其定也,皮肤易已以浮浅也。曰:其客于六腑者何也?曰:此亦其食饮居处,为其病本也。〔续〕四方虽土地温凉高下不同,物性刚柔飧居亦异,但过动其分则六腑致伤。经曰:水谷之寒热,感则害六腑。六腑亦各有俞,风寒湿气中其俞,而食饮应之,循俞而入,各舍其腑也。〔续〕六腑俞谓背俞也,并足太阳脉气所发。《校正》云:六腑俞并在本椎下两旁。王注言在椎之旁者,文略也。曰:针治之奈何?曰:五脏有俞,六腑有合,循脉之分,各有所发,各随一作治其过,则病瘳也。〔续〕肝俞太冲,心俞大陵,脾俞太白,肺俞太渊,肾俞太溪,皆经脉之所注也。胃合入于三里,胆合入于阳陵泉,大肠合入于曲池,小肠合入于小海,三焦合入于天井,膀胱合入于委中,故《经》言循脉之分云云。过谓脉所经过处。曰:荣卫之气亦令人痹乎?曰:荣者,水谷之精气也。和调于五脏,洒陈于六腑,乃能入于脉也。〔续〕《正理论》曰:谷入于胃,脉道乃行;水入于经,其血乃成。《校正》云:谷入于胃,气传与肺,精专者,上行经遂,由此故水谷精气合荣气运行而入于脉也。故循脉上下,贯五脏,络六腑也。〔续〕荣行脉内,故无所不至。卫者,水谷之悍气也,其气慓疾滑利[51],不能入于脉也,〔续〕悍气谓浮盛之气也,以其浮盛,故慓疾悍利不能入于脉中也。故循皮肤之中,分肉之间,熏于肓膜,散于胸腹,〔续〕皮肤、分肉谓脉外也,肓膜谓五脏之间膈中膜也。以其浮盛,故能布散于胸腹之中,空虚之处,熏其肓膜,令气宣通也。逆其气则病,从其气则愈,不与风寒湿气合,故不为痹。曰:痹,或痛,或不痛,或不仁,或寒,或热,或燥,或湿,其故何也?曰:痛者,寒气多也,有寒故痛也。〔续〕风寒湿气客于分肉之间,迫切而为沫,得寒则聚,聚则排分肉,肉裂则痛,故有寒则痛也。其不痛不仁者,病久入深,荣卫之行涩,经络时疏,故不痛,〔续〕不痛与不仁两事,后言不痛是载明不痛,为重也。皮肤不荣,故为不仁。〔续〕皮顽不知有无也。其寒者,阳气少,阴气多,与病相益,故寒也。〔续〕病本生于风寒湿气,故阴气益之也。其热者,阳气多,阴气少,病气胜阳遭一作"乘"阴,故为痹热。〔续〕遭,遇也,言遇于阴气，阴气不胜故为热。或热下有或燥问，今此无答辞。其多汗而濡者，此其逢湿甚也，阳气少，阴气盛，两气相感[52]，故汗出而濡也。〔续〕中表相应则相感也。曰：夫痹之为病，不痛何也？曰：痹在于骨则重，在于脉则血凝而不流，在于筋则屈不伸，在于肉则不仁，在于皮则寒，故具此五者，则不痛也。凡痹之类，逢寒则虫，一作"急"。逢热则纵。〔痹论〕

帝曰：五脏使人痿[53]，何也？〔续〕痿，谓痿弱无力以运动。岐伯曰：肺主身之皮毛，心主身之血脉，肝主身之筋膜，〔续〕膜，皮下肉上筋膜也。脾主身之肌肉，肾主身之骨髓，〔续〕所主不同，痿生亦各归其所主。故肺热叶焦[54]，则皮毛虚弱急薄，著则生痿躄也。〔续〕肺热则肾受热气，故足挛躄不得伸以行也。心气热，则下脉厥而上，上则下脉虚，虚则生脉痿，枢折挈[55]，胫纵而不任地也。〔续〕心热盛，则火独光而上炎。肾脉下行，今火盛上炎用事，故肾脉亦随火炎烁而逆上也。阴气厥逆，火复内燔，阴上隔阳，下不守位，心气通脉，故生脉痿。肾气主足，故膝腕枢纽如折去而不相提挈，胫筋纵缓而不能任用于地也。肝气热，则胆泄口苦筋膜干，则筋急而挛，发为筋痿。〔续〕肝热则胆液渗泄，故口苦也。肝主筋膜，热则筋膜干而挛急，发为筋痿。脾气热，则胃干而渴，肌肉不仁，发为肉痿。〔续〕脾与胃以膜相连，脾气热则胃液渗泄，故干而渴也。脾主肌肉，今热薄于内，故肌肉不仁，发为肉痿。肾气热，则腰脊不举，骨枯而髓减，发为骨痿。〔续〕腰为肾府，又肾脉上股内贯脊属肾，故肾气热则腰脊不举也。肾主骨髓，故热则骨枯髓减，发为骨痿。滑注：此多从相火上说。曰：何以得之？曰：肺者，脏之长也，为心之盖也，〔续〕位高而布叶于胸中，故为脏之长，心之盖。有所失亡[56]，所求不得，则发肺鸣[57]，鸣则肺热叶焦。〔续〕肺藏气志，若不扬则气郁，气郁不利，故喘息有声而肺热叶焦也。故曰：五脏因肺热叶焦，发为痿躄。此之谓也。肺者，所以行营卫治阴阳故也。悲哀太甚，则胞络绝[58]，杨上善云：胞络，心主包络之脉，尤可见相火之义。胞络绝则阳气内动，发则心下崩数溲血也。〔续〕悲则心系急，肺布叶举而上焦不通，营卫不散，热气在中，故胞络绝而阳气内鼓动，发则心下内崩而下血也。溲，谓溺也。故《本病》曰：大经空虚，发为肌痹，传为脉痿。〔续〕《本病》，古经篇名也。大经，大经脉也。以溺血故空虚，脉虚则热内薄，卫气盛荣气微，故发为肌痹。先见肌痹，后渐脉痿，故曰传为脉痿。思想无穷，所愿不得，意淫于外，入房太甚，宗筋[59]弛纵，发为筋痿及为白淫。〔续〕思想所愿为祈欲也，施泻劳损，故为筋痿及白淫也。白淫，谓白物淫衍如精之状，男则溺溲而下，女则阴器中绵绵而下。故《下经》曰：筋痿者，生于肝，使内[60]也。〔续〕《下经》，古经名。使内，谓劳役筋力，费竭精气也。有渐于湿，以水为事，若有所留，居处相湿，肌肉濡渍[61]，痹而不仁，发为肉痿。〔续〕业惟近湿，居处泽下，皆水为事也。平者久而犹殆，感之者尤甚矣。肉属于脾，脾气恶湿，湿著于内则卫气不荣，故为肉痿。滑注：以脾则有热，复渐于湿，因发动而为痿也。故《下经》曰：肉痿者，得之湿地也。〔续〕经曰：地之湿气，感则害皮肉筋脉，此则谓害肉也。有所远行劳倦，逢大热而渴，渴则阳气内伐。谓伐腹中之阴气也。内伐则热舍于肾，肾者水脏也。今水不胜火，则骨枯而髓虚，故足不任身，发为骨痿。以热舍于肾中。故《下经》曰：骨痿者，生于大热也。曰：何以别之？曰：肺热者，色白而毛败；心热者，色赤而络脉溢[62]；肝热者，色苍而爪枯；脾热者，色黄而肉蠕动；肾热者，色黑而齿槁。曰：如夫子言可矣，论言治痿者独取阳明，何也？曰：阳明者，五脏六腑之海，〔续〕阳明，胃脉也，胃为水谷之海。主润宗筋，宗筋主束骨而利机关[63]也。〔续〕宗筋，谓阴毛中横骨上下脐两旁之竖筋也，上络胸膈，下贯髋尻，又经背腹上头项，故云宗筋主束骨、利机关。然腰者，肾之大关节，所以司屈伸，故曰机关。冲脉者，经脉之海也，〔续〕十二经之海。主渗灌溪谷，与阳明合于宗筋，〔续〕冲脉循腹挟脐旁五分而上，阳明脉亦挟脐旁一寸五分而上，宗筋脉于中，故曰与阳明合于宗筋也，以为十二经海。故主渗灌溪谷也。肉之大会为谷，小会为溪。阴阳总宗筋之会，会于气街而阳明为之长，皆属于带脉，而络于督脉。〔续〕宗筋会聚于横骨之中，从上而下，故曰阴阳总宗筋之会。宗筋挟脐下合于横骨，阳明辅其外，冲脉居其中，故云会于气街而阳明为之长。气街则阴毛两旁脉动处也。带脉起于季胁,回身一周而络于督脉也。愚谓:阴阳总宗筋之会,此即《厥论》:"前阴者,宗筋之所聚,太阴阳明之所合"之义也。故阳明虚则宗筋纵,带脉不引[64],故足痿不用也。〔续〕引,谓牵引。曰:治之奈何?曰:各补其荣而通其俞,调其虚实,和其逆顺,筋脉骨肉各以其时受月[65],则病已矣。时受月谓受气时月,如肝王甲乙,心王丙丁之类也。〔痿论〕

帝曰:厥[66]之寒热者,何也?〔续〕厥谓气逆上也。愚谓:厥者冷也、逆也,非特气逆上也,或热或寒,从下逆上皆是也。岐伯曰:阳气衰于下,则为寒厥[67];阴气衰于下,则为热厥[68]。阳谓足之三阳脉,阴谓足之三阴脉,下谓足也。曰:热厥之为热也,必起于足下者,何也?〔续〕阳主外,厥在内,故问之。曰:阳气起一作"走"。于足五趾之表,阴脉者集于足下而聚于足心,故阳气胜则足下热也。〔续〕足三阳脉并出足五趾之端,俱循足阳而上,肝脾肾脉集于足下,聚于足心,阴弱故足下热。曰:寒厥之为寒也,必从五趾而上于膝者,何也?〔续〕阴主内,厥在外,故问之。曰:阴气起于五趾之里,集于膝下而聚于膝上,故阴气胜则从五趾至膝上寒,其寒也,不从外,皆从内也。〔续〕足三阴之脉俱出足五趾之里,并循足阴而上,循股阴入腹,故云:集膝下聚膝上也。曰:寒厥何失而然也?曰:前阴者,宗筋之所聚,太阴阳明之所合也。〔续〕宗筋挟脐下合于阴器,故云前阴者,宗筋之所聚。太阴者,脾脉。阳明者,胃脉。脾胃之脉皆辅近宗筋,故云太阴阳明之所合。春夏则阳气多而阴气少,秋冬则阴气盛而阳气衰。〔续〕此乃天之常道。此人者质壮,以秋冬夺于所用[69],下气上争,不能复,精气溢下,邪气因从之而上也,〔续〕质谓形质也,夺于所用,谓多欲而夺其精气也。气因于一作"所"。中,阳气衰,不能渗营其经络,阳气日损,阴气独在,故手足为之寒也。愚按:张子和曰:秋冬阴壮阳衰,人或时赖壮勇纵情嗜欲于秋冬之时,则阳夺于内,阴气下溢,邪气上行,阳气既衰,真精又竭,阳不荣养,阴气独行,故手足寒,发为寒厥也。曰:热厥何如而然也?曰:酒入于胃,则络脉满而经脉虚,脾主为胃行其津液者也,阴气虚则阳气入,阳气入则胃不和,胃不和则精气竭,精气竭则不营其四肢也。〔续〕前阴谓太阴之所合,故胃不和则精气竭也。内精不足,故四肢无气以营之。此人必数醉若饱以入房,气聚于脾中不得散,酒气与谷气相薄,热盛于中,故热遍于身,内热而溺赤也。夫酒气盛而慓悍,肾气日衰,阳气独胜,故手足为之热也。〔续〕醉饱入房,内亡精气,中虚热入,由是肾衰,阳盛阴虚,故热生于手足也。愚按:人或醉饱而房,气聚于脾,胃主行津液,阴气虚阳气入,则胃不和,胃不和则精气竭,精气竭则四肢不荣,酒气与谷气相薄,则内热而溺赤,气壮而慓悍。肾气既衰,阳气独胜,故手足热发而为热厥也。曰:厥,或令人腹满,或令人暴不知人,或至半日远至一日乃知人者,何也?〔续〕暴犹卒也,言卒然冒闷不醒觉也;不知人谓闷甚不知识人也,或谓乃厥。曰:阴气盛于上则下虚,下虚则腹胀满;阳气盛于上[70],阳气盛于上五字当作"腹满"二字。则下气重上而邪气逆,逆则阳气乱,阳气乱则不知人也。〔续〕《甲乙经》云:阳脉下坠,阴脉上争,发尸厥。张仲景云:少阴脉不至,肾气微,少精血,奔气促迫,上入胸膈,宗筋反聚,血结心下,阳气退下,热归阴股,与阴相动,令身不仁,此为尸厥。又王注:阴谓足太阴。按:《缪刺论》云:邪客于手足少阴、太阴、足阳明之络,此五络皆会于耳中,上络左角。五络俱竭,令人身脉皆动而形无知,其状若尸,或曰尸厥。安得专解,阴为太阴也。曰:愿闻六经脉之厥状病能也。曰:巨阳之厥,则肿首头重,足不能行,发为眴仆。〔续〕巨阳,太阳也,足太阳脉起目内眦,上额交巅上,其支别者,循髀外后廉,下合腘中,以下贯腨内,出外踝后,循京骨至小趾端外侧,由是厥逆外形斯症也。愚按:此后诸病各随脉络所生病形而言也。张子和曰:厥者或寒或热,皆从下起。阳明之厥,则癫疾欲走呼,腹满不得卧,面赤而热,妄见而妄言。少阳之厥,则暴聋颊肿而热,胁痛,胻不可以运。太阴之厥,则腹满䐜胀,后不利[71],不欲食,食则呕,不得卧。少阴之厥,则口干溺赤,腹满心痛。厥阴之厥,则少腹肿痛,腹胀泾溲不利[72],好卧屈膝,阴缩肿,胻内热。一本作"胫外热"。盛则泻之,虚则补之。不盛不虚,以经取之。〔续〕不盛不虚,谓邪气未盛,真气未虚,如是则以穴俞经法留呼多少而取之。太阴厥逆,胻急挛,心痛引腹,治主病者。〔续〕太阴之脉,行有左右,候其有过者当发取之，故言治主病者。少阴厥逆，虚满呕变，下泄清，治主病者。厥阴厥逆，挛腰痛，虚满前闭谵音譋。言，〔续〕谵言者，气虚独言也。治主病者。三阴俱逆，不得前后，使人手足寒，三日死。〔续〕三阴绝，故三日死。太阳厥逆，僵仆呕血善衄，治主病者。少阳厥逆，机关不利。机关不利者，腰不可以行，项不可以顾，发肠痈不可治，惊者死。〔续〕发肠痈则经气绝，故不可治。惊者死也。阳明厥逆，喘咳身热，善惊衄呕血。手太阴厥逆，虚满而咳，善呕沫，治主病者。手心主少阴厥逆，心痛引喉，身热，死，不可治。手太阳厥逆，耳聋泣出，项不可以顾，腰不可俯仰[73]，治主病者。〔续〕手太阳脉不属于腰，《经》言腰不可俯仰，恐古错简文。手阳明少阳厥逆，发喉痹，嗌肿，痓，治主病者。〔厥论〕

卧出而风吹之，血凝于肤者为痹，〔续〕谓瘰，痹也。凝于脉者为泣[74]，〔续〕血行不利。凝于足者为厥，〔续〕足逆冷。此三者，血行而不得反其空[75]，空，血流之道，大经隧也。故为痹厥也。〔五脏生成论〕

帝曰：有病身热汗出，烦满不为汗解，此为何病？岐伯曰：汗出而身热者，风也，汗出而烦满不解者，厥[76]也，病名曰风厥。巨阳主气，故先受邪，少阴与其为表里，得热则上从之[77]，从之则厥也。〔续〕上从之谓少阴随太阳而上。治之奈何？曰：表里刺之，饮之服汤。〔续〕谓泻太阳补少阴也。饮之汤者，谓止逆上之肾气也。〔评热论〕

帝曰：今大[78]热病[79]者，皆伤寒[80]之类也，或愈或死，其死皆以六、七日之间，其愈皆以十日以上者，何也？〔续〕其伤于四时之气皆能为病，以伤寒为毒者，最乘杀厉之气，中而即病，名曰伤寒，不即病者，寒毒藏于肌肤，至夏至前变为温病，夏至后变为热病，然皆原于伤寒所致，故曰：热病者，皆伤寒之类也。《校正》按：《伤寒论》变温变暑与王注异。王注本《素问》为说，仲景本《阴阳大论》为说。岐伯曰：人之伤于寒也，则为病热，热虽甚不死；〔续〕寒毒薄于肌肤，阳气不得散发而内怫结，故伤寒反病热。其两感[81]于寒而病者，必不免于死。曰：愿闻其状。曰：伤寒一日，巨阳受之，巨阳者，诸阳之属也，巨，大也。太阳之气经络气血荣卫于身，故诸阳气皆所宗属。其脉连于风府，穴名。故为诸阳主气也。足太阳脉浮，气在于头，凡五行，故统主诸阳之气。故头项痛，腰脊强。二日阳明受之，阳明主肉，其脉挟鼻络于目，故身热目疼而鼻干，不得卧也。〔续〕身热者，以肉受邪，胃中热烦，故不得卧也。三日少阳受之，少阳主胆，其脉循胁络于耳，故胸胁痛而耳聋。三阳经络皆受其病，而未入于脏[82]者，故可汗而已。四日太阴受之，太阴脉布胃中，络于嗌，故腹满而嗌干。五日少阴受之，少阴脉贯肾络于肺，系舌本，故口燥舌干而渴。六日厥阴受之，厥阴脉循阴器而络于肝，故烦满而囊缩。曰：治之奈何？曰：治之各通其脏脉[83]，病日衰已矣。其未满三日，可汗而已。其满三日，可泄而已。其病两感于寒，一日则巨阳与少阴俱病，则头痛口干而烦满。二日则阳明与太阴俱病，则腹满身热，不欲食，谵言。〔续〕谓妄谬不次，一云多言。三日则少阳与厥阴俱病，则耳聋囊缩而厥，水浆不入，不知人，六日死。六日当作"三日"，下文可见。三阴三阳，五脏六腑，皆受病，荣卫不行，五脏不通，则死矣。曰：五脏已伤，六腑不通，荣卫不行，如是之后，三日乃死，何也？曰：阳明者，十二经脉之长也，〔续〕为十二经血气之海。其血气盛，故不知人，三日其气乃尽，故死矣。其不两感于寒者，七日巨阳病衰，头痛少愈；八日阳明病衰，此以下就再经而言。身热少愈；九日少阳病衰，耳聋微闻；十日太阴病衰，腹减如故，则思饮食；十一日少阴病衰，渴止不满，舌干已而嚏；十二日厥阴病衰，囊纵少腹微下，大气大邪之气。皆去，病日已矣。凡病伤寒而成温者，先夏至日者为病温，后夏至日者为病暑，暑当与汗皆出，勿止。此病暑与病暍不同。病暑即热病也，宜发汗；病暍则不宜汗矣。帝曰：热病已愈，时有所遗[84]者，何也？〔续〕邪气衰去不尽。曰：诸遗者，热甚而强食[85]之，故有所遗也。若此者，皆病已衰而热有所藏，因其谷气相薄，两热相合，故有此遗也。曰：治遗奈何？曰：视其虚实，调其逆从，可使必已。〔续〕审其虚实而补泻之，则必已。曰：病热当何禁之？曰：病热少愈，食肉则复，复，复旧病也。多食则遗，此其禁也。〔续〕此谓戒食劳也。热虽少愈，犹未尽除，脾胃气虚，故未能消化；肉坚食驻，故热复生。〔热论〕

帝曰：有病温者，汗出辄[86]复热而脉躁，疾不为汗衰，狂言不能食，病名为何？岐伯曰：病名阴阳交[87]，交者死也。交，谓交错也，交合阴阳之气不分别也。人所以汗出者，皆生于谷，〔续〕言谷气化为精，精气胜乃为汗。谷生于精，今邪气交争于骨肉而得汗者，是邪却而精胜也，〔续〕言初汗也。精胜则当能食而不复热。复热者，邪气也；汗者，精气也。今汗出而辄复热者，是邪胜也，不能食者，精无俾也，〔续〕谷不化则精不生，故无可使为汗。愚谓：谷气化为精，今不能食则精无所俾益。病而留者，其寿可立而倾也。〔续〕《甲乙经》作"而热留者"。王注：病当作"疾"。言汗出疾速，留著而不去，则必立致倾危。且夫《热论》曰：上古篇名。汗出而脉尚躁盛者死。〔续〕凡汗后脉当迟静，而反躁急盛满者，是真气竭而邪胜，故知必死。今脉不与汗相应，此不胜其病也，愚谓：正气不胜其邪气。其死明矣。狂言者是失志，失志者死。〔续〕志合于精，今精无俾益，是志无所居，故谓失志。今见三死[88]，不见一生，虽愈必死也。〔续〕汗出脉躁盛，一死；不胜其病，二死；狂言失志，三死。〔评热论〕

帝曰：夫痎疟[89]皆生于风，其畜作有时者，何也？〔续〕痎，犹老也，亦瘦也。岐伯曰：疟之始发也，先起于毫毛，伸欠乃作，寒慄鼓颔，〔续〕慄，战慄；鼓，振动。愚谓：此节论疟之形状。腰脊俱痛，寒去则内外皆热，头痛如破，渴欲冷饮。曰：何气使然？曰：阴阳上下交争，虚实更作，阴阳相移也。〔续〕阳气者，下行极而上；阴气者，上行极而下。故曰阴阳上下交争也。阳虚则外寒，阴虚则内热；阳盛则外热，阴盛则内寒。由此寒去热生则虚实更作，阴阳之气相移易也。愚谓：此节论疟之所以发寒热也，又为一章之大旨，下皆发明此节也。阳并于阴，阳兼疟邪而言，谓疟邪随阳气而入于阴分。则阴实而阳虚，盖荣气所在为实，不在为虚是也。阳明虚则寒慄鼓颔也。阳明胃脉循颐后下廉出大迎，故气不足则恶寒战慄而颐颔振动也。巨阳虚则腰背头项痛；此下当有少阳虚一节。三阳俱虚则阴气阴邪。胜，阴气胜则骨寒而痛；寒生于内，故中外皆寒；阳盛则外热，阴虚则内热，阳盛亦兼指疟邪而言，谓疟邪随阳气而出于外，则外之阴虚而阳盛，故外热也，此应阳气下极而上也。随阴气而入于内，则内之阴虚而阳盛，故内热，此应阴气上行极而下也。外内皆热则喘而渴，故欲冷饮也。〔续〕热伤气则喘而渴，故欲冷饮也。此皆得之夏伤于暑，热气盛，藏于皮肤之内，肠胃之外，此荣气之所舍也[90]。〔续〕舍犹居也，肠胃之外，荣气所主，故曰舍也。此令人汗空疏，腠理开，因得秋气，汗出遇风，及得之以浴，水气舍于皮肤之内，与卫气并居。言卫气与营气相并合也。愚谓：此荣中之卫气也。从夏伤于暑至此，原所以致疟之故也。卫气者，此乃慓悍之卫气，不与风寒暑湿合，与荣中之卫不同。昼日行于阳，夜行于阴，此气指疟。得阳而外出，愚谓：指荣中之阳。盖疟气舍于皮肤之内，与卫气并居，故随此卫气而出于外，与慓悍之卫遇，故发之早也。得阴而内薄，愚谓：指荣言。盖疟气藏于皮肤，内与荣气并居，故随此荣而薄于内，则内与悍利之卫遇，故发之晚。内外相薄，是以日作。曰：其间日而作者，何也？其气指疟。之舍深，内薄于阴，阳气独发，指慓悍之阳也，独发言其不与疟气遇也。阴邪疟邪。内著，阴与指疟邪。阳争指悍卫。不得出，是以间日而作也。〔续〕不与卫气相逢会，故隔日发也。愚谓：邪之盛衰随人之气血消长，气血旺则邪因之而旺，气血衰则邪亦因之而衰，久则脏气虚，疟气亦虚，不能与悍卫争，故曰阳气独发，必须积养二、三日，待气血旺则疟邪亦旺，故悍卫内入又复与之相抗，而疟又作也。夫疟气者，并于阳乃荣中之阳。则阳胜，兼疟言。并于阴指荣言。则阴胜，兼疟言。阴胜则寒，阳胜则热。疟者，风寒之气不常[91]也，病极则复[92]。复谓复旧也，言其气发至极还复如旧。愚谓：从卫气者昼行阳起至此，言疟之所发早晏也。曰：疟先寒而后热者，何也？曰：夏伤于大暑，其汗大出，腠理开发，因遇夏气凄沧[93]之水一作"小"。寒，藏于腠理皮肤之中，秋伤于风，则病成矣。〔续〕暑为阳气，中风者，阳气受之，故秋伤于风则病成矣。夫寒者阴气也，风者阳气也，先伤于寒而后伤于风，故先寒而后热也，病以时作，名曰寒疟。曰：先热而后寒者，何也？曰：此先伤于风而后伤于寒，故先热而后寒也，亦以时作，名曰温疟。〔续〕以其先热，故谓之温。其但热而不寒者，阴气先绝，阳气独发，愚谓：疟气更盛更虚，或寒水之阴邪先以消绝，惟风暑之阳邪独在，故曰阳气独发。与前阳气独发不同，前阳气指慓悍卫气也。则少气烦冤，手足热而欲呕，名曰瘅疟。〔续〕瘅者，热也，极热为之也。愚谓：从疟先寒而后热者何也至此，乃言疟有数种也。曰：夫疟之寒，汤火不能温也，及其热，冰水不能寒也，此皆有余不足之类。当此之时，良工不能止，必须其自衰乃刺之，其故何也？曰：《经》言无刺熇熇[94]之热，〔续〕盛热也。无刺浑浑[95]之脉，〔续〕无端绪也。无刺漉漉[96]之汗，〔续〕汗大出。故为其病逆，未可治也。故经曰：方其盛时必毁，〔续〕《太素》云：勿敢必毁。因其衰也，事必大昌，此之谓也。夫疟之始发也。阳气兼邪。并于阴，当是之时，阳虚而阴盛，兼邪。外无气，故先寒慄也。阴气逆极则复出之阳，阳与阴复并于外，则阴虚而阳实，故先热而渴。〔续〕阴盛则胃寒，故此寒战慄；阳盛则胃热，故先热欲饮也。夫疟之未发也，阴未并阳，阳未并阴，因而调之，真气得安，邪气乃亡。故工不能治其已发，为其气逆也。〔续〕真气寝息，邪气大行，真气不胜邪，是为逆也。曰：攻之奈何？曰：疟之且发也，阴阳之且移也，必从四末始也。阳已伤，阴从之，故先其时坚束其处，令邪气不得入，阴气不得出，审候见之在孙络盛坚而血者皆取之[97]，此真《太素》作"直"。往而未得并者。〔续〕言牢缚四肢，令气各在其处，则邪所居处必自见之，既见之则出出其血尔。往，犹去也。曰：疟不发，其应何如？曰：疟气者，必更盛更虚，当气之所在也。病在阳愚谓：犹言病属阳，阳乃风暑邪也。则热而脉躁，在阴则寒而脉静，极则阴阳俱衰。〔续〕相薄至极，物极则反，故极则阴阳俱衰。卫气相离，故病得休；愚谓：阴阳相离，盖言疟乃阴阳之邪，阴阳既已俱衰，无能抵慓悍之卫，故疟之阴阳之邪与卫气相离不相争，故疟得休也。卫气集[98]，则复病也。集谓与邪会。疟者，阴阳更胜也，或甚或不甚，故或渴或不渴。〔续〕阳胜阴甚则渴，阳胜阴不盛甚则不渴也。胜谓强于彼之气。曰：《论》言夏伤于暑，秋必病疟。今疟不必应者，何也？〔续〕言不必皆然。曰:此应四时者也。其病异形者,反四时也。其以秋病者寒甚,〔续〕秋气清凉,阳气下降,热藏肌肉,故寒甚也。以冬病者寒不甚,〔续〕冬气严冽,阳气伏藏不与寒争,故寒不甚。以春病者恶风,〔续〕春气温和,阳气外泄,内腠开发,故恶于风。以夏病者多汗。〔续〕夏气暑热,津液充溢,外泄皮肤,故多汗也。曰:夫病温疟[99]而皆安舍?舍于何脏?曰:温疟[100],得之冬中于风,寒气藏于骨髓之中,至春则阳气大发,邪气不能自出,因遇大暑,脑髓烁[101],肌肉消,腠理发泄,或有所用力,邪气与汗皆出,此病藏于肾,其气先从内出之于外也。〔续〕肾主冬,冬主骨髓,脑为髓海,上下相应,厥热上熏,故脑髓消烁则热气外薄,故肌肉减削而病藏于肾也。愚谓:春虽阳气大发,尚未尽至于表,至夏大暑,则阳气尽出于表,腠理开泄,故肾脏之疟始得从内而出之于外也。阴虚而阳盛[102],阳盛则热矣,〔续〕阴虚谓肾脏气虚,阳盛谓巨阳气盛。衰则气复反入,入则阳虚,阳虚则寒矣,愚谓:阳盛极则阴必虚,疟则乘虚复入于里,而里之阳已被疟害而虚矣,阳虚则阴实矣,故复寒也。此可见疟气更盛更虚之验也。此条阴阳指经气言也。〔续〕衰谓病衰退也,复反入谓入肾阴脉中。故先热而后寒,名曰温疟。曰:瘅疟何如?曰:瘅疟者,肺素有热,气盛于身,厥逆上冲,中气实[103]而不外泄,愚谓:言肺中之气实,故腠理密而肺热不能外泄。因有所用力,腠理开,风寒舍于皮肤之内、分肉之间而发,发则阳气独盛,兼疟言。而不衰则病矣[104]。其气不及于阴,故但热而不寒,气内藏于心,而外舍于分肉之间,令人消烁肌肉,故命曰瘅疟。〔疟论〕

帝曰:火热复,恶寒发热,有如疟状,或一日发或间数日发,其故何也?曰:胜复之气,会遇之时,有多少也。阴气多而阳气少,则其发日远;阳气多而阴气少,则其发日近。此胜复相薄,盛衰之节,疟亦同法。〔续〕阴阳齐等则一日之中寒热相半,阳多阴少则一日之发,但热不寒;阳少阴多则隔日发,先寒后热。虽胜复之气,若气微则一发后六七日乃发,故云愈而复发,或频三日发而六七日止,或隔十日发而四五日止者,皆由气之多少,会遇与不会遇也。俗语鬼神暴疾而从祈祷避匿者,病势已过,旋至于毙,自谓其分,宁不伤楚,习俗既久,卒难厘革。悲哉!奈何?〔至真要大论〕

帝曰：肺之令人咳，何也？岐伯曰：五脏六腑皆令人咳，非独肺也。曰：愿闻其状。曰：皮毛者，肺之合也。皮毛先受邪气，邪气以从其合也[105]。〔续〕邪，寒邪。其寒饮食入胃，从肺脉上至于肺则肺寒。肺寒则外内合邪，因而客之，则为肺咳。五脏各以其时受病，非其时各传以与之。〔续〕时谓王月也，非王月则不受邪，故各传以与之。人与天地相参，故五脏各以治时。感于寒则受病，微则为咳，甚者为泄为痛。〔续〕寒气微，则外应皮毛内通肺，故咳；寒气甚，则入于内，内裂则痛，入于肠胃则泄利。乘秋则肺先受邪，乘春则肝先受之，乘夏则心先受之，乘至阴则脾先受之，乘冬则肾先受之。〔续〕以当用事之时，故先受邪气。曰：何以异之？异，分别也。曰：肺咳之状，咳而喘息有音，甚则唾血。〔续〕肺藏气而应息，故咳则喘息而喉中有声，甚则肺络逆，故唾血也。心咳之状，咳则心痛，喉中介介如梗状，甚则咽肿喉痹[106]。〔续〕少阴脉从心系上挟咽喉，故病如是。肝咳之状，咳则两胁下痛，甚则不可以转，转则两胠下满。胠亦胁也。脾咳之状，咳则右胠下痛，阴阴[107]引肩背，甚则不可以动，动则咳剧。〔续〕脾气连肺，故痛引肩背也；脾气主右，故右胠下阴阴然深慢痛也。肾咳之状，咳则腰背相引而痛，甚则咳涎。曰：六腑之咳奈何？曰：五脏之久咳，乃移于六腑。脾咳不已，则胃受之，胃咳之状，咳而呕，呕甚则长虫出。〔续〕脾与胃合，故脾咳不已胃受之也。胃寒则呕，呕甚则肠气逆上，故蛔出。肝咳不已，则胆受之，胆咳之状，咳呕胆汁。〔续〕胆气好逆，故呕温苦汁也。肺咳不已，则大肠受之，大肠咳状，咳而遗失[108]。"失"，当作"矢"，如"一饭三遗矢"。大肠为传送之府，故寒入则气不禁。心咳不已，则小肠受之，小肠咳状，咳而失气，气与咳俱失。〔续〕小肠脉络心，故病如是。又小肠寒盛，气入大肠，咳则小肠气下奔，故失气也。肾咳不已，则膀胱受之，膀胱咳状，咳而遗溺。〔续〕膀胱为津液之府，故遗溺。久咳[109]不已，则三焦受之，三焦咳状，咳而腹满，不欲食饮，此皆聚于胃、关于肺[110]，使人多涕唾而面浮肿，气逆也。通结上文。三焦非谓手少阳也，谓上焦、中焦尔。上焦出胃上口并咽以上贯膈，布胸中走腋。中焦亦至于胃口，出上焦之后。此所受气者，泌糟粕，蒸津液，化其精微，上注于肺脉乃化而为血，故言皆聚于胃、关于肺也。两焦受病则邪气熏肺而肺气满，故使人多涕唾，面浮肿，气逆也。腹满不欲食者，胃寒故也。不谓下焦者，下焦别于回肠，注于膀胱，故水谷者常并居于胃，中盛糟粕而俱下于大肠，泌别汁循下焦而渗入膀胱，寻此行化乃与胃口悬远，故不谓此也。曰：治之奈何？曰：治脏者治其俞，治腑者治其合，浮肿者治其经。此总结一篇之义也。脉之所注为俞，所行为经，所入为合。〔咳论〕

帝曰：余闻善言天[111]者，必有验于人；善言古者，必有合于今；善言人者，必有厌于己。发问甚大，而下只及五脏卒痛，甚不可晓。如此，则道[112]不惑而要数极，所谓明明[113]也。〔续〕知彼浮形不能坚久，静虑于己亦与彼同，故曰心有厌于己也。夫如此者，是知道要数之极，悉无疑惑，深明至理而乃能然矣。今余问于夫子，令言而可知，视而可见，扪而可得，令验于己如发蒙解惑，可得而闻乎？岐伯曰：何道之问也？帝曰：愿闻人之五脏卒痛，何气使然？岐伯曰：经脉流行不止，环周不休，寒气入经而稽迟，泣而不行，客于脉外则血少，客于脉中则气不通，故卒然而痛。曰：其痛或卒然而止者，或痛甚不休者，或痛甚不可按者，或按之而痛止者，或按之无益者，或喘动应手[114]者，或心与背相引而痛者，或胁肋与少腹相引痛者，或腹痛引阴股者，或痛夙昔[115]而成积者，或卒然痛死不知人，少间复生者，或痛而呕者，或腹痛而后泄者，或痛而闷[116]不通者，凡此诸痛，各不同形，别之奈何？曰：寒气客于脉外则脉寒，脉寒则缩蜷，缩蜷则脉绌[117]急[118]，绌急则外引小络，故卒然而痛。得热则痛立止，〔续〕脉左右环，故得寒则缩蜷绌急，缩蜷绌急则卫气不得流通，故外引于小络脉也。卫气不入，寒气薄之，脉急不纵，故痛生也。得热则卫气复行，寒气退辟，故痛止。因重中于寒，则痛久矣。〔续〕重寒难释，故痛久不止。寒气客于经脉之中，与炅气相薄则脉满，满则痛而不可按也[119]。此当作“痛甚不休也”。寒气稽留，热气从上，则脉充[120]大而血气乱，故痛甚不可按也。〔续〕脉既满大，血气复乱，按之则邪气攻内，故不可按也。寒气客于肠胃之间，膜原之下，血不得散，小络急引故痛，按之则血气散，故按之痛止。〔续〕膜，膈间之膜原。膈，肓之原。血不得散，谓膈膜之中小络脉肉血也。络满则急，故牵引而痛生也。按之则寒气散，小络缓，故痛止。寒气客于挟脊之脉，则深按之不能及，故按之无益也。〔续〕挟脊当中，督脉也，次两傍足太阳脉也。督脉循脊里，太阳脉贯膂筋，故深按之不能及也，若按当中则脊曲，按两傍则膂筋蹙，节曲筋蹙则卫气不得行过，寒气益聚而内蓄，故按之无益。寒气客于冲脉，冲脉起于关元，随腹直上，寒气客则脉不通，脉不通则气因之，故喘动应手矣。〔续〕关元，穴名，在脐下三寸，冲脉起自此穴，即随腹而上行，会咽喉。冲脉不通，足少阴气因之上满，冲脉与少阴并行，故喘动应手也。盖以冲脉虽起关元，其本生出乃起于肾下也。寒气客于背俞之脉则血脉泣，脉泣则血虚，血虚则痛，其俞注于心，故相引而痛。〔续〕背俞谓心俞脉，亦足太阳脉。夫俞者，皆内通于脏，故曰其俞注于心，相引而生痛也。按之则热气至，热气至则痛止矣[121]。此上十三字不知何所指。寒气客于厥阴之脉，厥阴之脉者，络阴器系于肝，寒气客于脉中，则血泣脉急，故胁肋与少腹相引痛矣。厥气客于阴股，〔续〕亦厥阴肝脉之气也。寒气上及少腹，血泣在下相引，故腹痛引阴股。寒气客于小肠膜原之间，络血之中，血泣不得注于大经，血气稽留不得行，故夙昔而成积矣。〔续〕言血为寒气之所凝结而乃成积。寒气客于五脏，厥逆上泄[122]，阴气竭[123]，阳气未入，故卒然痛死不知人，气复反则生矣。〔续〕脏气被寒，拥冒而不行，气复得通则已也。寒气客于肠胃，厥逆上出，故痛而呕也。〔续〕肠胃客寒留止则阳气不得下流而反上行，寒不去则痛生，阳上行则呕逆。寒气客于小肠，小肠不得成聚，故后泄腹痛矣。〔续〕小肠为受盛之府，中满则寒邪不居，故不得结聚而传下入于回肠，回肠为传导之府，物不得停留，故后泄而痛也。热气留于小肠，肠中痛，瘅热焦渴则坚干[124]不得出，故痛而闭不通矣。曰：所谓言而可知者也，视而可见奈何？曰：五脏六腑固尽有部[125]，〔续〕面上之分部。视其五色，黄赤为热，白为寒，青黑为痛，〔续〕中热则色黄赤，阳气少，血不上荣于色，故白，血凝泣则色青黑而痛。此所谓视而可见者也。曰：扪而可得奈何？〔续〕以手循摸也。曰：视其主病之脉，脉络也。坚而血及陷下者，皆可扪而得也。〔举痛论〕“举”当作“卒”。

因于寒，体若燔炭，汗出而散。因于暑，汗，烦则喘喝，静则多言。〔续〕此言伤于寒毒，至夏而变暑病也。烦，烦躁；静，安静；喝，大呵出声也。言病因于暑则当汗泄，不为发表邪热内攻，中外俱热，故烦躁喘数大呵而出其声也。若不烦躁，内热外凉，瘀热攻中，故多言而不次也。因于湿，首如裹，湿热不攘[126]，大筋緛短，小筋弛长，緛短为拘，弛长为痿。因于气[127]，为肿，四维相代[128]，阳气乃竭。愚按：丹溪云：湿者，土之浊气，首为诸阳之会，其位高，其气清，其体虚，故聪明系焉。浊气熏蒸，清道不通，沉重不利，似乎有物蒙之。失而不治，湿郁为热，蒸留不去，大筋緛短者，热伤血不能养筋，故为拘挛；小筋弛长者，湿伤筋不能束骨，故为痿弱。第四章“因于气，为肿”，下文不叙，恐有脱简。王注曰：素常气疾，湿热加之，气湿热争，故为肿也。然邪气渐盛，正气浸微，阳气衰少致邪代正气，不宣通，故四维发肿。诸阳受气于四肢也，今人见膝间关节肿疼，全以为风治者，误矣。因于露风，乃生寒热。阳气者，烦劳则张，精绝辟积，于夏使人煎厥。滑注：煎迫而成厥逆之病。目盲不可以视，耳闭不可以闻，溃溃乎若坏都，汩汩乎不可止。愚按：王安道曰：阳气者，人身和平之气也，烦劳者，凡过于动作者皆是也。张，主也，谓亢极也。精，阴气也。辟积犹积叠，谓怫郁也。积水之奔散曰溃。都，犹堤防也。汩汩，水流而不止也。夫充于身者二气而已，本无异类也，即其所用所病而言之，于是乎始有异名耳。故平则为正，亢则为邪，阳气则因其和以养人而名之，及其过动而张亦即阳气亢极而成火耳。阳盛则阴衰，故精绝，水不制火，故亢火郁积之甚，又当夏月火旺之时，故使人烦热之极，若煎迫然而气逆上也，火炎气逆，故目盲耳闭而无所用。此阳极欲绝，故其精败神去不可复生，若堤防之崩坏而所储之水奔散，滂流莫能以遏之矣。夫病至此是坏之极矣。王氏不晓都字之义，遂略。去此字而谓之若坏，其可乎哉！又以此病纯为房患，以张为筋脉䐜胀，以汩汩为烦闷，皆非是。王注：此戒起居卒暴烦扰阳和也。阳气者，大怒则形气绝，而血菀[129]于上，使人薄厥[130]。〔续〕此戒喜怒不节过用病生也。然怒则伤肾，甚则气绝，大怒则气逆而阳不下行，阳逆故血积于心胸之内矣。然阴阳相薄，气血奔并，内薄厥生，故曰薄厥。经曰：怒则气逆，甚则呕血是也。菀，积也。薄，迫也。**有伤于筋，纵，其若不容，**〔续〕怒而过用气，或迫筋，筋络内伤，机关纵缓，形容痿废若不维持。**汗出偏沮**[131]**，使人偏枯。**〔续〕身常偏汗出而润湿者，久久偏枯。**半身不遂，汗出见湿，乃生痤疿。**〔续〕阳气发泄，寒水制之，热怫内余，郁于皮里，甚为痤疖。微作疿疮。疿，风瘾也，不忍之人，汗出淋洗，则结为痤疿。**膏粱之变，足**[132]**生大丁，**〔续〕膏粱之人，内多滞热，皮厚肉疏，故内变为丁矣。足，饶也，多也。**劳汗当风，寒薄为皶，郁乃痤。**〔续〕时月寒凉，形劳汗发，凄风外薄。肤腠居寒，脂液凝蓄，玄府依空，渗涸皶刺，长于皮中，形如米，或如针，久者上黑，长分余，色黄白而瘛于玄府中，俗曰粉刺。解表已，痤谓色赤䐜膹，内蕴血脓，形小而大如酸枣。此皆阳气内郁所为，待软攻之，大甚病出之。**阳气者，精则养神，柔则养筋。**〔续〕此又明阳气之运养也。阳气者，内化精微以养神，外为柔和以养筋。动静失宜则生诸疾。**开阖不得，寒气从之，乃生大偻**[133]。〔续〕开阖失宜，为寒所袭，则筋络拘緛，形容偻俯矣。《灵枢》曰：寒则筋急，此其类也。**陷脉为瘘，留连肉腠。**因上文言，若寒气下陷于脉中则为疡瘘，肉腠相连。**营气不从，逆于肉理，乃生痈肿。**〔续〕营逆则血郁，血郁则热聚为脓，故为痈肿。《正理论》云：热之所过则为痈肿。**魄汗**[134]**未尽，形弱而气烁，穴俞以闭，发为风疟。**〔续〕汗出未止，形弱气消，风寒薄之，穴俞随闭，热藏不出以至于秋，秋阳复收，两热相合，故令振慄。寒热相移，以所起为风，故为风疟。故下文云：**风者，百病之始也，清静则肉腠闭拒**[135]**，虽有大风苛毒，弗之能害。**〔续〕目无嗜欲，心无淫邪，起居有度，不妄作劳，是为清静。故肉腠闭，皮肤密，真气内固，虚邪不侵，虽大风苛毒，弗能害之也。**病久则传化，上下不并，良医弗为。**〔续〕不并，不交通也。病之深久，变化相传，上下不通，阴阳否隔，虽良医妙法莫能为也。《经》曰：善针者从阴引阳，从阳引阴，若气相格拒，良医莫为。**阳蓄积病死，而阳气当隔，隔者当泻。**〔续〕言三阳蓄积怫结不通，不急泻之亦病而死，何者？蓄积不已，亦上下不并矣。何以验之？隔塞不便则其症也，若不急泻，必见败亡。《经》曰：三阳结谓之格是也。**风客淫气，精乃亡，邪伤肝也。**淫气者，阴阳之乱气也，因其乱而风客之则伤精，伤精则邪入于肝，风喜伤肝也。王注：经曰：风气通于肝，风薄则热起，热盛则水干，水干则肾气不营，故精乃毋也，毋[136]，无也。**因而饱食，筋脉横解[137]，肠澼为痔。**〔续〕甚饱则肠胃横满，肠胃满则筋脉解而不属，故肠澼而为痔。经曰：饮食自倍，肠胃乃伤，此伤之信也。**因而大饮，则气逆。**〔续〕饮多则肺布叶举，故气逆而上奔。**因而强力[138]，肾气乃伤，高骨[139]乃坏。**〔续〕强力入房则精耗，精耗则肾伤，肾伤则髓气内枯，故高骨坏而不用也。谓腰之高骨。**春伤于风，邪气留连，乃为洞泄。夏伤于暑，秋为痎疟。秋伤于湿，上逆为咳，发为痿厥。冬伤于寒，春必病温。四时之气，更伤五脏。**《阴阳应象》曰：春伤于风，夏生飧泄；夏伤于暑，秋必痎疟；秋伤于湿，冬生咳嗽；冬伤于寒，春必病温。与上论大同小异，王安道曰：按此四章诸家注释多失经旨。盖由推求太过也。夫风暑湿寒四气之伤人，人岂能于未发病之前，预知其客于何经络、何脏腑、何部分而成何病乎？及其既发病，然后可以诊候，始知其客于某经络、某脏腑、某部分，成某病耳。洞泄也，痎疟也，咳与痿厥也，温病也，皆是因其发动之时，形胗[140]昭著，乃逆推之而知其昔者致病之原，为伤风、伤暑、伤湿、伤寒耳。非是初受伤时能预定其必为此病也。且伤四气，有当时发病者，有过时发病者，有久而后发病者，有过时之久自消散不成病者。何哉？盖由邪气之传变聚散不常，及正气之虚实不等故也。且以伤风言之，其当时而发则为恶风、发热、头疼、自汗、咳嗽喘促等病，其过时与久而发则为厉风、热中、寒中、偏枯、五脏之风等病。是则洞泄、飧泄者，乃过时而发之中之一病耳。因洞泄、飧泄之病生，以形胗推之，则知其为春伤风，藏蓄不散而致此也。苟洞泄、飧泄之病未生，孰能知其已伤风于前，将发病于后耶？假如过时之久自消散而不成病者。人亦能知之乎？夏伤暑为痎疟，冬伤寒为温病，意亦类此。但湿长夏之令，何于秋言之？盖春夏冬各有三月，故其令亦各就本时而行也。若长夏则寄旺于六月之一月耳。秋虽亦有三月，然长夏之湿令每侵过于秋而行，故曰秋伤于湿。且四气所伤所病之义，盖风者春之令也，春感之偶不即发，而至夏邪既不散则必为疾。其所以为洞泄者，风盖天地浩荡之气，飞扬鼓舞，神速不常，人身有此，则肠胃之职其能从容传化泌别而得其常乎？故水谷不及分别而并趋下以泄出也。暑者，夏之令也，夏感之偶不即发，而至秋又伤于风与寒，故为痎疟。寒者冬之令也，冬感之偶不即发，而至春其身中之阳虽始为寒邪所郁，不得顺其渐升之性，然亦必欲应时而出，故发温病也。秋伤湿,前篇所谓上逆而咳,发为痿厥,不言过时,似是当时即发者。但既与风暑寒三者并言,则此岂得独为即发者乎?然经无明文,终亦不敢比同后篇,便断然以为冬发病也。虽然湿本长夏之令,侵过于秋耳,纵使即发,亦近于过时而发者矣。此当只以秋发病为论,湿从下受,故肝肺为咳,谓之上逆。夫肺为诸气之主,今既有病则气不外运,又湿滞经络,故四肢痿弱无力而或厥冷也。后篇所谓冬生咳嗽,既言过时则与前篇之义颇不同矣。夫湿气久客不散,至冬而寒气大行,肺恶寒而或受伤,故湿气得以乘虚上侵于肺,发为咳嗽也。或者见《素问》于病温痎疟等,以必言之,遂视为一定不易之辞,殊不知经中每有似乎一定不易之论,而却不可以为一定不易者。如曰:热厥因醉饱入房而得,热中、消中皆富贵人,新沐中风则为首风,如此之类,岂一一皆然哉!读者当活法,勿拘执也。王启玄注虽未免泥于必字及未得经旨,却不至太远也。成无已注似太远矣,然犹未至于甚也。若王海藏推求过极,乖悖经旨,有不可胜言者。秋令为燥,然秋之三月,前近于长夏,其不及则为湿所胜,其太过则同于火化,其平气则又不伤人,此经所以于伤人止言风暑湿寒而不言燥也。或曰:五运、六气、七篇叙燥之为病甚多,何哉?曰:运气七篇与《素问》诸篇自是两书,作于二人之手,其立意各有所主,不可混言。王冰以为《七篇》参入《素问》之中,本非《素问》原文也。予今所推之义,乃是《素问》本旨,当自作一意看。〔生气通天论〕

风成为寒热[141],经曰:因于露风,乃生寒热是也。**瘅**[142]**成为消中**[143],〔续〕瘅谓湿热也,热积于内,故变为消中。《校正》云:多食数溲为消中。王注:善食而瘦乃食㑊也。**厥成为巅疾**〔续〕厥气,逆也。气逆上而不已,则变为上巅之疾。**久风为飧泄**,愚谓:此即春伤风夏飧泄也。**脉风成于疠**[144]。〔续〕经曰:风寒客于脉而不去,名曰疠风。〔脉要精微论〕

大骨枯槁,大肉陷下,皮肤干着,骨间肉陷也。诸附骨际及空窍处亦同其类。**胸中气短**[145]**,喘息不便**,〔续〕肺无主也。**其气动形**[146]**,期六月死,真脏脉见,乃予之期日**。〔续〕肺司治节,气息由之,其气动形,为无气相接,故耸举肩背以远求报气矣。夫如是皆形脏已败,神脏亦伤。见是症者则后一百八十日内死矣。候见真脏之脉,乃与死日之期尔,此肺之藏也。**大骨枯槁,大肉陷下,胸中气满,喘息不便,内痛引肩项,身热脱肉破䐃**[147]**,真脏见,十月之内死**。肉脱,䐃如破也,䐃肉之标,肘膝后肉如块者,阴气微弱,阳气内燔，故身热也。脾主肉，故肉如脱尽，䐃如破败也，此脾之藏也。真脏见，恐当作“未见”。若真脏见，则十月之内当作十日之内。大骨枯槁，大肉陷下，肩髓内消，缺盆深也。动作益衰，交接渐微。真脏未见，期一岁死，见其真脏，乃予之期日。此肾之脏。大骨枯槁，大肉陷下，胸中气满，喘息不便，内痛引肩项，期一月死，真脏见，乃予之期日。〔续〕火精外出，阳气上燔，金受火炎，故内痛肩背，此心之脏也。大骨枯槁，大肉陷下，胸中气满，腹内痛，心中不便，肩项，前后[148]“喘息不便内痛引肩项”，此段云“心中不便肩项”不成文理，当亦欠“内痛引”三字。身热，破䐃脱肉，目匡[149]陷，真脏见，目不见人，立死，其见人者，至其所不胜之时则死。〔续〕肝主目，故目眶陷，及不见人立死也。不胜之时，谓庚辛之月，此肝之藏。滑云：此五者，肺心脾肾肝。〔玉机真脏论〕

五脏者，中之守也，中盛脏满，中盛，谓腹中气盛，藏于肺脏。气胜伤恐者，者，当作“也”。气胜谓胜于呼吸而喘变易也。腹中气盛，肺脏充满，气胜息变，善伤于恐。声如从室中言，是中气之湿[150]也。言声不发如在室中者，腹中有湿气也。言而微，终日乃复言者，此夺气也。〔续〕言音微细，声断不续，乃夺气然也。衣被不敛，言语善恶，不辟亲疏者，此神明之乱也。仓廪不藏者，是门户不要[151]也。〔续〕仓廪谓脾胃；门户谓魄门，魄门即肛门；要谓禁要。经曰：魄门亦为五脏使，水谷不得久藏也。水泉不止[152]者，是膀胱不藏也。〔续〕水泉谓前阴之流注也。得守者生，失守者死。五脏者，身之强也。头者，精明之府，头倾视深，精神将夺矣。背者，胸之府，背曲肩垂，府将坏矣。腰者，肾之府，转摇不能，肾将惫矣。膝者，筋之府，屈伸不能，行则偻附，一作“俯”。筋将惫矣。骨者，髓之府，不能久立，行则振掉，骨将惫矣。〔续〕皆以所居所由而为之府也。得强则生，失强则死。五脏者，中之守。谓五脏之气，为人身中之守。得守则生，失守则死，若今所言皆失守者也。五脏者，身之强也。谓五脏之气，为人身中之强。得强则生，失强则死。若今所言皆失强者也。盖五脏之气，内属本脏，外循各经，故为守为强有如是者。〔脉要精微论〕

帝曰:愿闻虚实以决死生。岐伯曰:五实死,五虚死。实谓五脏邪气盛实,虚谓五脏真气不足。脉盛,心也。皮热,肺也。腹胀,脾也。前后不通,肾也。闷瞀[153],肝也。此谓五实。脉细,心也。皮寒,肺也。气少,肝也。泄利前后,肾也。饮食不下,脾也。此谓五虚。曰:其时有生者,何也?曰:浆粥入胃,泄注止,则虚者活;身汗得后利,则实者活。此其候也。〔玉机真脏论〕

头痛巅疾,下虚上实,过[154]在足少阴、巨阳,甚则入[155]肾。〔续〕膀胱脉从巅络脑,挟脊抵腰中,循膂,络肾属膀胱,然肾虚不能引巨阳之气,故头痛而为上巅之疾也。经病甚已则入于脏。徇蒙招尤,当作眴蒙招摇。眴蒙谓目瞬动而蒙昧,下文目冥是也;招摇谓头振掉而不定也。徇、眴声相近,摇、徭古通用,故误眴为徇、繇为尤也。目冥耳聋,下实上虚,过在足少阳、厥阴,甚则入肝。腹满䐜胀,支膈胠胁,胠,胁上也。愚谓:支,执持也,谓胸胠胁皆执持不利也。下厥上冒,谓气从下逆上而冒于目也。过在足太阴、阳明。咳嗽上气,厥在胸中,过在手阳明、太阴。愚谓:厥者,逆也。咳嗽上气乃厥逆之病,在胸中也。心烦头痛,病在膈中,过在手巨阳、少阴。以上论手足阴阳者五,而无手少阳、厥阴,岂君相火为病同耶?雪斋云:此言五决为纪,故不及手少阳、厥阴。〔五脏生成论〕

帝曰:足阳明之脉病,恶人与火,闻木音则惕然而惊,钟鼓不为动,闻木音而惊,何也?岐伯曰:阳明者,胃脉也,胃者,土也,故闻木音而惊者,土恶木也。曰:其恶火何也?曰:阳明主肉,其脉血气盛,邪客之则热,热则恶火。曰:其恶人何也?曰:阳明厥则喘而惋[156],惋则恶人。惋,热郁内也,阳明之气厥逆则为喘而惋,惋热内郁,故恶人烦。曰:或喘而死者,或喘而生者,何也?曰:厥逆连[157]脏则死,连经则生。〔续〕经谓经脉,脏谓五神脏,若喘逆肝连于脏者死,神去故也。曰:病甚则弃衣而走,登高而歌,或至不食数日,逾垣[158]上屋,所上之处,皆非其素[159]能也,病反能者何也?曰:四肢者,诸阳之本也,〔续〕阳受气于四肢,故四肢为诸阳之本也。阳盛则四肢实,实则能登高也。曰:其弃衣而走者，何也？曰：热盛于身，〔续〕阴阳争而外并于阳，故热盛于身。故弃衣而欲走也。曰：其妄言骂詈，不避亲疏而歌者，何也？曰：阳盛则使人妄言骂詈，不避亲疏而不欲食，不欲食故妄走也。此处疑有缺误。〔阳明脉解论〕

二阳[160]之病发心脾，有不得隐曲，隐蔽委曲之事。女子不月，王安道曰：释者谓男子则脾受之而味不化，故少精；女子则心受之而血不流，故不月。分心脾为男女各受立说，殊不知二阳阳明也，胃与大肠之脉也。脾胃有病，心脾受之，发心脾犹言延及于心脾也，脾胃为合，胃病而及脾，理固宜矣。大肠与心本非合也，今大肠而及心，何哉？盖胃为受纳之府，大肠为传化之府，食入于胃，浊气归心，饮入于胃，输精于脾者，以胃能纳、大肠能化耳。肠胃既病则不能受、不能化，心脾何所资乎？心脾既无所资，则无运化而生精血矣。故肠胃有病，心脾受之，则男为少精，女为不月矣。心脾当总言，男女不当分说，至隐曲不月方可分说耳。盖男女之精血皆由五脏六腑之相养而后成，其可谓男精资于脾，女血资于心乎？经本谓男女皆有心脾之病，但在男则隐曲不利，在女则月事不来耳。"心脾"，青田老人谓当作"肺脾"，引证下文风消者脾病，息贲者肺病，深为有理。王注亦云：胃传脾则为风热而消削，大肠传肺则为喘息而上贲是也。有不得隐曲者，肺受之则气不化。然气化则精生，今气不化则精不生矣。脾受之则味不化，味不化则精无所畀[161]，是以男子有不得隐曲也。女子不月者，肺受之则血不流。经曰：月事不来者，胞脉闭也。胞脉者，属于心而络于胞中，今气上迫肺，心气不得下通故也。脾受之则味不化，味不化则血无所资，所以女子不月。其传为风消，其传为息贲者，死不治。〔续〕胃病深久，传入于脾，故为风热以消削；大肠病甚，传入于肺，为喘息而上贲。然肠胃脾肺兼及于心，二脏二腑互相克薄，故死。三阳为病发寒热，下为痈肿，及为痿厥腨[162]痟[163]；〔续〕三阳谓太阳、小肠、膀胱脉也。小肠之脉从手上头，膀胱之脉从头下足。故在上为病则发寒热，在下为病则为痈肿。腨痟，痿厥也；痟，痠疼也；痿，无力也。厥足冷即气逆也。其传为索泽，谓润泽之气消索也。其传为颓疝。〔续〕热甚则精血枯涸，故皮肤润泽之气索然矣。然阳气下坠，阴脉上争，上争则寒多，下坠则筋缓，故睾垂纵缓，内作颓疝。一阳发病，少气善咳善泄；〔续〕一阳谓少阳、胆、三焦脉也。胆气乘胃，故善泄；三焦内病，故少气；阳上熏肺，故善咳。何故？心火内应而然。其传为心掣[164]，其传为膈。〔续〕膈气乘心，心热故阳气内掣；三焦内结，中热故隔塞不便。二阳阳明。一阴厥阴心主。发病，主惊骇背痛，善噫善欠，名为风厥[165]。〔续〕王注：一阴谓厥阴心主及肝脉也。经云：心病膺背肩脾[166]间痛，又在气为噫，故背痛善噫；心气不足则肾气乘之，肝主惊骇，故惊骇善欠。夫肝气为风，肾气陵逆，既风又厥，故名风厥。按此背阴发病，不叙二阳，恐缺误也。二阴少阴心肾。一阳少阳。发病，善胀心满善气。〔续〕肾胆同逆，三焦不行，气蓄于上，故心满；下虚上盛，故气泄出。三阳太阳。三阴太阴。发病，为偏枯痿易，四肢不举。三阴不足则发偏枯，三阳有余则为痿易。易，变易、常用，痿弱无力也。结阴[167]者，便血一升，阴生血故。再结二盛。二升，三结三盛。三升。阴阳结斜[168]，多阴少阳曰石水[169]，腹肿[170]。二阳结谓之消，二阳谓胃与大肠俱热结也。肠胃藏热，故善消水谷。三阳结谓之隔，谓小肠膀胱热结也。小肠热则血脉燥，膀胱热则津液涸，故隔塞而不便泻。三阴结谓之水，〔续〕谓脾肺俱寒结也。脾肺寒结则气化为水。一阴一阳结谓之喉痹。〔续〕三焦心主脉并络喉，气热内结故为喉痹。阴搏阳别谓之有子。尺脉搏击，与寸口殊别则为有妊。滑云：尺脉搏手以阴中别有阳也。阴阳虚肠辟死。〔续〕辟，利也。胃气不普，肠开勿禁，阴中不廪，是阳气竭绝，故死。阳加于阴谓之汗。〔续〕阳在下，阴在上，阳气上搏，阴能同之则蒸而为汗。阴虚阳搏谓之崩。〔续〕阴脉不足，阳脉盛搏则内崩而血流下。〔阴阳别论〕

帝曰：人之居处动静勇怯[171]，脉亦为之变乎？岐伯曰：凡人之惊恐恚[172]劳动静，皆为变也。〔续〕变易常候。是以夜行则喘出于肾，〔续〕肾主于夜，气合齿冥，故夜行则喘息，内从肾出也。淫气病肺。〔续〕夜行肾劳，因而喘息，气淫不次则病肺也。有所堕恐，喘出于肝，淫气害脾。〔续〕恐生于肝，堕损筋血，因而奔喘，故出于肝。肝木妄淫，害脾土也。有所惊恐，喘出于肺，淫气伤心。惊则心无所依，神无所归，气乱胸中，故喘出于肺也；惊则神越，故气淫反伤心也。度水跌仆，喘出于肾与骨，〔续〕湿气通肾，骨，肾主之，故度水跌小[173]，喘出肾骨矣。跌，足跌；仆，身倒也。当是之时，勇者气行则已，怯者则着[174]而为病也。故曰：胗[175]病之道，观人勇怯骨肉皮肤，能知其情，以为诊法也。故饮食饱甚，汗出于胃。〔续〕惊夺心精，神气浮越，阳内薄之，故汗出于心。持重远行，汗出于肾。〔续〕骨劳气越，肾复过疲，故持重远行，汗出于肾。疾走恐惧，汗出于肝。〔续〕暴役于筋，肝气罢极，故汗出于肝。摇体劳苦，汗出于脾。〔续〕动作用力则谷精四布，脾化水谷，故汗出于脾也。故春秋冬夏，四时阴阳，生病起于过用，此为常也。〔续〕不适其性而强云[176]为过则病生，此其常理。五脏受气，盖有常分，用而过耗，是以病生。〔经脉别论〕

百病之始生也，必先于皮毛，邪中之则腠理开，开则入客于络脉，留而不去，传入于经；留而不去，传入于腑，廪[177]积聚。于肠胃。邪之始入于皮也，泝然起毫毛，开腠理；〔续〕泝然，恶寒也；起毛，起，竖也；腠理谓皮空及纹理也。其入于络也，则络脉盛色变；〔续〕盛谓盛满，变谓易其常也。其入客于经也，则感虚乃陷下；〔续〕经虚邪入，故曰感虚；脉虚气少，故陷下也。其留于筋骨之间，寒多则筋挛骨痛；热多则筋弛骨消，肉烁䐃破，毛直而败。〔续〕《经》曰：寒则筋急，热则筋缓，寒胜为痛，热胜为气消。䐃者肉之标，故肉消则䐃破，毛直而败也。〔皮部论〕

帝曰：人有逆气不得卧而息有音者，有不得卧而息无音者，有起如故而息有音者，有得卧行而喘者，有不得卧不滑云：多一"不"字。能行而喘者，有不得卧，卧而喘者，皆何脏使然？以上六问而下但三答，亦脱简也。岐伯曰：不得卧而息有音者，是阳明之逆也。足三阳者下行[178]，今逆而上行，故息有音也。阴阳者，胃脉也，胃者，六腑之海，水谷海也。其气亦下行，阳明逆，不得从其道，故不得卧也。《下经》曰：上古经也。胃不和则卧不安，此之谓也。夫起居如故而息有音者，此肺之络脉逆也。络脉不得随经上下，故留经而不行，络脉之病人也微，故起居如故而息有音者也。夫不得卧，卧则喘者，是水气之客也。夫水者循津液而流也，肾者水脏，主津液，主卧与喘[179]也。不得卧而息无音，有得卧行而喘，有不得卧能行而喘，三义俱无所答。〔逆调论〕

帝曰：人之不得偃仰也。卧者，何也？岐伯曰：肺者，脏之盖也，肺气盛则脉大，脉谓脉隧也。脉大则不得偃卧。〔续〕肺气盛满，仰卧则气促喘奔故也。帝曰：人有卧而有所不能安者，何也？岐伯曰：脏有所伤及，精有所之寄则安，《甲乙经》作"情有所倚则不安"。故人不能悬[180]其病也。〔续〕五脏有所伤损，及之水谷精气有所之寄，扶其下则卧安；以伤及于脏，故人不能悬其病，处于空中也。〔病能论〕

帝曰：有病肾风者，面胕庞然壅，害于言[181]，可刺不？〔续〕庞然，肿起貌；壅谓目下壅如卧蚕形。肾脉入肺中，循喉咙，挟舌本，故妨害于言语。岐伯曰：虚不当刺，不当刺而刺，后五日其气必至。〔续〕至谓病气来至也。然一脏配一日，五日至肾，肾已不足，风内薄之，谓肿为实，以针大泻，反伤脏气，真气不足不可复，故刺后五日其气必至也。曰：其至何如？曰：至必少气时热，时热从胸背上至头，汗出手热，口干善渴，小便黄，目下肿，腹中鸣，身重难以行，月事不来，烦而[182]，不能正偃，正偃则咳，病名曰风水。始为肝风，因不当刺亦为风水。肝当作肾，亦当作变。帝曰：愿闻其说。岐伯曰：邪之所凑，其气必虚。阴虚者，阳必凑之，故少气时热而汗出也。小便黄者，少腹中有热也。不能正偃者，胃中不和也。正偃则咳甚，上迫肺也。诸有水气者，微肿先见于目下也。其气上逆，故口苦舌干，卧不得正偃，正偃则咳出清水也。诸水病者，故不得卧，卧则惊，惊则咳甚也。腹中鸣者，病本于胃也。薄[183]脾则烦不能食，食则不能下者，胃脘膈也。身重难以行者，胃脉在足也。月事不来者，胞脉闭也。胞脉者，属心而络于胞中，今气上迫肺，心气不得下通，故月事不来也。〔续〕考上文所释之义，未解热从胸背上至头，汗出、手热、口干、苦渴之义，应古论简脱而此差谬之耳。如是者何？肾脉从肾上贯肝膈，入肺，循喉咙挟舌本；膀胱脉从巅络脑，还出别下项，循肩膊内挟脊抵腰循中膂。今阴不足而阳有余，故热从胸背上至头而汗出，口干，苦渴也。然心者阳脏也，其脉行于臂手；肾者阴脏也，其脉循于胸足。肾不足则心气有余，故手热矣。又心肾之脉俱少阴也。〔评热论〕

帝曰：少阴何以主肾？肾何以主水？岐伯曰：肾者至阴也，至阴者盛水也，肺者太阴也，少阴者冬脉也，故其本在肾，其末在肺，皆积水也。〔续〕阴者谓寒也。冬月至寒，肾气合应，故云肾者至阴也。水旺于冬，故云至阴者盛水也。肾少阴脉从肾上贯肝膈，入肺中，故云其本在肾，其末在肺也。肾气上逆则水气客于肺中，故云皆积水也。曰：肾何以能聚水而生病？曰：肾者，胃之关[184]也，关门不利，故聚水而从其类也。〔续〕关者所以司出入也。肾主下焦，膀胱为腑，主其分注关窍二阴，故肾气化则二阴通，二阴闭则胃䐜满，故云：肾者，胃之关也。关闭则水积，水积则气停，气停则水生，水生积则气溢，气水同类，故云关闭不利，聚水而从其类也。《经》曰：下焦溢为水，此之谓也。上下溢于皮肤，故为胕肿。胕肿者，聚水而生病也。〔续〕上谓肺，下谓肾，肺肾俱溢，故聚水于腹中而生病。曰：诸水皆生于肾乎？曰：肾者，牝脏也，〔续〕牝，阴也，亦主阴位，故云牝脏。地气上者属于肾，而生水液也，故曰至阴。勇而劳甚则肾汗出，肾汗出逢于风，内不得入于脏腑，外不得越于皮肤，客于玄府，行于皮里，传于胕肿，本之于肾，名曰风水。〔续〕勇劳汗出谓力房，汗出则玄府开，汗出逢风则玄府复闭，玄府闭已则余汗未出，内伏皮肤，传化为水，从风而水，故名风水。所谓玄府者，汗空也。〔续〕汗液色玄，从空而出，以汗聚于里，故谓之府。府，聚也。故水病下为胕肿大腹，上为喘呼[185]，〔续〕水下居于肾则腹至足而胕肿，上入行肺则喘息奔急而大呼也。不得卧者，标本俱病，〔续〕肺为标，肾为本，如此者是肺肾俱水为病也。故肺为喘呼，肾为水肿，肺为逆不得卧，〔续〕肺为喘呼，气逆不得卧者，以其主呼吸故也；肾为水肿者，以其主水故也。分为相输，俱受者水气之所留也。〔续〕分其居处以名之则是气相输应，本其俱受病气则皆是水所留也。〔水热穴论〕

颈脉[186]动喘疾咳，曰水。〔续〕颈脉谓耳下及结喉旁人迎脉也。水气上溢，则肺被热熏，阳气上逆，故颈脉盛鼓而咳喘也。目裹[187]微肿如卧蚕起之状，曰水。溺黄赤，安卧者，黄疸。〔续〕肾劳胞热，故溺黄赤。《正理论》曰：谓之劳疸，以女劳得之也。已食如饥者，胃疸。〔续〕胃热则消谷，故食已如饥。面肿曰风。〔续〕加之面肿则胃风之诊也，胃阳明之脉行于面故尔。足胫肿曰水。〔续〕少阴肾脉出足心，上循胫，过阴股，故下焦有水，足胫肿也。目黄曰黄疸。〔续〕阳怫于上，热积胸中，阳热上燔，故目黄也。《灵枢》曰：目黄者病在胸。〔平人气象论〕

帝曰：人身非常温也，非常热也，为之热〔续〕异于常候，故曰非常。《甲乙经》无"为之热"三字。而烦满[188]者何也？岐伯曰：阴气少而阳气胜，故热而烦满也。曰：人身非衣寒[189]也，中[190]非有寒气也，寒从中出者何？曰：是人多痹气[191]也，阳气少，阴气多，故身寒如从水中出。〔续〕言自由形气阴阳之为是，非衣寒而中有寒也。曰：人有四肢热，逢寒气如炙如火者何也？〔续〕《太素》作"如炙于火"。曰：是人者阴气虚，阳气盛，四肢者阳也，两阳相得[192]而阴气虚少，少水不能灭盛火，而阳独治，独治者不能生长也，独胜而止[193]耳，〔续〕水为阴，火为阳，今阳气有余，阴气不足，故云少水不能灭盛火也。治者，王也；胜者，盛也，故云独胜而止。逢风而如炙如火者，是人当肉烁也。〔续〕烁言消也，言久久，此人当肉消削也。曰：人有身寒，汤火不能热，厚衣不能温，然不冻慄，是为何病？曰：是人者，素肾气胜，以水为事，言盛欲也。太阳气衰，肾脂[194]枯不长，一水不能胜两火，肾者水也，而生于骨，肾不生则髓不能满，故寒甚至骨也。所以不能冻慄者，肝一阳也，心二阳也，肾孤脏也，一水不能胜二火，故不能冻慄，病名曰骨痹，是人当挛节也。〔续〕肾不生则髓不满，髓不满则筋干缩，故节挛拘。〔调逆论〕

帝曰：肠澼便血何如？岐伯曰：身热则死，寒则生。〔续〕热为血败，故死；寒为荣气在，故生。曰：肠澼下白沫何如？曰：脉沉则生，脉浮则死。〔续〕阴病见阳脉，与症相反，故死。曰：肠澼下脓血何如？曰：脉悬绝则死，滑大则生。曰：肠澼之属身不热，脉不悬绝何如？曰：滑大者曰生，悬涩者曰死，以脏期之。〔续〕肝见庚辛死，心见壬癸死之类，是谓以脏期之。曰：癫疾何如？曰：脉搏大滑久自已，脉小坚急死不治。〔续〕脉小坚急为阴，癫为阳，病见阴脉，故死。巢氏云：脉沉小急实死，小牢急亦不治。曰：癫疾之脉，虚实何如？曰：虚则可治，实则死。〔续〕以反症故。愚按：上文云脉搏大滑久自已，夫搏大滑似属实也。下文云：虚则可治实则死。上下文义似相反戾，意恐搏大滑中兼有虚豁状耶？曰：消瘅虚实何如？曰：脉实大，病久可治；脉悬小坚，病久不可治。愚按：消者，瘦也；瘅，劳热也。经言脉实大病久可治，注意谓久病血气衰，脉不当实，以为不可治。又巢氏曰：脉数大者生，细小浮者死。又云：沉小者生，实牢大者死。前后所论甚相矛盾。可见，脉难尽凭，必须参之以症，方可以决其生死也。凡治消瘅，消谓内消，瘅谓伏热。仆击[195]偏枯痿厥，气满发逆，甘肥贵人，则膏粱之疾也。隔则闭绝，上下不通，则暴忧之病也。暴厥而聋，偏闭塞不通，内气暴薄也。不从内外中风之病，故瘦留着也。滑注：膏粱之疾，暴忧之病，内气暴薄，此三者不从内外中风之病，谓非外伤也。以非外伤，故为病留瘦住著，不若风家之善行数变也。瘦当作"叟"。如"人焉叟哉"之"叟"。叟，匿也。故下文云：足蹠[196]跛，寒风湿之病也。此则从外伤而言。厥谓气逆；高，膏；梁，粱也。夫肥者令人热中，甘者令人中满，故热气内薄发为消渴、偏枯。气满逆也，逆谓违悖常候，与平人异也。然忧愁者，气闭塞而不行，故隔塞否闭，气脉断绝而上下不通也。脏腑之气不化，禁锢于内而不得宣散，故大小便道偏不通泄也。膏粱、暴忧及内气暴薄，此三者非风之中于内，亦非风之伤于外，故瘦匿住着而不去也。蹠跛，寒风湿之病也。蹠，足也。湿胜则筋不利，寒胜则筋挛急，风湿寒胜则卫气结聚，结聚则内痛，故足跛不可履。黄疸暴[197]，癫疾厥强[198]，久逆之所生也。足之三阳从头走足，然久厥逆而不下行，则气怫积于上焦，故为黄疸、暴病、癫狂、气逆矣。五脏不平，六腑闭塞之所生也。头痛耳鸣，九窍不利，肠胃之所生也。〔通评虚实论〕

帝曰：有病心腹满，旦食则不能暮食，此为何病？岐伯曰：名为鼓胀[199]。曰：治之奈何？曰：治之以鸡矢醴，微寒，大利小便，汤渍服之。一剂知[200]，二剂已[201]。曰：其时有复发者，何也？曰：此饮食不节，故时有病也。虽然其病且已，时故当病，气聚于腹也。〔续〕饮食不节，使病气聚于腹中也。曰：有病胸胁支满者，妨于食，病至则先闻腥臊臭，出清液，先唾血，四肢清，目眩，时时前后血[202]，病名为何？何以得之？

〔续〕支谓坚固，支持不利而胀满。清液，清水也，亦谓之清涕，谓从窍漏中漫液而下清水也。曰：病名血枯，此得之年少时，有所大脱血，若醉入房中，气竭肝伤，故月事衰少不来也。〔续〕醉则血脉盛而内热，因而入房，髓液皆下，故肾气竭也。肝藏血，以少失血，故肝伤也。男则精液衰，女则月事衰少不来。曰：治之奈何？曰：以四乌鲫鱼[203]、一藘茹二物并合之，丸以雀卵，大如小豆，以五丸为后饭，饭后食先谓之后饭。饮以鲍鱼汁，利肠别本作"伤"。中及伤肝也。〔续〕乌贼鱼骨、藘茹等并不治血枯，恐是攻其所生所起尔。月事衰少不至，则中有恶血淹留；精气耗竭，则阴痿不起而无精。故先兹四者，乌鲗鱼主女子血闭，藘茹主散恶血，雀卵主阴痿不起，强之令热生精有子，鲍鱼主瘀血血痹在四肢不散，寻文会意，方义如此。《甲乙经》藘茹作"芦茹"。曰：病有少腹盛，上下左右皆有根，此为何病？可治否[204]？曰：病名伏梁[205]。详此伏梁与心积之伏梁大异，病有名同而实异者不一，如此之类是也。曰：何因而得之？曰：里大脓血，居肠胃之外，当冲、带二脉之分。不可治，治之每切按之致死。曰：何以然？曰：此下则因阴，薄于阴气也。必下脓血，上则迫胃脘，上膈挟胃脘内痈。〔续〕带脉者，横络于脐下；冲脉者，上行出脐下关元之分，故病当其分则少腹盛，上下左右皆有根也，以其上下坚盛如有潜梁，故名伏梁。不可治也。以里大脓血居肠胃之外，按之痛闷不堪，故每切按之致死，以冲脉下行络阴，上行循腹故也。上则迫近于胃脘，下则因薄于阴器。若因薄于阴则便下脓血，若迫近于胃则病气上出于膈，复挟胃脘内长其痈也。所以然者，以本有大脓血在肠胃之外故也。"生"当作"出"，"挟胃"当作"使胃"。此久病也，难治。居脐上为逆，居脐下为从，勿动亟夺。〔续〕若里大脓血，居脐上则渐伤心脏，故为逆；居脐下则去心稍远，犹得渐攻，故为从。亟，数也；夺，去也。言不可移动，但数数去之则可矣。曰：人有身体髀股胻皆肿，环脐而痛，是为何病？曰：病名伏梁，〔续〕此冲脉病也。冲脉与足少阴络，起肾下，出气街，循阴股，入腘中，循胻骨下内踝，其上行者，出脐下关元之分，挟脐直上，循腹各行，故病如是。环谓圆绕如环也。此风根也。〔续〕此四字疑衍，或郁而不已，气化为风，故曰风根。其气溢于大肠而著于肓，肓之原在脐下，故环脐而痛也。〔续〕大肠，广肠也。《经》说大肠当言回肠也。回肠当脐右环回周，叶积而下广肠，附脊以受回肠左环。然大肠回肠俱与肺合，从合而命，故通曰大肠也。肓之原名“脖胦[206]”，在脐下寸半。不可动[207]之，动之为水溺涩之病。〔续〕以冲脉起于肾下，出气街，上行者起胞中，上出脐下关元之分，故动之则为水而溺涩也。动谓齐其毒药而系动之，使其大下也。〔腹中论〕

帝曰：人病胃脘痈者，诊当何如？岐伯曰：诊此者当候胃脉，候胃脉即《脉要精微》附上右外以候胃也。其脉当沉细，沉细者气逆，〔续〕胃为水谷之海，气盛血壮，今反脉沉细者，是逆常乎也。逆者人迎甚盛，盛则热，〔续〕沉细为寒，寒气格阳，故人迎脉盛，盛则热也。人迎结候[208]旁动脉也。人迎者胃脉也，逆而盛则热聚于胃口而不行，故胃脘为痈也。〔续〕血气壮盛而热内薄之，两气合热，故结为痈也。曰：有病颈痈者，或石治之，或针灸治之，而皆已，其真安在？〔续〕真，真法也。曰：此名同异等者也。〔续〕言虽同曰颈痈，然其皮中别异不一等也。夫痈气之息者，宜以针开除去之；夫气盛血聚者，宜石而泻之，此所谓同病异治也。〔续〕息，外“疒”内“息”也，死肉也。石，砭石可以破痈出脓，今以铍针代之。曰：有病怒狂者，此病安生？曰：生于阳也。曰：阳何以使人狂？〔续〕怒不虑祸，故曰狂。曰：阳气者，因暴折而难决，故善怒也，病名曰阳厥[209]。〔续〕言阳气被折郁不散也，此人多怒，亦曾因暴折而心不疏畅故尔。如是者皆阳逆躁极所生，故病名阳厥。曰：何以知之？曰：阳明者常动，巨阳、少阳不动，不动而动大疾，此其候也。〔续〕阳明常动不止者，动于结喉旁人迎分也；若少阳之动，曲颊下天容分位也；巨阳之动，项两旁大筋前陷中天容分位也。不应常动而反动甚，动当病也。《甲乙经》：天窗乃太阳脉气所发，天容乃少阳脉气所发。二位交互，当从《甲乙》。曰：治之奈何？曰：夺其食则已，夫食入于阴，长气于阳，故夺其食[210]则已。〔续〕食少则气衰，故节去其食则病自止。使之服以生铁洛为饮。〔续〕《甲乙经》“铁洛”作“铁落”；“为饮”作“为后饭”一作“铁浆”。夫生铁洛者，下气疾也。曰：有病身热解堕，汗出如浴，恶风少气，此为何病？曰：病名曰酒风。〔续〕饮酒中风者也。夫极饮者，阳气盛，腠理疏，玄府开发。阳盛则筋痿弱，故身体解堕。腠理疏则风内攻，玄府发则气外泄，故汗出如浴也。风气外薄肤，腠理开，汗多内虚，瘅热熏肺，故恶风少气也。因酒而病，故曰酒风。曰：治之奈何？曰：以泽泻、术各十分，麋衔五分，合以三指撮为后饭。〔续〕术治大风止汗；麋衔治风湿筋痿；泽泻治风湿益气。饭后药先谓之后饭。〔病能论〕

帝曰：病胁下满气逆，二三岁不已，是为何病？岐伯曰：病名曰息积[211]，此不妨于食，不可灸刺，积为导引服药，药不能独治也。〔续〕腹中无形，胁下逆满，频岁不愈。息积谓气逆息难，故曰息积。气不在胃，故不妨于食。灸则火热内烁，气化为风，刺则泻其经，转成虚败，故不灸刺，惟宜积为导引，使气流行，久以药攻，内消瘀蓄则可矣。若独凭药而不积为导引，则药亦不能独治也。曰：人有病头痛以数岁不已，此安得之？名为何病[212]？〔续〕脑为髓主，齿是骨余，脑逆反寒骨亦寒，故令头痛齿亦痛。一说人先生脑，缘有脑则有骨髓，齿者骨之本。病名为厥逆。曰：有病口甘者，病名为何？何以得之？曰：此五气之溢也，名曰脾瘅[213]。〔续〕瘅，热也。脾热则四脏同禀，故五气上溢也。生因脾热，故曰脾瘅。夫五味入口，藏于胃，脾为之行其精气，津液在脾，故令人口甘也。〔续〕脾热内渗，津液在脾，胃谷化余，精气随溢，口通脾气，故口甘。津液在脾，是脾之湿。此肥美之所发也，此人必数食甘美而多肥也，肥者令人内热，甘者令人中满，故其气上溢，转为消渴。〔续〕肥则腠理密，阳气不得外泄，故内热。甘者，性气和缓而发散迟，故中满。内热则阳气炎上，炎上则欲饮而溢干。中满则陈气有余，有余则脾气上溢，故曰其气上溢转为消渴也。治之以兰，除陈气[214]也。〔续〕兰，兰草；陈谓久也。言兰除陈久甘肥不化之气者，以辛能发散故也。曰：有病口苦者，病名为何？何以得之？曰：病名胆瘅[215]。〔续〕瘅，热也。胆汁味苦，故口苦。夫肝者，中之将也，取决于胆，咽为之使，〔续〕肝者，将军之官，谋虑出焉。胆者，中正之官，决断出焉。肝与胆合，气性相通，故诸谋虑取决于胆，咽胆相应，故咽为使焉。《甲乙经》：胆者中精之腑，五脏取决于胆，咽为之使，疑此文误。此人者，数谋虑不决，故胆虚气上溢而口为之苦，治之以胆募俞。

〔续〕胸腹曰募，背脊曰俞。胆募期门下五分，俞在脊第十椎下两旁各寸半。〔奇病论〕

【校注】

① 病机：《素问》其下有“何如”二字。

② 躄（bì　必）：跛脚。

③ 有者求之，无者求之：求，推求，寻求之意。指诊断过程。有、无，指具备或不具备的症状。

④ 盛者责之，虚者责之：盛虚，指虚实之证候。责之，处理方法，此指治疗方略。

⑤ 厉风：指麻风病，又名大风，详见下文。

⑥ 偏枯：即半身不遂，多为中风后遗症，症见一侧上下肢偏废不用或兼疼痛，久则患侧肌肉枯瘦。

⑦ 衰饮食：使饮食减少也。

⑧ 怢（tū　突）慄：恶寒战栗。

⑨ 出：《素问》作“外”。

⑩ 相干：相搏、相扰。

⑪ 愤䐜（chēn　嗔）：指肌肉胀满肿起。

⑫ 春甲乙：指春季甲日和乙日，春季属木，甲日和乙日亦属木，皆为木应之时。肝属木，故此时伤于风者为肝风。

⑬ 邪：《甲乙》卷十第二上作“风”。

⑭ 中于邪：《甲乙》卷十第二上作“伤于风”。此与上文“伤于风”为互文，非轻重之别。

⑮ 门户：指五脏六腑之腧穴。

⑯ 系头：指目与脑相联之络脉。

⑰ 中：指胃肠。

⑱ 无常方：据《素问》其下有："然致有风气也。"

⑲ 皏（pěng　捧）：浅白色。

⑳ 差：病情减轻之意，与后文"甚"相对。

㉑ 焦绝：焦躁烦乱。

㉒ 言不可快：因心主舌，病甚则言语謇涩不利。

㉓ 庞：《素问》作"痝"（páng　旁）。

㉔ 脊痛不能正立：《素问》有"其色炲（tái　台）"。炲，"炱"的异体字，烟气凝积而成的黑灰。

㉕ 隐曲不利：指生殖功能衰退及小便不利。隐曲，前阴也。

㉖ 失衣：指穿衣太少。

㉗ 当先风一日则病甚：指气候变化前一天病情加重。

㉘ 出内：离开室内。

㉙ 濡：湿也。

㉚ 上渍：指腰以上多汗如水浸渍。

㉛ 痹：闭也，此指病名，即因气血痹阻不通所致的疾病。

㉜ 杂：集也。

㉝ 行痹：又名风痹，特点是肢节疼痛，游走不定。

㉞ 痛痹：又名寒痹，特点是肢节剧痛，得温则减，遇寒加重。

㉟ 着痹：又名湿痹，特点是肢节酸重而痛或麻木不仁。

㊱ 骨痹：骨重酸疼不能举。

㊲ 筋痹：筋挛节痛，屈伸不利。

㊳ 脉痹：脉中血不流行而色变也。

㊴ 肌痹：肌肤顽木不知痛痒。

㊵ 内舍：邪气入里，稽留体内。

㊶ 合：指五脏所合的五体。

㊷ 各以其时：指五脏各自所主的时令。

㊸ 心下鼓：心动悸不安。

㊹ 引如怀：形容腹部胀满而大，犹如怀孕之状。

㊺ 尻以代踵：肾痹气衰，骨失其养，下肢弯曲不能伸，故坐而不能起。尻，尾骨；踵，脚后跟。

㊻ 脊以代头：肾痹气衰，脊骨高于头部以致头俯不能仰。

㊼ 上为大塞：脾病则肺失所养，致上焦不通，胸中阻塞而发病。

㊽ 胞：指膀胱。

㊾ 若沃以汤：形容热盛感觉如同热水浇灌一样。

㊿ 淫气：风寒湿邪。

51 慓疾滑利：指卫气运行迅速流利。

52 两气相感：指体内偏盛之阴气与外感之湿邪相合。

53 痿：病名，即痿证。指肌肤枯萎、肢体弛缓、痿弱不用的一类病证。

54 肺热叶焦：指肺中有热，灼伤津液以致肺叶焦枯。

55 枢折挈：形容关节弛缓如折，不能提举活动。

56 失亡：指心情不畅，犹如心爱之物亡失。

57 肺鸣：指肺气不畅而致喘息有声。

58 绝：阻绝不通。

59 宗筋：指全身诸筋。

60 使内：指房事。

61 濡渍：浸润意。渍，《素问》作“渍”。

62 络脉溢：浅表血络充盈也。

63 宗筋主束骨而利机关：指宗筋具有约束、联缀骨节，使关节活动自如的功能。

64 带脉不引：指带脉约束诸经的功能失常。

65 筋脉骨肉各以其时受月：指筋脉骨肉之痿，各在其相应之脏所主的时令进行针刺治疗，此属根据五脏所主时令和五体受病情况所制定的一种针刺方法。

66 厥：指气机逆乱阴阳气不相接续所致的一类疾病，此指气逆所致足寒足热之厥。

67 寒厥：足寒。

68 热厥：足热。

69 夺于所用：夺，耗夺，损伤之意，此指肾之精气耗损。用，过用，指纵欲或劳累太过。

(70) 阳气盛于上：此处为阴文。

(71) 后不利：大便不利。

(72) 泾溲不利：小便不利。

(73) 腰不可俯仰；此处为阴文。

(74) 泣：俞樾考“泣”为“冱”，闭塞也，以血行不利说之。

(75) 空：孔穴，气血出入之门户。

(76) 厥：逆也，此指少阴之气上逆。

(77) 上从之：指太阳经受邪发热，少阴之气受其影响，随之上逆。

(78) 大：据《素问》应作“夫”。

(79) 热病：病名，指外感发热性疾病。

(80) 伤寒：此指广义的伤寒，即外感热病的总称。

(81) 两感：指表里两经同时感邪发病。

(82) 脏：此指三阴经。

(83) 治之各通其脏脉：根据病变所在的脏腑经脉分别给予调治。

(84) 遗：指余热遗留不去。

(85) 强食：勉强多食之意。

(86) 辄：即刻之意。

(87) 阴阳交：指阳热之邪交结于阴分，阴精被劫，邪盛正衰的一种危重病证。

(88) 三死：指不能食、脉躁盛、狂言失志三种预后不良的征象。

(89) 痎疟：各种疟疾的总称。

(90) 此荣气之所舍也：指邪气伏藏于经脉之中，荣血之内。

(91) 不常：指疟疾的发作时有休止。

(92) 病极则复：指疟疾的发作是阴阳之气相并而盛极，盛极则复发。

(83) 凄沧：寒凉之意。

(94) 熇熇：热势炽盛貌。

(95) 浑浑：指脉象混乱，滚滚而急。

(96) 漉漉：形容大汗淋漓。

(97) 在孙络盛坚而血者皆取之：指坚束其处，手足之孙络充盈坚实而隆起，在其上刺之出血。

(98) 卫气集：指卫气与邪气相合。

(99) 温疟：据《素问》，其下有“与寒疟”三字。

(100) 温疟：据《素问》，其下有“者”字。

(101) 脑髓烁：指暑热之气上熏于脑，使脑髓受到消耗，出现精神疲倦、头昏等症状。

(102) 阴虚而阳盛：据《素问》，前有“如是者”三字。

(103) 中气实：指胸中之气实也。

(104) 而不衰则病矣：据石印本，前有“阳气盛”。

(105) 邪气以从其合也：指皮毛受邪后影响与皮毛相合的肺脏。

(106) 喉痹：病名。 指咽喉肿痛不利的一类疾病。

(107) 阴阴：急急也。

(108) 遗失：大便失禁。

(109) 久咳：泛指以上诸咳经久不愈者。

(110) 此皆聚于胃、关于肺：为以上诸咳的结语，指五脏六腑皆令人咳，然咳嗽与肺胃的关系最为密切。

(111) 天：自然界。

(112) 道：指自然界事物运动变化的规律。

(113) 明：《素问》无，疑衍。

(114) 喘动应手：指痛处跳动应手。

(115) 夙昔：病久不愈。

(116) 闷：据《素问》应作“闭”。

(117) 绌：屈曲也。

(118) 急：拘急也。

(119) 而不可按也：此五字原为阴文。

(120) 克：据《素问》应作“充”。

(121) 按之则热气至，热气至则痛止矣：此十三字原为阴文。

⑫2 厥逆上泄：指五脏之气厥逆向上而泄越。

⑫3 竭：音义同遏。

⑫4 坚干：大便干结。

⑫5 固尽有部：指五脏六腑在面部都主一定的分布。

⑫6 攘：除也。

⑫7 气：此指风邪。

⑫8 四维相代：指四时寒暑湿风外邪循时序更替侵犯人体。

⑫9 菀：音义同郁。

⑬0 薄厥：指暴厥，因大怒迫使气血上逆所致的昏厥病证。

⑬1 汗出偏沮（jǔ　举）：指半身汗不得出。沮，止。

⑬2 足：足以，能够。

⑬3 大偻（lǚ　吕）：曲背也。

⑬4 魄汗：身汗。

⑬5 闭拒：闭，固密也。拒，抵御也。

⑬6 毋：据石印本及前文应作“亡”。

⑬7 横解：弛缓不收。

⑬8 强力：强力入房和过度用力。

⑬9 高骨：腰间脊骨。

⑭0 胗：据文义应作“诊”。

⑭1 风成为寒热：伤于风邪而形成恶寒发热之病变。

⑭2 瘅：热邪。

⑭3 消中：消渴病的中消。

⑭4 脉风成于疠：指风毒之邪客于脉，形成厉风病。

⑭5 短：《素问》作“满”。

⑭6 其气动形：指喘促气急，呼吸困难，张口抬肩。

⑭7 脱肉破䐃：指全身肌肉极度消瘦。

⑭8 后：据文义应作“言”。

⑭9 匡：通“眶”。

⑮ 中气之湿：指中焦之气被湿邪所困。

⑮ 门户不要：大便泻利无度。

⑮ 水泉不止：小便失禁。

⑮ 瞀：视物不清。

⑮ 过：病变。

⑮ 入：经病入脏之意。

⑮ 惋：音义同郁。

⑮ 连：牵连，波及之意。

⑮ 逾垣：越墙之意。

⑮ 素：据《素问》，其下有“所”字。

⑯ 二阳：阳明，指胃与大肠，此处偏重于胃。

⑯ 畀（bì 必）：给与。

⑯ 腨（shuàn 涮）：小腿肚子。

⑯ 痟（yuān 渊）：酸痛。

⑯ 心掣：心胸牵引作痛。

⑯ 风厥：病名，此处是指惊骇、背痛、善噫、善欠诸症的综合概括，系风木犯胃，肝胃之气上逆所致，故曰“风厥”。

⑯ 脾：据文义应作“髀”。

⑯ 结阴：气血郁结于手足六阴经。

⑯ 阴阳结斜：阴经阳经受邪后引起气血郁结的状态。

⑯ 石水：病名，指阴寒水邪凝结下焦引起的水肿病。

⑰ 腹肿：据《素问》前有“少”字。

⑰ 勇怯：此指体质之强弱。

⑰ 恚：怒也。

⑰ 小：据前文应作“仆”。

⑰ 着：此指气血瘀滞留着不去。

⑰ 胗：据据《素问》及文义应作“诊”。

⑰ 云：据上下文义应作“用”。

⑰⑦ 禀（lǐn 凛）：积聚，郁结。

⑰⑧ 足三阳者下行：指足三阳之经气，正常时皆下行。

⑰⑨ 主卧与喘：指主气喘不能平卧。

⑱⓪ 悬：避免，杜绝之意。

⑱① 害于言：影响说话。

⑱② 烦而：据《素问》，其下有“不能食”三字。

⑱③ 薄：迫也。

⑱④ 关：水液代谢之门户。

⑱⑤ 喘呼：肺水逆满则呼吸不利而喘呼。

⑱⑥ 颈脉：人迎脉。

⑱⑦ 目裹：上下眼睑。

⑱⑧ 满：音义同“闷”。

⑱⑨ 衣寒：指衣服单薄而感寒冷。

⑲⓪ 中：体内。

⑲① 痹气：气机痹阻。

⑲② 两阳相得：指素体阴虚阳盛，又逢风寒化热入里，内外两热相并。

⑲③ 止：指生机不全。

⑲④ 肾脂：肾精。

⑲⑤ 仆击：猝然昏倒的中风病。

⑲⑥ 蹠（zhí 值）：同“跖”。脚掌之义。

⑲⑦ 暴：石印本后有“忧”字；《素问》后有“痛”字，应是。

⑲⑧ 强：《素问》作“狂”。

⑲⑨ 鼓胀：病名。主要以腹部胀满如鼓为特征。

⑳⓪ 知：见效。

⑳① 已：病愈。

⑳② 前后血：大小便出血。

⑳③ 乌鲗鱼：据《素问》应作“乌鲗骨”。

⑳④ 否：《素问》作“不”。不，通“否”。

㉕ 伏梁：病名。指腹部痞满肿块的一类疾病，其病伏藏于腹中，如强梁之坚硬。

㉖ 肤（yāng 央）：肚脐。

㉗ 动：攻下之法。

㉘ 候：据文义应作“喉”。

㉙ 阳厥：指因阳气郁而上逆所致。

㉚ 夺其食：减少患者的饮食。

㉛ 息积：病名，指肺气下降，肝气郁滞以致气久积不散的一种疾病。

㉜ 名为何病：据《素问》，其下应有“岐伯曰：当有所犯大寒，内至骨髓，髓者以脑为主，脑逆故令头痛，齿亦痛。”数语。

㉝ 脾瘅：指以口甘为主证的脾热之病。

㉞ 陈气：指陈久甘肥不化之气。

㉟ 胆瘅：指胆热气上溢而口苦之病。

卷中

卷中之一

摄　生

天地能生人，人能养人，全真导气，人自为养也，天地弗与焉，具摄生钞。

帝曰：余闻上古之人，春秋[①]皆度百岁，而动作不衰；今时之人，年半百而动作皆衰者，时世异耶？人将失之耶？岐伯曰：上古之人，其知道[②]者，法于阴阳，和于术数，〔续〕知道，谓知修养之道。阴阳者，天地之常道；术数者，保生之大伦。故修养者必谨先之。经曰：阴阳四时者，万物之终始，逆之则灾害生，从之则苛疾不起，是谓得道。食饮有节，起居有常，不妄作劳，〔续〕以理而取声色芳味，不妄视听也；循理而动不为分外之事。《老子》曰：必清必静，无劳尔形，无摇尔精，乃可长生。故能形与神俱，而尽终其天年[③]，度百岁乃去。〔续〕形不妄劳，则神内守而与形俱；苟或妄动，则五脏神气离去而形骸独居，莫能以尽其天年也。今时之人不然也，以酒为浆，以妄为常，醉以入房，以欲竭其精，以耗散其真，〔续〕乐色不节则精竭，轻用不止则真散。故圣人爱精重施，髓满骨坚。不知持满[④]，不时御神，〔续〕言爱精保神如持盈满之器，不慎而动则倾竭天真。时，一作"解"；御神，谓保御神气也。

务快其心，逆于生乐，〔续〕快于心之所欲，逆害养生之乐。起居无节，故半百而衰也。夫上古圣人之教下也，皆谓之虚邪贼风[⑤]，避之有时，〔续〕邪乘虚入，是谓虚邪，窃害中和，谓之贼风，避之有时，谓八节之日及太乙入从中宫朝八风之日也。义具《天元玉册》中。恬淡虚无，真气从之，精神内守，病安从来？〔续〕法道清静，精神内守，故虚邪不能为害。〔上古天真论〕

春三月，此谓发陈，〔续〕春气发生，庶物陈其姿容。天地俱生，万物以荣[⑥]，〔续〕天气温，地气发，温发相合，故万物滋荣。夜卧早起，广步于庭，温气生，寒气散。故夜卧早起，广步于庭。被发缓形，以使志生，〔续〕春气发生于万物之首，故被发缓形，以使志意发生也。生而勿杀，予而勿夺，赏而勿罚，〔续〕春气发生，故养生者必顺于时。此春气之应，养生之道也。〔续〕春阳布发生之令，在人必谨奉天时，所谓因时之序也。逆之则伤肝，夏为寒变，奉长者少。〔续〕逆谓反行秋令，则肝气伤矣。夏火王而木废，故病生于夏也。四时之气，春生夏长，逆春伤肝，故少气以奉夏长之令也。夏三月，此谓蕃秀，〔续〕蕃，茂也，盛也；秀，华也，美也。物生以长，故蕃秀也。天地气交，万物华实[⑦]，〔续〕夏至四十五日，阴气微上，阳所微下，由是则天地气交也。阳化气，阴成形，故万物华实。夜卧早起，无厌于日，愚谓：无嗜卧怠惰，以厌弃于日也。使志无怒，使华英成秀，使气得泄，若无爱在外，〔续〕缓阳气则物化，志意宽则气泄。物化则华英成秀，气泄则肤腠宣通，时令发扬，故所爱亦顺阳而在外。此夏气之，应养长之道也。〔续〕夏气扬蕃秀之令，在人必敬顺天时也。逆之则伤心，秋为痎疟，奉收者少，冬至重病。〔续〕冬水胜火，故重病冬于冬至之时也。秋三月，此谓容平，〔续〕万物容状，至秋平而定也。天气以急，〔续〕风声切。地气以明[⑧]，〔续〕物色变。早卧早起，与鸡俱兴[⑨]，〔续〕早卧避寒露，早起欲安宁。使志安宁，以缓秋刑。〔续〕志气躁则不慎，其动助秋刑，急顺杀伐生，故使志安宁缓秋刑也。收敛神气，使秋气平，

〔续〕神荡则欲炽，欲炽则伤和气，而秋气不平调也，故收敛神气，使秋气平也。无外其志，使秋气清，〔续〕亦顺秋气之收敛。此秋气之应，养收之道也。逆之则伤肺，冬为飧泄，奉藏者少。冬三月，此谓闭藏，〔续〕地户闭塞，阳气伏藏。水冰地拆[10]，无扰乎阳[11]，〔续〕阳气下沉，故宜周密，不欲烦劳。早卧晚起，必待日光，避寒也。使志若伏若匿，若有私意，若已有得，〔续〕愚按：若有私意，妄求于外也，若已有得虽未得，若已得不欲扰乎阳，触冒寒气也。去寒就温，无泄汗也。皮肤，使气亟夺[12]，泄皮肤扰乎阳也。扰乎阳则上文四者伏匿之类，皆不遂其所若矣。此夺其气也。此冬气之应，养藏之道也。逆之则伤肾，春为痿厥，奉生者少。逆春气则少阳不生，肝气内变。〔续〕生谓动出也，阳气不出内郁于肝，则肝气混揉变而伤矣。逆夏气，则太阳不长，心气内洞。〔续〕洞，谓中空也。阳不外茂，内薄于心，燠热内消，故心中空也。逆秋气，则太阴不收，肺气焦满。〔续〕太阴行气，主化上焦，故肺气不收，上焦壅满。《太素》作“焦满”。逆冬气，则少阴不藏，肾气独沉。〔续〕独沉，《太素》作“浊沉”。愚谓：沉痼而病也。夫四时阴阳者，万物之根本也，〔续〕时序运行，阴阳变化，生育万物，故为万物之根本也。所以圣人春夏养阳，秋冬养阴[13]，以从其根[14]，春夏养阳，即上文养生养长之谓；秋冬养阴，即上文养收养藏之谓。是故四时阴阳者，万物之根本也，惟圣人善养之以从其根也。故与万物沉浮于生长之门[15]。愚谓：沉浮犹出入也。逆其根，则伐其本，坏其真矣。〔续〕是失四时阴阳之道也。故阴阳四时者，万物之终始也，死生之本也。逆之则灾害生，从之则苛重也。疾不起，是谓得道。〔续〕得养生之道。道者，圣人行之，愚者佩当作“悖”。之。从阴阳则生，逆之则死；从之则治，逆之则乱。反顺为逆，是谓内格[16]。愚谓：格者，扞格也，谓身内所为与阴阳相左扞格也。〔四气调神论〕

阴之所生，本在五味，阴之五宫[17]，伤在五味。阴者，五神脏也；宫者，五神之舍也。言五神所生，本资于五味，五味宣化，各凑于本宫，虽因五味以生，亦因五味以损，盖为好而遏节乃见伤也。故味过于酸，肝气以津，脾气乃绝。酸收也。王注：多食酸令人小便不利，则肝多津液，津液内溢则肝叶举，脾气绝而不行。何者？木制土也。味过于咸，大骨[18]气劳，短肌，心气抑。咸，耎也。王注：多食咸令人肌肤缩短，又令心气抑滞不行。何者？咸走血归肾，故大骨如劳乏也。味过于甘，心气喘满，色黑，肾气不衡。甘，缓也。王注：多食甘，甘性滞缓，令人心闷喘满而肾不平。何者？土抑水也。味过于苦，脾气不濡，胃气乃厚。苦，坚也。愚谓：苦性坚燥，脾被苦燥而不濡润，胃为苦坚而不柔虚，故曰厚也。厚者，敦厚也，壅满也。经云：土太过曰敦阜是也。味过于辛，筋脉沮弛，精神乃央。辛，润也。愚谓：沮，消沮也；弛，废弛也；央，殃也，病也。是故谨和五味，骨正筋柔，血气以流，腠理以密，如是则骨气以精，精，精强也。谨道如法，长有天命[19]。〔生气通天论〕

帝曰：法阴阳奈何？岐伯曰：阳胜则身热，腠理闭，喘粗为之俯仰，汗不出而热，齿干，以烦冤腹满死，能[20]冬不能夏。〔续〕阳胜故能冬，热甚故不能夏。能，奴代反。阴胜则身寒汗出，身常清，数慄而寒，寒则厥[21]，厥则腹满死，〔续〕厥，气逆也。能夏不能冬。此阴阳更胜之变，病之形能[22]也。曰：调此二者奈何？曰：能知七损八益，则二者可调，不知用此，则早衰之节也。此二者，首问法阴阳，答不言阴阳之所法，而言阴阳更胜之变；次问调此二者，然后言七损八益之道。七、八谓女子二七而天癸至，七七而天癸绝；男子二八而天癸至，八八而天癸终。损益阴阳，海满而去血，女子之常也，满而不去则有壅遏之虞。月事以时下则不失其常，故七欲其损。阳应合而泻精，男子之常也，佚而无节，则有耗惫之患。持盈守成，不妄作劳，所以益之之道也，故八欲其益。是故知七损八益，则二者可调；不知用此，则早衰其节也。此所谓法阴阳也。年四十，而阴气自半也，起居衰矣。年五十，体重耳目不聪明矣。年六十，阴痿[23]，气大衰，九窍不利，下虚上实，涕泣俱出矣。故曰：知之则强，知谓知七损八益。不知则老，故同出而名异耳。

智者察同，愚者察异，同出谓人之生自幼至壮、壮而老，皆由乎阴阳天癸之始终，自然消长之道也。名异谓知之者谨于节养，以顺受其正，不知者溜溜循欲，以戕伐其真。智者察同，愚者察异，此之谓也。愚者不足，不足于知。智者有余，知之有余。则耳目聪明，身体强壮，老者复壮，壮者益治。是以圣人为无为之事，乐恬憺之能，从欲决志于虚无之守，故寿命无穷，与天地终，此圣人之治身也。〔阴阳应象论〕

【校注】

① 春秋：指年龄。

② 知道：知，懂也。道，养生之道。

③ 天年：人的自然寿命。

④ 持满：保持精气的充满。

⑤ 虚邪贼风：一切外来致病因素。

⑥ 天地俱生，万物以荣：指自然界充满生机，万物欣欣向荣。

⑦ 天地气交，万物华实：指天地阴阳之气上下交合，各种植物开花结果。

⑧ 天气以急，地气以明：指秋季天空的风气劲急，地面景象清肃。

⑨ 与鸡俱兴：指人的起居作息与鸡的起居作息一致。

⑩ 拆：据《素问》作“坼”。

⑪ 无扰乎阳：不要扰乱体内的阳气，以违背冬藏之气。

⑫ 去寒就温，无泄。皮肤，使气亟夺：冬季虽然要保温去寒，但不要温暖太过，使皮肤开泄多汗，否则就会使阳气频繁夺失。

⑬ 春夏养阳，秋冬养阴：指春夏养阳以应万物之生长，秋冬养阴以应万物之收藏。养，调养，调理，适应。

⑭ 以从其根：以顺从四时阴阳变化这个万物赖以生存的根本。

⑮ 生长之门：指自然界生长收藏的生命规律。

⑯ 内格：指人体的内环境与自然界的外环境相互格拒，不能通应。

⑰ 阴之五宫：阴精储藏于五脏。五宫，五脏。宫，居室。

⑱ 大骨：泛指全身骨骼。

⑲ 天命：指自然寿命。

⑳ 能：通“耐”。

㉑ 厥：四肢厥冷。

㉒ 能：通“态”。

㉓ 阴痿：阳痿。

卷中之二

论　治

干戈甲胄以治乱也，礼乐教化以治治也，矢醴糜衔治人疾也，具治钞。

帝曰：医之治病也，一病而治各不同，〔续〕谓针石、灸焫、毒药、导引、按蹻也。皆愈何也？岐伯曰：地势①使然也。〔续〕谓法天地生长收藏及高下燥湿之势。故东方之域，天地之所始生也，鱼盐之地，海滨傍水，其民食鱼而嗜咸，皆安其处，美其食。鱼者使人热中②，盐者胜③血，〔续〕鱼发疮，热中之信，盐发渴，胜血之徵。故其民皆黑色疏理，其病皆为痈疡，〔续〕血弱而热，故病痈疡。其治宜砭石。以石为针。故砭石者，亦从东方来。西方者，金玉之域，沙石之处，天地之所收引也。〔续〕引谓牵引，使收敛。其民陵居而多风，水土刚强，其民不衣而褐荐，华食而脂肥，〔续〕褐，毛布；荐，细草。华谓鲜美苏洛之类。故邪不能伤其形体，其病生于内④，〔续〕水土刚强，饮食脂肥，肤腠闭封，血气充实，故邪不能伤也。内谓喜、怒、忧、思、恐及饮食男女之过甚也。其治宜毒药，〔续〕药谓草木虫鱼鸟兽之类，以能攻病，故皆谓之毒。故毒药者，亦从西方来。北方者，天地所闭藏之域也，其地高陵居，风寒冰冽，其民乐野处而乳食，脏寒生满病，中满者泻之于内，其此之谓欤？其治宜灸焫。〔续〕水寒冰冽故病脏寒，火艾烧灼谓之灸焫。故灸焫者，亦从北方来。南方者，天地所长养，阳之所盛处也，其地下，水土弱，雾露之所聚也。〔续〕地下水多，故土弱而雾露聚。其民嗜酸而食胕，〔续〕胕，不芳香也。一作“食鱼”。故其民皆致理而赤色，其病挛痹。〔续〕酸味收敛，故人肉理密致，阳盛之处，故色赤，湿气内满，热气外薄，故病挛痹。愚谓：亦因酸味收敛而病是也。其治宜微针，小针。故九针者亦从南方来。中央者，其地平以湿，天地所以生万物也。〔续〕法土德之用，故生物众。其民食杂而不劳，〔续〕四方辐辏，万物交归，故人食纷杂而不劳也。故其病多痿厥寒热，〔续〕湿气在下，故多病痿弱、气逆及寒热也。经曰：地之湿气，感则害人皮肉筋脉是也。其治宜导引按跻，导引谓摇筋骨，动肢节；按谓抑按皮肉；跻谓捷举手足。故导引按跻者，亦从中央出也。故圣人杂合以治，各得其所宜，〔续〕随方而用，各得其宜。故治所以异而病皆愈者，得病之情[⑤]，知治之大体也。〔异方宜论〕

善治者治皮毛，止于始萌。其次治肌肤，救其已生。其次治筋脉，攻其已病。其次治六腑，治其已甚。其次治五脏，治五脏者，半死半生也。〔续〕治其已成，可得半愈。滑注：非谓医者，谓病家也。病之始起也，可刺而已；〔续〕轻微也。其盛，可待衰而已。〔续〕病盛取之，毁伤真气。故因其轻而扬之，〔续〕邪轻者发扬去之。因其重而减之，〔续〕重者即减去之。因其衰而彰之。因邪气之衰而明，正其恶以攻之也。形不足者，温之以气；精不足者，补之以味。温，存也。气味谓药饵饮食之气味也。其高者，因而越之；其下者，引而竭[⑥]之；〔续〕谓泄引也。中满者，泻之于内；内谓腹内，泻谓分消也。其有邪者，渍形[⑦]以为汗；其在皮者，汗而发之；二汗则是一义，然渍字轻，发字重也。其慓悍者，按而收之；慓疾悍利。按之使收敛也。**其实者，散而泻之。**〔续〕阳实则发散，阴实则宣泄。故下文云：**审其阴阳，以别柔刚，阳病治阴，阳[8]病治阳，**从阴引阳，从阳引阴，以右治左，以左治右亦同。**定其血气，各守其乡，血实宜决之，**破决去也。**气虚宜掣引之。**掣，读为导，导引则气行调畅。〔阴阳应象论〕

岐伯曰：夫上古作汤液[9]，故为而弗服也。〔续〕但为备用而不服。**中古之世，道德[10]稍衰，邪气时至，服之万全。**〔续〕心犹近道，故服用万全。**当今之世，必齐毒药攻其中，镵石针艾治其外也。帝曰：形弊血尽而功不立者何？曰：神不使[11]也。曰：何谓神不使？曰：针石道也。精神不进，志意不治，故病不可愈。**愚谓：服药至于形弊，针艾至于血尽，而医之功尚不立。盖以病患神气已衰，虽有毒药镵针莫能为之运用而驱遣也，故曰：神不使也。以药非正气不能运行，针非正气不能驱使，故曰：针石之道，精神进，志意治，则病可愈；若精神越，志意散，虽用针石，病亦不愈。**今精坏神去，荣卫不可复收，何者？嗜欲无穷，而忧患不止，精气弛坏，荣泣卫除[12]，故神去之而病不愈也。**〔续〕精神者，生之源；荣卫者，气之主。气主不辅生源，复消神不内居，病何能愈？此可见神不使也。〔汤液醪醴论〕

岐伯曰：中古之治病，至而治之，汤液十日，以去八风五痹之病，八风，八方之风。东方来曰婴儿风，伤人外在筋络，内舍于肝。南方来曰大弱风，伤人外在脉，内舍于心。东南曰弱风，伤人外在肌，内舍于胃。西南曰谋风，伤人外在肉，内舍于脾。西方来曰别风，伤人外在皮，内舍于肺。西北曰折风，伤人外在手太阳脉，内舍于小肠。北方来曰大刚风，伤人外在骨，内舍于肾。东北方曰凶风，伤人外在腋胁，内舍于大肠。五痹者，风寒湿三气杂至合而为痹。以冬遇此为骨痹，春遇此为筋痹，夏遇此为脉痹，至阴遇此为肌痹，秋遇此为皮痹。**十日不已，治以草苏草荄之枝，本末为助，**指用药而言也。草苏谓药煎，荄谓草根，枝谓茎也。凡药有用根者，有用苗者，有用枝者，有用华实者，有用根、茎、枝、华、实者。汤液不去，则尽用之。合成其煎。俾相佐助以服之，故云本末为助也。**标本已得**[13]**，邪气乃服**。病为本，工为标。标本不得，邪气不服。此之谓主疗不相应也。若标本已得，则主疗相应，邪气率服矣。《新校正》云：得其标本，邪气乃散。盖谓得其病之标本而治之，则邪气乃服矣。愚谓：当从《校正》。**暮世之治病也则不然，治不本四时，不知日月**[14]**，不审逆从**，〔续〕四时之气各有所在，如春气在经脉之类，工当各随所在而辟伏其邪尔。不知日月者，谓日有寒温明暗，月有空满亏盈也，详见《八正神明论》中，今具针刺钞。不审逆从者，谓不审量其病可治与不可治也。愚谓：逆从如升降浮沉，当顺寒热温凉，当逆之类亦是也。**病形已成，乃欲微针治其外，汤液治其内，粗工凶凶**[15]**，以为可攻，故病未已，新病复起**。〔续〕粗，粗略也；凶凶，谓不料事宜之可否也。〔移精变气论〕

帝曰：合人形以法四时五行而治，何如而从？何如而逆？岐伯曰：五行者，金木水火土也，更贵更贱[16]，〔续〕当时贵，失时贱。以知死生，以决成败，而定五脏之气，间甚之时，〔续〕歇则为间，旺则为甚。死生之期也。肝主春，足厥阴少阳主治，其日甲乙，肝苦急，气有余也。急食甘以缓之。心主夏，手少阴太阳主治，其日丙丁，心苦缓，心气虚也。急食酸以收之。脾主长夏，足太阴阳明主治，其日戊己，脾苦湿，急食苦以燥之。肺主秋，手太阴阳明主治，其日庚辛，肺苦气上逆，急食苦以泄之。肾主冬，足少阴太阳主治，其日壬癸，肾苦燥，急食辛以润之。开腠理，致津液，通气也。此一句九字，疑原是注文。病在肝，愈于夏，〔续〕子制其鬼也。夏不愈，甚于秋，〔续〕子休鬼复王。秋不死，持于冬，〔续〕子休而毋养，故气执持于父母之乡。愚谓：执持，坚定也，犹言无加无减而平定也。起于春，〔续〕自得其位，当起而差也。禁当风。肝病者，平旦慧，平旦木慧爽也。下晡甚，金王。夜半静。水王。肝欲散，急食辛以散之，〔续〕以脏气当散。用辛补之，酸泻之。酸味收，故泻宜当咸泻之。然肝欲散，不当又以酸收、咸软为补之、为泻之也。病在心，愈在长夏，长夏不愈，甚于冬，冬不死，持于春，起于夏，禁温食热衣。心病者，日中慧，夜半甚，平旦静。心欲软，〔续〕以脏气好软。急食咸以软之，取其柔软。用咸补之，甘泻之。取其舒缓。病在脾，愈于秋，秋不愈，甚于春，春不死，持于夏，起于长夏，禁温食、饱食、湿地、濡衣[17]。温湿及饱并伤脾气。脾病者，日昳[18]晐也。慧，日出甚，下晡静。脾欲缓，急食甘以缓之，用苦泄之，取其泄满也。甘补之。病在肺，愈于冬，冬不愈，甚于夏，夏不死，持于长夏，起于秋，禁寒饮食寒衣。肺病者，下晡慧，日中甚，夜半静。肺欲收，急食酸以收之，用酸补之，酸收故补。辛泻之。辛散故泻。病在肾，愈于春，春不愈，甚于长夏，〔续〕六月也，夏为土母，土长于中，以长而治，故曰长夏也。长夏不死，持于秋，起于冬，禁犯焠〔续〕烦热也。热食，温炙衣。肾恶燥也。肾病者，夜半慧，四季[19]甚，下晡静。肾欲坚，急食苦以坚之，用苦补之，咸泻之。咸软故也。夫邪气之客于身也，〔续〕邪者，不正之名，风寒暑湿饥饱劳逸皆是邪也，非惟鬼毒疫疠也。以胜相加，愚谓：如肝木之病，则肺金以胜而加之之类也。至其所生而愈，谓至己所生也。至其所不胜而甚，谓至克己之气。至于所生而持[20]，谓至生己之气。自得其位而起[21]。谓己自得旺处。必先定五脏之脉，〔续〕谓肝弦、心钩、肺浮、肾营、脾代之类。经曰：必先知经脉，然后知病脉。乃可言间甚之时，死生之期也。〔并脏气法时论〕

形乐[22]志苦[23]，病生于脉，治之以灸刺。〔续〕形，身形；志，心志。形乐，谓不甚劳役；志苦，谓结虑深思。结虑深思则荣卫乖否，气血不顺，故病生于脉。夫盛泻虚补，是灸刺之道也。形乐志乐[24]，病生于肉，治之以针石。〔续〕筋骨不劳，心神悦怿，则肉理相比，气道满填，卫气怫结，故病生于肉。夫卫气留满，以针泻之，结聚脓血，石而破之。石，砭石，今以鈹针代之。形苦[25]志乐，病生于筋，治之以熨引。〔续〕形苦谓修业就役也，一过其用则致劳伤，故病生于筋。熨谓药熨，引谓导引。**形苦志苦，病生于咽嗌，治之以百药。**咽嗌，《甲乙经》作"困竭"；百药作"甘药"。愚谓：内外俱劳，则血气两耗，血伤气耗，故咽嗌为之不利也。**形数惊恐，经络不通，病生于不仁，治之以按摩醪药。**愚谓：惊伤心，心主脉；恐伤肾，肾主血。心肾有伤，血脉凝涩，故经络不通，病生不仁，不仁谓不应，其用则瘰痹矣。按摩所以开通闭塞，导引阴阳。醪药者，酒药也，所以养正祛邪，调中理气。〔血气形志论〕

帝曰：其有不从毫毛生，而五脏阳以竭也，津液充郭[26]，其魄[27]独居，孤精于内，气耗于外，形不可与衣相保，此四极急而动中[28]，是气拒于内，而形施于外[29]，治之奈何？不从毫毛言生于内也。阴气内盛，阳气竭绝，不得入于腹中，故言五脏阳以竭也。津液者，水也，充满也。郭，皮也，阴蓄于中，水气胀满，上攻于肺，肺气孤危。魄者肺神，肾为水害，子不救母，故云其魄独居也。夫阴精损削于内，阳气耗减于外，则三焦闭溢，水道不通，水满皮肤，身体否肿，故云形不可与衣相保也。凡此之类，皆四肢脉数，急而内鼓动于肺中也。肺动者，谓气急而咳也。言如是者，皆水气格拒于腹膜之内，浮肿施张于身形之外。四极言四末，则四肢也。**岐伯曰：平治于权衡[30]，去宛陈莝[31]，是以微动四极，温衣，**温衣当作"温之"。微动四肢，令阳气渐次宣行，乃所以温之也。或云作"温表"，谓微动四肢，令阳气渐次宣行而温于表也。**缪刺其处，以复其形。开鬼门[32]，**鬼门者，人水气所居而言也。阳为火，阴为水；阳为神，阴为鬼。今水气居表，为人之祟[33]，故为鬼门。洁净府[34]，盖以陈莝之宛为不净，或下泄，或利小水。去其陈莝是为洁净府，净对陈莝而言。**精以时服，五阳已布，疏涤五脏，故精自生，形自盛，骨肉相保，巨气乃平。**平治权衡，谓察脉浮沉。浮为在表，沉为在里，在里者泄之，在表者汗之。故下文云：开鬼门、洁净府也。去宛陈莝，谓去陈久之水物，犹如草莝不可久留于身中也。微动四极，谓微动四肢，人阳气渐以宣行，故又曰温衣也。经脉满则络脉溢，络脉溢则缪刺之，以调其络脉，使形容如旧而不肿。故云：缪刺其处，以复其形也。开鬼门是启玄府，遣气也。五阳是五脏之阳气也。洁净府谓泻膀胱去水也。脉和则五精之气以时宾服于肾藏也。然五脏之阳渐而宣布，五脏之外气秽复除也。如是故精髓自生，形肉

自盛。脏腑既和，则骨肉之气更相保抱，大经脉气乃平复尔。〔汤液醪醴论〕

帝曰：凡治病，察其形气色泽，脉之盛衰，病之新故，曰[35]治之无后其时，形气相得，谓之可治；〔续〕气盛形盛，气虚形虚，是相得所。色泽以浮[36]，谓之易已；〔续〕气色浮润，血气相营，故易已也。脉从四时，谓之可治；〔续〕如春弦之类。脉弱以滑，是有胃气，命曰易治，取之以时[37]。〔续〕候可取之时而取之，则万举万全，当以四时血气所在而为疗尔。愚谓：如春气在经脉之类。《甲乙经》作：治之趋之，无后其时。与王注两通。形气相失，谓之难治；〔续〕形盛气虚，气盛形虚，皆相失也。色夭不泽，谓之难已；〔续〕夭谓不明而恶，不泽，枯燥也。脉实以坚，谓之益甚；〔续〕脉实坚是邪气盛，故益甚也。脉逆四时，为不可治。必察四难上四句是谓四难。而明告之。所谓逆四时者，春得肺脉，夏得肾脉，秋得心脉，冬得脾脉，其至皆悬绝沉涩者，命曰逆四时。〔续〕悬绝谓如悬物之绝去也。未有藏形，于春夏而脉沉涩，〔续〕谓未有藏脉之形状也。秋冬而脉浮大，命曰逆四时也。风者，百病之长也。〔续〕言先百病而有之。今风寒客于人，使人毫毛毕直，皮肤闭而为热，〔续〕客谓客止于人形也。风击皮肤，寒胜腠理，故毫毛毕直，玄府闭密而热生也。当是之时，可汗而发也；或痹不仁肿痛，〔续〕病生而变，故如是也。热中血气则瘰痹不仁，寒气伤形，故为肿痛，当是之时，可汤熨及火灸刺而去之。弗治，病入舍于肺，名曰肺痹[38]，发咳上气，〔续〕邪入阳则狂，邪入阴则痹，故入于肺名曰痹焉，肺变动为咳，咳则上气也。弗治，肺则传而行之肝，病名曰肝痹[39]，一名曰厥，胁痛出食[40]，〔续〕肺金伐木，气下入肝，故曰行之肝也。肝主怒，怒则气逆，故一名曰厥也。肝脉从少腹属肝络胆布胁肋循喉咙，故胁痛而食入腹则出也。当是之时，可按若刺耳。弗治，肝传之脾，病名曰脾风，发瘅，腹中热，烦心出黄[41]，〔续〕肝应风木胜土，土受风气，故曰脾风。脾病善发黄瘅。又脾脉入腹属脾络胃，上膈注心中，故腹中热而烦心，出黄色于便泄之所也。当此之时，可按、可药、可浴。弗治，脾传之肾，命名曰疝瘕，少腹冤热[42]而痛，出白[43]，一名曰蛊。〔续〕肾脉自股内后廉，贯脊属肾络膀胱，故少腹冤热而痛，溲出白液也。冤热内结，消烁脂肉，如虫之食，日加损削，故一名曰蛊。愚按：冤者屈滞也，病非本经，为他经冤抑而成此疾也。冤一作“客”，客犹寄也，遗客热于少腹，久不去，从金化而为白。当此之时，可按可药。弗治，肾传之心，病筋脉相引而急，病名曰瘛，〔续〕肾水不足则筋燥急，故相引也。阴气内弱，阳气外燔，筋脉受热而自跳掣，故名曰瘛。当此之时，可灸可药。弗治，满十日，法当死。至心而气极，当如是矣。若复传行，当如下说。肾因传之心，心则复反传而行之肺，发寒热，〔续〕肺以再伤，故寒热也。法当三岁死，“三岁”当作“三日”。夫以肺病而来，各传所胜，至肾传心，法当十日死，及肾传之心，心复传肺，正所谓一脏不复受再伤者也，又可延之三岁乎！然期浅深，又可不刻舟求剑也。此病之次也。〔续〕传胜之次第。然其卒发者，不必以于传[44]，〔续〕不必依传之次，故不必以传治之。或其传化有不以次。不以次入者，忧恐悲喜怒。令不得以其次，故令人有大病矣。〔续〕忧恐悲喜怒触遇即发，故令病亦不次而生。因而喜大虚则肾气乘矣。〔续〕喜则心气移于肺，心气不守，故肾气乘矣。怒则肝气乘矣，〔续〕怒则气逆，故肝气乘脾。悲则肺气乘矣，〔续〕悲则肺气移于肝，肝气受邪，故肺气乘矣。恐则脾气乘矣，〔续〕恐则肾气移于心，肾气不守，故脾气乘矣。忧则心气乘矣，〔续〕忧则肝气移于脾，肝气不守，故心气乘矣。雪斋云：此论喜与恐是本志动而虚，故所不胜来乘。怒与悲是本志乘，不知乘何脏，忧是脾志而心乘之，尤不可晓。原注全非。此其道也。〔续〕此其不次之常道。故病有五，五五二十五变，反[45]其传化。〔续〕五脏相并而各五之五，而乘之则二十五变也。然其变化以胜相传，传而不次，变化多端。愚谓：一脏之中有虚邪、实邪、微邪、甚邪、贼邪，故云五五二十五变。传，乘之名也。〔续〕传者，相承之异名耳。雪斋云：得病传之至于胜时而死者为常，中生喜怒令病次传者为奇。〔玉机真脏论〕

肝病者，两胁下痛引少腹，令人善怒，〔续〕肝脉环阴器、抵少腹、布胁肋，故病如是，其气实则善怒。虚则目䀮䀮[46]无所见，耳无所闻，善恐如人将捕之，〔续〕肝脉入项颡，连目系，胆脉从耳后入耳中，故病如是，恐，恐惧魂不安也。取其经，厥阴与少阳，〔续〕非其络病，故取其经。取厥阴以治肝气，取少阳以调气逆也。气逆，则头痛，耳聋不聪，颊肿，〔续〕肝脉自目系上出额，与督脉会于巅，故头痛；胆脉从耳中出耳前，其支别者，从目系下颊里，故耳聋不聪、颊肿也。上文兼取少阳。取血者。〔续〕胁中血满，独异于常，乃气逆之，诊随其左右，有则刺之。心病者，胸中痛，胁支满，胁下痛，膺背肩胛间痛，两臂内痛，〔续〕少阴心脉，支别者循胸出胁，直行者上肺出腋下，下循臑内后廉，循臂内抵掌后兑骨之端。又厥阴心主脉，循胸出胁抵腋下，下循臑内入肘中，循臂行两筋之间。又太阳小肠脉，自臂臑上绕肩胛交肩上，故病如是。支者，持也，谓坚持急满也。虚则胁腹大，胁下与腰相引而痛，〔续〕厥阴心主历络三焦，少阴心脉下膈络小肠，故病如是。取其经，少阴太阳舌下血[47]者。〔续〕少阴脉从心系挟咽喉，故取舌本下及经脉血也。其变病，刺郄中血者。〔续〕其或呕变，则刺少阴之郄，在掌后脉中去腕半寸。脾病者，身重善肌一作“饥”。肉痿，足不收行，善瘛，脚下痛，〔续〕脾象土而主肉，故身重肉痿，痿谓无力也。太阴脾脉起于足大趾上腨内，少阴肾脉起足小趾斜趋足心，故病生于足而下，并取少阴血也。虚则腹满肠鸣，飧泄，食不化，〔续〕《灵枢经》曰：中气不足，则腹为之善满，肠为之善鸣也。取其经，太阴阳明少阴血者。〔续〕以前病行善瘛脚下痛，故取之出血也。肺病者，喘咳逆气，肩背痛，汗出，尻阴股膝髀腨足[48]皆痛，〔续〕肺藏气主喘息，在变动为咳，故病则喘咳逆气也。背为胸中之府，肩按近之，故肩背痛也。肺养皮毛，邪盛则心液外泄，故汗出也。肺病则肾脉受邪，故尻至足皆痛。虚则少气不能报息[49]，耳聋嗌干，〔续〕气虚少，故不足以报入息也。太阴肺络会于耳中，故耳聋。少阴肾脉入肺中循喉咙挟舌本，今肺虚则肾气不足以上润于嗌，故嗌干也。是以下文兼取少阴也。**取其经，太阴足太阳之外厥阴内血者**。〔续〕足太阳之外，厥阴之内，则少阴脉也。视左右足脉少阴部分有血满异于常者，即取之。**肾病者，腹大胫肿，喘咳身重，寝汗出，憎风**，愚按：肾脉起于足上腨，挟脐循腹里上入肺，故腹大胫肿喘咳。肾病则骨不能用，故身重。肾水病则心火旺，故热蒸心液为汗。汗多亡阳，故憎风。憎，深恶之也。**虚则胸中痛，大腹小腹痛，清厥[50]意不乐**，〔续〕肾脉络心注胸中，肾气既虚，心无所制，心气熏肺，故痛聚胸中，太阳脉下行至足，肾虚则太阳之气不能盛行于足，故足冷而气逆也。足冷气逆，故大小腹痛。志不足则神躁扰，故不乐。**取其经，少阴太阳血者**。〔续〕凡刺之道，虚则补、实则泻，不盛不虚以经取之，是谓得道。经络有血刺而去之，是谓守法。犹当揣形定气，先去血脉，而后乃调有余不足焉。〔脏气法时论〕

帝曰：夫子数言热中消中，不可服膏粱芳草石药，石药发癫，芳草发狂。〔续〕多饮数溲，谓之热中；多食数溲，谓之消中。多喜曰癫，多怒曰狂。**夫热中消中者，皆富贵人也，今禁膏粱，是不合其心；禁芳草石药，是病不愈，愿闻其说**。〔续〕热中消中者，脾气上溢，甘肥之所致，故禁食膏粱芳草之美。《经》曰：五味入口藏于胃，脾为行其精气，津液在脾，故令人口甘，此肥美之所发也。此人必数食甘美而多肥。肥者令皮肉热，甘者令人中满，故气上溢转为消渴，此之谓也。膏肉，粱米也；石药，英乳也；芳草，浓美也。**岐伯曰：夫芳草之气美[51]，石药之气悍，二者其气急疾坚劲，故非缓心和人，不可以服此二者**。〔续〕脾气溢而生病，躁疾气悍则又滋其热。若性和心缓不与物争，则神不躁迫，无惧内伤，故可服此二者。悍，利也；坚，定也、固也；劲，刚也。言芳草石药之气，坚定固久刚烈而卒不歇灭也。**曰：不可以服此者，何以然？曰：夫热气慓**疾也。**悍，药气亦然，二者相遇，恐内伤脾，脾者土也，而恶木。服此药者，至甲乙日更论**。〔续〕热气盛则木气内余，故心非和缓则躁怒数起。躁怒数起则热气因木以伤脾，故至甲乙日更论啤[52]病之增减。〔腹中论〕

帝曰：天不足西北，左寒而右凉；地不满东南，右热而左温，其故何也？〔续〕君面巽而言，臣面乾而对。岐伯曰：阴阳之气，高下之理，大小之异也。大小当作“太少”，下文可见，谓阴阳之气，盛衰之异。今中原地形，西北方高，东南方下，西方凉、北方寒、东方温、南方热，气化犹然矣。东南方，阳也，阳者其精降于下，故右热而左温。〔续〕阳精下降，故地气以温而知之于下矣。阳气生于东而盛于南，故东方温而南方热，气之多少明矣。西北方，阴也，阴者其精奉于上，故左寒而右凉。〔续〕阴精奉上，故地以寒而知之于上矣。阴气生于西而盛于北，故西方凉而北方寒。是以地有高下，气有温凉，高者气寒，下者气热，〔续〕至高之地冬气常在，至下之地春气常在。故适居也。寒凉者胀，之温热者疮，下之则胀已，汗之则疮已，此腠理开闭之常，大小之异耳。西北东南言其大也。析而言之，一方之中皆有西北东南，且如中原地形亦有高下。人所居高则寒，处下则热。常试观之，高山多雪，平川多雨，高山多寒，平川多热，则高下寒热可征见矣。寒凉之地，腠理开少闭多，阳气不散，故适寒凉腹必胀；温热之地，腠理开多闭少，阳气发泄，故住温热皮必疮。下之中气不余，故胀已；汗之阳气外泄，故疮已。曰：其于寿夭何如？曰：阴精所奉其人寿，阳精所降其人夭。阴精所奉，高之地也；阳精所降，下之地也。阴方之地，阳不妄泄，寒气外持，邪不数中而正气坚守，故寿延；阳方之地，阳气耗散，发泄无度，风湿数中，真气倾竭，故夭折。即事验之，今中原之境，西北方众人寿，东南方众人夭，其中犹各有微甚耳。此寿夭之大异也。异方者审之乎！曰：其病治之奈何？曰：西北之气散而寒之，东南之气收而温之，所谓同病异治也。〔续〕西北人皮肤闭，腠理密，人皆食热，故宜散宜寒。东南方人，皮肤腠理开，人皆食冷，故宜收宜温。散谓温浴，中外畅达；收谓温中，不解表也。今上俗皆反之，依而疗之则反甚矣。分方为治，亦具《异法方宜论》。故曰：气寒气凉，治以寒凉，行水渍之；气温气热，治以温热，强其内守[53]。必同其气，可使平也[54]，假者反之。〔续〕寒方以寒，热方以热，温方以温，凉方以凉，是正法也，是同气也。行水渍之，谓汤浸渍也。平，谓平调也。假者反之，如西方北方有冷病，假热方温方以除之；东方南方有热疾，须凉方寒方以疗者，则反上正法以取之。滑注：许多说话，只是“假者反之”一句上。**岐伯曰：补上下者从之，治上下者逆之，**〔续〕上者天气，下者地气，不及则顺而和之，太过则逆而治之。**以所在寒热盛衰而调之。**愚谓：或寒、或热、或盛、或衰，各随其所在部分而治之，使其平调也，即下文“上取下取”之类。**故曰：上取下取，内取外取，以求其过。**上取谓吐也，下取谓泻也，内取利小便，外取以汗泄也。王注：上取谓以药制有过之气，制而不顺则吐之；下取谓以迅疾之药除下病，攻之不去则下之；内取谓食及以药内之，审其寒热而调之；外取谓药熨，令所病气调适也。又如当寒反热，以冷调之；当热反寒，以温和之；上盛不已，吐而脱之；下盛不已，下而夺之，谓求得气过之道也。愚谓：求者治也，过者，谓气之过于常候而为病者也。以上诸法，皆治其气之为病者。**能**[55]**毒者以厚药，不胜毒者以薄药。此之谓也。**〔续〕药厚薄，谓气味厚薄者也。《甲乙经》云：胃厚、色黑、大骨、肉肥者皆胜毒，其瘦而胃薄者，皆不胜毒。**气反者，病在上，取之下；病在下，取之上；**反，谓反其常也。气反其常，治亦如之。王注：下取，谓寒逆于下而热攻于上，不利于下，气盈于上则温下以调之；上取谓寒积于下，温之不去，阳脏不足则补其阳。**病在中，旁取之。**以左引右，以右引左也。王注谓：气并于左则药熨其右，并于右则药熨其左以和之，必随寒热为适。**治热以寒，温而行**[56]**之；治寒以热，凉而行之；治温以清，冷而行之；治清以温，热而行之。**〔续〕气性有刚柔，形症有轻重，方用有大小，调制有寒温，盛大则顺气性以取之，小耎则逆气性以伐之，气殊则主必不容，力倍则攻之必胜，是则谓汤饮调气之制也。**故消之削之，吐之下之，补之泻之，久新同法。**〔续〕量气盛虚而行其法，病之久新，无异道也。**曰：病在中而不实不坚，且聚且散，奈何？曰：无积者求其脏，虚则补之，**〔续〕随病所在，命某脏以补之。**药以祛之，食以随**[57]**之，**〔续〕祛，迫逐也；随之，谓随用汤丸也。**行水渍**

之,和其中外,可使毕已。曰:有毒无毒,服有约乎?曰:病有久新,方有大小,有毒无毒,固宜常制矣。愚谓:下文即常制也,即有约也。大毒[58]治病,十去其六;常毒治病,十去其七;小毒治病,十去其八;无毒治病,十去其九。谷肉果菜,食养尽之,无使过之,伤其正也[59]。愚谓:约,节约也。假如无毒治病,病已十去其九,须以此为节约再勿药也,须以谷肉果菜,随五脏所宜者,食之养之,以尽其余病也。无毒之药,性虽平和,久而多之,则气有偏胜,脏气亦偏弱矣。大毒性烈为伤也多,小毒性和为伤也少,常毒之性减大毒一等,加小毒一等,所伤可知,故至约必止也。不尽,行复如法。〔续〕法,谓前四约也,余病不尽,然再行之,毒之大小至约而止,必无过也。〔五常正论[60]〕

帝曰:论言热无犯热,寒无犯寒。予欲不远寒、不远热奈何?上之寒热二字,所用之寒热也;下之寒热二字,因气之寒热也。远,犹避也,犹远之则怨之,远韵同,远离也。岐伯曰:发表不远热,攻里不远寒。〔续〕出汗宜热药,故不避热;下利宜寒药,故不避寒。如是则夏亦可用热,冬亦可用寒,皆谓不获已而用之也差,秋冬亦同法。曰:不发不攻而犯寒犯热何如?曰:寒热内贼,其病益甚。以水济水,以火济火,适足以更病,非但本病之益甚。曰:愿闻无病[61]何如?曰:无者生之,有者甚之[62]。〔续〕无病者犯禁犹能生病,况有病耶?曰:生者何如?曰:不远热则热至,不远寒则寒至,寒至则坚否腹满痛急,下利之病生矣。热至则身热,至则身热[63]吐下霍乱,痈疽疮疡,瞀郁注下,瞤[64]瘛肿胀,呕,鼽衄,头痛,骨节变肉痛,血溢血泄,淋闭之病生矣。曰:治之奈何?曰:时必顺之,犯者治以胜也。春宜凉,夏宜寒,秋宜温,冬宜热,此时之宜,不可不顺。犯热治以咸寒,犯寒治以甘热,犯凉治以苦温,犯温治以辛凉,所谓胜也。曰:郁之甚者治之奈何?曰:木郁达之[65],火郁发之[66],土郁夺之[67],金郁泄之[68],水郁折之[69],〔续〕达谓吐之,令其条达;发谓汗之,令其疏散;夺谓下之,令无壅碍;泄谓渗泄,解表利小便也;折谓抑之,制其冲逆也。然调其气,过者折之,以其畏也，所谓泻之。〔续〕通是五法，则气可平调矣。过，太过也。太过者以其味泻之，如咸泻肾，酸泻肝之类。过者畏泻，故谓泻为畏也。滑注：木本性条达，火本性发扬，土本性冲和，金本性肃清，水本性流通，五者一有所郁，斯失其性矣。达发夺泄，折将以治，其郁而遂其性也。治之之法，抑必有道焉。下文调其气，过者折之，以其畏治郁之法也，谓欲调其气，当即其过者而折之以其所畏。盖以郁之为郁也，或内或外，或在气或在血，必各有因，治之之法，或汗或下，或吐或利，当各求其所因而折之。夫如是，郁岂有不畏乎？故下文又总之曰：所谓泻之义可见矣，不必执以达之为吐，发之为汗云云也。王安道曰：此段十三句通为一章，当分三节。自“帝曰”至“水郁折之”九句为一节，治郁法之问答也。然“调其气”一句为一节，治郁之余法也。过者折之，以其畏也，所谓泻之三句为一节，调气之余法也。凡病之起，多由乎郁，郁者滞而不通之义，或因所乘而为郁，或不因所乘而本气自郁，皆郁也，岂惟五运之变能使然哉！郁既非五运之变可拘，则达之、发之、夺之、泄之、折之之法，固可扩而充之矣。可扩而克[70]其应变不穷之理也欤！且夫达者，通畅之也，如肝性急怒，气逆胠胁，或胀火时上炎，治以苦寒辛散而不愈者，则用升发之药加以厥阴报使而从治之。又如久风入中为飧泄，及不因外风之入，而清气在下为飧泄，则以轻扬之剂举而散之。凡此之类，皆达之之法也。王氏以吐训“达”，不能使人无疑。以为肺金盛而抑制肝木欤，则泻肺气举肝气可矣，不必吐也；以为脾胃浊气下流而少阳清气不升欤，则益胃升阳可矣，不必吐也。虽然木郁固有吐之之理，今以“吐”字总该“达”字，则凡木郁皆当用吐矣，其可乎哉！至于东垣所谓食塞肺分，为金与土旺于上而克木。夫金之克木，五行之常道，固不待夫物伤而后能也；且为物所伤，岂有反旺之理？若曰吐去其物以伸木气，乃是反为木郁而施治，非为食伤而施治矣。夫食塞胸中而用吐，正《内经》所谓“其高者，因而越之”之义耳，不劳引木郁之说以汩之也。火郁发之，发者汗之也。升举之也。如腠理外闭，邪热怫郁，则解表取汗以散之。又如龙火郁甚于内，非苦寒降沉之剂可治，则用升浮之药佐以甘温，顺其性而从治之，使势衰则止，如东垣“升阳散火汤”是也。凡此之类，皆发之之法也。土郁夺之，夺者攻下也，劫而衰之也。如邪热入胃，用咸寒之剂以攻去。又如中满腹胀，湿热内甚，其人壮气实者，则攻下之；或势盛不能顿除者，则劫夺其势而使之衰。又如湿热为痢，非力轻之剂可治者，则或攻或劫以致其平。凡此之类，皆夺之之法也。金郁泄之，泄者渗泄而利小便也，疏通其气也。如肺金为肾水上源，金受火烁，其令不行，源郁而渗道闭矣，宜肃金化滋以利之。又如肺气膹满，以凭仰息，非利肺气之剂不足以疏通之。凡此之类，皆泄之之法也。王氏谓渗泄解表利小便。夫渗泄利小便固为泄金郁矣，其"解表"二字得非以人之皮毛属肺，其受邪为金郁，而解表为泄之乎？窃谓如此则凡筋病，便是木郁肉病，便是土郁耶？此二字未当，今删去。且解表间于渗泄利小便之中，是渗泄利小便为三治矣。故易之曰：渗泄而利小便也。水郁折之，折者制御也，伐而挫之也，渐杀其盛也。如肿胀之病，水气淫溢而渗道以塞。夫水之所不胜者土也。今土气衰弱不能制之，故反受其侮，治当实其脾土，资其运化，俾可以治水而不敢犯，则渗道达而后愈。或病势既旺，非上法所能遽制，则用泄水之剂伐而挫之，或去宛陈莝、开鬼门、洁净府三法备举，迭用以渐平之。王氏所谓抑之制其冲逆，正欲折挫其泛滥之势也。夫实土者，守也；泄水者，攻也；兼三治者，广略而决胜也。守也，攻也，广略也，虽俱为治水之法，然不审病之虚实，久近浅深，杂焉妄施，其不倾踣者寡矣！夫五郁之病，固有法以治之，然邪气久客，正气必损。今邪气虽去，正气岂能遽平哉！苟不平调正气，使各安其位，复其常于治郁之余，则犹未足以尽治法之妙。故又曰：然调其气。苟调之而其气犹或过而未服，则当益其所不胜以制之。如木过者当益金，金能制木则木斯服矣。所不胜者，所畏者也。故曰：过者折之，以其畏也。夫制物者，物之所欲也；制于物者，物之所不欲也。顺其欲则喜，逆其欲则恶。今逆之以所恶，故曰：所谓泻之。王氏谓咸泻肾、酸泻肝之类，未尽厥旨。虽然自调其气以下，盖经之本旨，故余推其义如此。若扩克[71]为应变之用，则不必尽然也。**帝曰：假者何如？岐伯曰：有假其气，则无禁也。**假，借也。正气不足，客气胜之，故借寒热温凉以资夫正气，即胜气可犯之谓也。王注：假寒热温凉以资正气，则可以热犯热，以寒犯寒，以温犯温，以凉犯凉也。**所谓主气不足，客气胜也。**〔续〕客气，谓六气更临之气，主气谓五脏应四时正王，春夏秋冬也。〔并六

元正纪论]

气味有厚薄,性用有躁静,治保[72]有多少,力化有浅深[73]。愚谓:此指药之气味功用言。上淫于下,所胜平之[74];外淫于内,所胜治之[75]。〔续〕淫,谓行所不胜己者也。上淫于下,天之气也;外淫于内,地之气也;随所制胜而以平治之也。制胜谓五味寒热温凉随胜用之,下文备矣。下文云:司天之气,风淫所胜,平以辛凉,佐以苦甘,以甘缓之,以酸泻之之类。诸气在泉,风淫于内,治以辛凉,佐以苦,以甘缓之,以辛散之之类。王注:风性喜温而恶清,故治之凉,是以胜气治之也,佐以苦,随其所利也。木苦急,则以甘缓之,若抑,则以辛散之。《新校正》云:天气主岁,虽有淫胜,但当平调之,故不曰治而曰平,故在泉曰治,司天曰平,即此义也。谨察阴阳所在而调之,以平为期,正者正治,反者反治。阴病阳不病,阳病阴不病,正也。以寒治热,以热治寒,治之正也。阳位已见阴脉,阴位又见阳脉,反也。以寒治寒,以热治热,治之反也。夫气之胜也,微者随之,甚者制之。气之复也,和者平之,暴者夺之。皆随胜气,安其屈伏,无问其数,以平为期,此其道也。〔续〕随谓随之,制谓制止,平谓平调,夺谓夺其胜气也,安谓顺胜气以和之也。治此者,不以数之多少,但以气平和为准度尔。高者抑之,制其胜也。下者举之,济其弱也。有余者折之,屈其锐也。不足者补之,全其气也。佐以所利,和以所宜,愚谓:如辛利于散,酸利于收之类。和以所宜,如肝宜散、肺宜收之类。必安其主客,适其寒温,同者逆之,异者从之。〔续〕虽制胜扶弱而客主须安,一气失所,则矛盾更作,各伺其便。内淫外并而危败之由作矣。同谓寒热温清气相比和者,异谓金木水火土不比和者。气相得者则逆,所胜之气以治之;不相得者则顺,所不胜气以治之。帝曰:气有多少,病有盛衰,治有缓急,方有大小,愿闻其约?约,度,准则也。岐伯曰:气有高下,病有远近,症有中外,治有轻重,适其至所为故也。〔续〕脏位有高下,腑气有远近,病症有表里,药用有轻重,调气多少,和其紧慢,令药气至病所为,故勿太过与不及也。《大要》

曰：君一臣二，奇之制也；君三臣四，偶之制也；君二臣三，奇之制也；君三臣六，偶之制也。愚按：奇，古之单方，独用一物是也。又有数合阳数之奇方，谓一、三、五、七、九，皆阳数也，以药味之数皆单也，君一臣三，君三臣五亦合阳数也。病在上而近者宜奇方。偶，古之复方也，有两味相配之偶方，有二方相合之偶方，有数合阴数之偶方，谓二、四、六、八、十，皆阴数也，以药味之数皆偶也。君二臣四，君四臣六亦合阴数也。病在下而远者宜偶方。制者，有因时制宜之义，以病有远近，治有轻重所宜，故云制也。故曰：近者奇之[76]，远者偶之[77]，汗者不以奇，下者不以偶，愚按：王注，汗药如不以偶则气不足以外发，下药如不以奇则药毒攻而致过。是奇则单行，偶则并行，单则力孤而微，并则力齐而大，意者下本易行，故用单汗或难出，故宜并及。观仲景之制方，桂枝汤汗药也，反以三味为奇；大承气汤下药也，反以四味为偶，何也？此又可见古人因时制宜，而难以偶奇拘之也。补上治上制以缓[78]，补下治下制以急[79]，急则气味厚，缓则气味薄，适其至所，此之谓也。愚按：急方有五，有急病急攻之急方，有汤散荡涤之急方，有药性有毒之急方，有气味厚药之急方。王注：治下补下方若缓慢，则滋道路而力又微，制急方而气味薄则力与缓等。缓方有五，有甘以缓之之缓方，有丸以缓之之缓方，有品件群众之缓方，有无毒治病之缓方，有气味薄药之缓方。王注：补上治上，方若迅急，则上不住而迫走于下，制缓方而气味原则势与急同。适者，宜也。谓凡制方须宜，至其病所，无太过不及也。病所远而中道气味之者，食而过之[80]，无越其制度也。〔续〕假如病在肾而心之气味，食而令足，仍急过之，不饲以气味，肾药凌心，心复益衰，余上下远近不同。是故平气之道，近而奇偶，制小其服也。远而奇偶，制大其服也。大有数少，小则数多。多则九之，少则二之。王注：或识见高远，权以合宜。方奇而分两偶，方偶而分两奇。如是者，近而偶制，多数服之；远而奇制，少数服之。愚按：大方有二：有君一臣三佐九之大方，有分两大而顿服之大方。盖治肾肝及在下而远者，宜顿服而数少之大方，病有兼症而邪不专，不可以一、二味治者，宜君一臣三佐九之大方。王太仆以人之身三折之，近为心肺，远为肾肝，中为脾胃。故肝之三服可并心之七服，肾之二服可并肺之七服也。小方有二：有君一臣二之小方，有分两微而频服之小方。盖治心肺及在上而近者，宣分两微少而顿服之小方，徐徐呷之是也。病无兼症而邪气专，可一、二味而治者，宜君一臣二之小方。故肾之二服可分为肺之九服及肝之三服也。**奇之不去则偶之，是谓重方**[81]**。偶之不去则反佐以取之，所谓寒热温凉，反从其病也。**〔续〕方与其重也宁轻，与其毒也宁善，与其大也宁小。是以奇方不去，偶方主之。偶方病在则反其一，佐以同病之气而取之也。盖细小寒热可以正治而折消之，甚大寒热则必与违性者争雄，与异气者相格，是以反其佐以同其气，则药可入而病可愈矣。所谓始同终异是也。愚谓：《经》云：偶是谓重方，而七方中又有复方，复即重也，岂非偶方者二方相合之谓？复方者二方四方相合之方欤？一说复字非重复，乃反复之复。何也？既言奇之不去则偶之，又云偶之不去则反佐以取之，是反复以取之也。故以复为反复，亦不远《内经》之意，且复方有分两均齐之复方，如胃风汤各等分是也，有本方之外别加余味者为复方，如承气汤外参以连翘、薄荷、黄芩、栀子，以为凉膈散是也。**帝曰：五味**[82]**之用何如？岐伯曰：辛甘发散为阳，酸苦涌泻**[83]**为阴，咸物**[84]**涌泄为阴，淡味渗泄为阳。六者或收或散，或缓或急，或燥或润，或软或坚，以所利而行之，调其气使其平也。**〔续〕涌，吐也，泄利也，渗泄小便也。言水液自回肠泌别汁渗入膀胱，胞气化之而为溺以出也。《经》曰：五味各有所利，或散，或收，或缓，或急，或坚，或软，四时五脏病，随五味所宜也。**帝曰：非调气而得者，**不因于气也。**治之奈何？有毒无毒，何先何后？愿闻其道。**病生之类有四。一者始因气动而内有所成，二者因气动而外有所成，三者不因气动而病生于内，四者不因气动而病生于外。夫因气动而内成者，谓积聚、癥瘕、瘤瘿、结核、癫痫之类；外成者，谓痈肿、疮疡、痂疥、疽痔、掉瘛、浮肿、目赤、瘭疹、胕[85]肿、痛痒之类；不因气动而病生于内者，谓留饮、辟食、饥饱、劳损、宿食、霍乱、悲、恐、喜、想、慕、忧结之类；生于外者，谓瘴气、贼魅、虫蛇、蛊毒、飞尸、鬼击、冲薄、坠堕、风寒暑湿、斫射、刺割、捶仆之类。如是四类，有独治内而愈者，有兼治内而愈者，有独治外而愈者，有兼治外而愈者，有先治内而后治外而愈者，有先治外而后治内而愈者，有须毒剂而攻击者，有须无毒而调引者。凡此之类，方法所施，或重或轻，或缓或急，或收或散，或润或燥，或软或坚，方士之用，见解不同，各擅己心，好用非素，故复问之。**岐伯曰：有毒无毒，所治为主，适大小为制也。**〔续〕言但能破积愈疾，则为良方，非必要言以先毒为是，后毒为非，无毒为非，有毒为是，必量病轻重大小制之也。**曰：请言其制。曰：君一臣二，制之小也；君一臣三佐五，制之中也；君一臣三佐九，制之大也。热者寒之，寒者热之，微者逆之，甚者从之**[86]，〔续〕病之微小者，犹人火也，遇草而焫，得木而燔，可以湿伏，可以水灭，故逆其性气以折之、攻之。病之大甚者，犹龙火也，得湿而焰，遇水而燔。不知其性，以水湿折之，适足以光焰诣天物穷方正矣。识其性者，以火逐之则燔灼自消，焰火扑灭。逆之，谓以寒攻热，以热攻寒。从之，谓以寒治寒，以热治热，是以下文曰：逆者正治云云。**坚者削之，客者除之，劳者温之，结者散之，留者攻之，燥者濡之，急者缓之，散者收之，损者益之，逸者行之，惊者平之，**愚谓：卒见异物，暴闻异声，以致惊也，须使其习见异物，熟闻异声，则平常习熟不以为异，而惊去矣，故曰平之。或谓镇静其心，安定其神，亦所以平之也。**上之下之，摩之浴之，薄之劫之，开之发之，适事为故。**〔续〕量病证候，适事用之。**曰：何谓逆从？曰：逆者正治，从者反治，从少从多，观其事也。**〔续〕逆者正治，逆病气而正治也；从者反治，须从顺病气乃反治法也。从少谓一同而二异；从多谓二同而三异。言尽同者是奇制也。**曰：反治何如？曰：热因寒用，寒因热用，塞因塞用，通因通用，必伏其所主，而先其所因，其始则同，其终则异，可使破积，可使溃坚，可使气和，可使必已。**夫大寒内结，蓄聚疝瘕，以热攻除，寒格热反纵[87]，反纵之则痛发尤甚，攻之则热不得，前方以蜜煎乌头佐之，以热蜜多，其药服已便消，此谓热因寒用也。有火气动，服冷已过，热为寒格而身冷呕哕、嗌干、口苦、恶热、好寒，众议为热，冷治则甚，其如之何？则热物冷服，下嗌之后，冷体既消，热性便发，由是病气随愈，呕哕皆除，醇酒冷饮，则其类矣。此谓热因寒用也。又病热者，寒攻之则不入，以豆豉诸冷药酒渍，或温而服之，酒热气同，固无违忤，酒热既尽，寒药已行，从其服食，热便随散，此则寒因热用也。或以诸冷物热剂和之，如热食猪肉及粉葵乳，以椒姜橘热剂和之，是亦寒因热用也。又热在下焦治亦然。假如下气虚乏，中焦气壅，胠胁满甚，食已转增，今欲散满则恐虚其下，补下则满甚于中，或谓不救其虚，且攻其满，药入则减，药过依然。故中满下虚，其病常在，乃不知疏启其中，峻补于下，少服则资壅，多服则宣通，由是而疗，中满自除，下虚斯实，此则塞因塞用也。又大热内结，注泄不止，热宜寒疗，结复不除，以寒下之，结散利止，此则通因通用也。又大寒凝内，久利溏泄，愈而复作，绵历数年，以热下之，寒去利止，亦其类也。投寒以热，凉而行之；投热以寒，温而行之。始同终异，斯之谓也。《经》云：治热以寒，温而行之；治寒以热，凉而行之。亦热因寒用，寒因热用之义也。曰：气调而得者何如？因于气也。曰：逆之从之，逆而从之，从而逆之，疏气令调，则其道也。〔续〕逆谓逆病气以正治，从谓从病气以反治，逆其气以正治，使其从顺，从其气以反取，令彼和调。故曰：逆从也，不疏其气，令道路开通，则气感寒热而为变，始生化多端也。曰：病之中外何如？曰：从内之外者，调其内；从外之内者，治其外；各绝其源。从内之外而盛于外者，先调其内而后治其外；从外之内而盛于内者，先治其外而后调其内；〔续〕皆谓先除其根，后削其枝条。中外不相及，则治其主病[88]。中外不相及，自各一病也。曰：论言治寒以热，治热以寒，而方士不能废绳墨而更其道也。有病热者寒之而热，有病寒者热之而寒，二者皆在，新病复起，奈何治？〔续〕谓治之而病不衰退，反因药寒热而随生寒热，病之新者也。曰：诸寒之而热者取之阴，壮水之主以制阳光。热之而寒者取之阳，益火之源以消阴翳。所谓求其属也。〔续〕粗工以热攻寒，以寒疗热，治热未已而冷疾已生，攻寒日深而热病更起，愚谓：此即上文新病复起也。热起而中寒尚在，寒生而外热不除，愚谓：此即上文二者皆在也。欲攻寒则惧热不前，欲疗热则思寒又止，岂知脏腑之源有寒热温凉之主哉！夫取心者不必济以热，取肾者不必济以寒。但益心之阳，寒亦通行；强肾之阴，热之犹可。观斯之故，或治热以热，治寒以寒，万举万全，孰知其意！**曰：服寒而反热，服热而反寒，其故何也？曰：治其王[89]气，是以反也。**当其王时须是，甚则从之之法也。王注：春以清治肝而反温，夏以冷治心而反热，秋以温治肺而反清，冬以热治肾而反寒。盖由补益王气太甚也。补王太甚，则脏之寒热而气自多矣。**曰：不治王而然者何也？曰：不味王味属也。**愚谓：上"味"字谓深味，下"味"字谓食味，犹云不深味、食味，各有所属也。**夫五味入胃，各归所喜，攻酸先入肝，苦先入心，甘先入脾，辛先入肺，咸先入肾，久而增气，物化之常[90]也。气增而久，夭之由也。**物盛则衰，理当然也。王注：入肝为温，入心为热，入肺为清，入肾为寒，入脾为至阴而四气兼之，皆为增其味而益其气，故各从本脏之气用耳。故久服黄连、苦参而反热者，此其类也，余味皆然，但人意疏忽不能精候耳。故曰：久而增气，物化之常也。气增不已，益以岁年，则脏气偏胜。气有偏胜则有偏绝，脏有偏绝则有暴夭者，故曰：气增而久，夭之由也。何者？药不具五味，不备四气，而久服之，虽且获胜益，久必致暴夭，此之谓也。绝粒服饵则不暴亡，何哉？无五谷物味资助故也。复令食谷，其亦夭焉。**曰：方制君臣何谓也？曰：主病之谓君，佐君之谓臣，应[91]臣之谓使，非上中下三品之谓也。曰：三品何谓？曰：所以明善恶之殊贯也。**〔续〕上中下三品，此明药善恶，不同性用也。**曰：病之中外何如？**〔续〕前问病中外，谓调气之法，今此未尽，故复问之。此对当次前求其属也，之下应古之错简也。**曰：调气之方，必别阴阳，定其中外，各守[92]其乡，内者内治，外者外治，微者调之，其次平之，盛者夺之，汗之下之，寒热温凉，衰之以属，随其攸利。**〔续〕病有中外，治有表里。在内者以内治法和之，在外者以外治法和之，其次大者以平气法平之，盛甚不已则夺其气，令其衰也。假如小寒之气，温以和之；大寒之气，热以取之；甚寒之气，则下夺之，夺之不已，则逆折之，折之不尽，则求其属以衰之。小热之气，凉以和之；大热之气，寒以取之；甚热之气，则汗发之，发之不

尽，则逆制之，制之不尽，则求其属以衰之。故曰：汗之，下之，寒热温凉衰之以属，随其攸利。攸，所也。〔至真要论[93]〕

必先岁气，无伐天和[94]，《难经》云：春夏各致一阴，秋冬各致一阳。朱肱云：桂枝汤、麻黄汤春夏各有所加，如东垣之用冷药，义本诸此。无盛盛，无虚虚，而遗人夭殃；无致邪，无失正，绝人长命。〔续〕不察虚实，但思攻击，而盛者转盛，虚者转虚，致邪失正，苦夭莫逃。悲夫！帝曰：其久病者，有气从顺也。不康，病去而瘠，奈何？岐伯曰：化不可代，时不可违[95]。〔续〕夫生长收藏，各应四时之化，虽智巧者，亦无能先时以致之明，非人力所能代也。由是观之，生长收藏化必待其时，物之成败理乱亦待其时也。或言力能代造化违四时者，妄也。夫经络以通，血气以从，复其不足，与众齐同。养之和之，静以待时，谨守其气，无使倾移，其形乃彰，生气以长，命曰圣王。故《大要》曰：无代化，无违时，必养必和，待其来复[96]。此之谓也。〔续〕《大要》，上古经法也。〔五常政论〕

圣人不治已病治未病，不治已乱治未乱。夫病已成而后药之，乱已成而后治之，譬犹渴而穿井，斗而铸锥，不亦晚乎！〔四气调神论〕

拘于鬼神者，不可与言至德。〔续〕志意邪则好祈祷，故不可与言至德。恶于针石者，不可与言至巧。〔续〕恶针石则巧不得施。病不许治者，病必不治，治之无功矣。〔五脏别论〕

【校注】

① 地势：地理形势。

② 热中：热积于体内。

③ 胜：伤。

④ 其病生于内：此处主要指饮食不节所致疾病从体内而生。

⑤ 得病之情：全面了解病情，以及与疾病有关的如天时、地理、生活习惯、体质等各种因素。

⑥ 竭：通利二便。

⑦ 渍形：指用汤液浸渍或熏蒸皮肤。

⑧ 阳：据石印本及医理应作“阴”。

⑨ 汤液：古代用五谷制作的清酒。

⑩ 道德：指养生之道。

⑪ 神不使：指神气衰败，不能使针药等发挥治疗作用。

⑫ 除：散越之意。

⑬ 标本已得：指医生的诊断和治疗与患者病情相吻合。

⑭ 不知日月：指不了解日月星辰的变化规律。

⑮ 凶凶：草率之意。

⑯ 更贵更贱：指五行配伍时当旺之令为贵，非当旺之令为贱。

⑰ 濡衣：湿衣。

⑱ 日昳：午后未时。

⑲ 四季：指一日之中辰、戌、丑、未四个时辰。

⑳ 持：指病情稳定维持原状。

㉑ 起：指病情好转向愈。

㉒ 形乐：形体过度安逸。

㉓ 志苦：思虑过度。

㉔ 志乐：志闲也。

㉕ 形苦：形体过度劳累。

㉖ 津液充郭：指水液泛滥充满于肌肤胸胁。

㉗ 魄：此指水液。

㉘ 四极急而动中：指四肢浮肿涨急，水湿之邪扰动内脏。

㉙ 气拒于内，而形施于外：指气机阻滞于内，形体浮肿于外。

㉚ 平治于权衡：使机体恢复阴阳平衡在于权衡病情缓急轻重，予以恰当的治疗。

㉛ 去宛陈莝：指清除体内郁积的水湿之邪。

㉜ 开鬼门：发汗法。

㉝ 崇：据文意应作“祟”。

㉞ 洁净府：利小便法。

㉟ 曰：据《素问》应作“乃”。

㊱ 色泽以浮：指颜色鲜明。

㊲ 取之以时：根据不同的时令，选择不同的治法。

㊳ 肺痹：是指邪闭于肺，肺气不利而出现咳而上气的病证。痹，闭也，闭塞不通之义。

㊴ 肝痹：指邪闭阻于肝，肝气不疏而出现胁痛、呕吐的病证。

㊵ 出食：食入即吐，呕吐之意。

㊶ 出黄：小便色黄。

㊷ 冤热：郁闷烦热。

㊸ 出白：小便中有白色浊液。

㊹ 不必以于传：不必拘泥于相传的次序而进行论治。

㊺ 反：据《素问》应作“及”。

㊻ 䀮（huáng　荒）：目不明也。

㊼ 舌下血：刺舌下以放血。

㊽ 足：据《素问》足后当有“胻”字。

㊾ 不能报息：指呼吸气短，难以接续。

㊿ 清厥：四肢厥冷也。

51 气美：气味辛香燥烈。

52 啤：据文意应作“脾”。

53 强其内守：让病人内守精气，以不妄泄。

54 必同其气，可使平也：指治疗方法必须与地域之气相同，才能使此地人气机平调。

55 能：通“耐”。

56 行：服药之意，下同。

57 随：调补。

58 大毒：指毒副作用较大而药力较猛的中药。

59 无使过之，伤其正也：无论药物或饮食，都要适可而止，不要越其法度，以免伤其正气。

60 五常正论：即《五常政大论》。

61 病：据《素问》其下有“者”字。

62 无者生之，有者甚之：指没有疾病的可以产生疾病。有疾病者，就会更加严重。

63 至则身热：《素问》无此四字。疑为衍文。

64 瞤（shùn 顺）：指肌肉抽搐跳动。

65 木郁达之：肝气郁滞者用条达的方法治疗。

66 火郁发之：心火郁塞者用发散的方法治疗。

67 土郁夺之：脾胃之气郁塞者，用劫夺泻下或涌吐的方法。

68 金郁泄之：指肺气郁满者，用宣泄的方法治疗。

69 水郁折之：肾气郁滞者，用利水法治疗。

70 克：据前文应为“充”。

71 克：据文意疑为“充”。

72 治保：治疗保养。

73 力化有浅深：指药力的作用有深浅。

74 上淫于下，所胜平之：司天之气害于下，用所胜之气平调。

75 外淫于内，所胜治之：在泉之气为害，用所胜之气治之。

76 近者奇之：病位近者，用奇方治疗。

⑦ 远者偶之：病位远者，用偶方治疗。

⑱ 补上治上制以缓：病位在人体上部，其药力的制方原则应以和缓为法度。

⑲ 补下治下制以急：病位在人体下部，其药力的制方原则应以峻急为法度。

⑳ 食而过之：饭前用药。

㉑ 重方：指奇方偶方的重复使用。

㉒ 五味：据《素问》其下有“阴阳”二字。

㉓ 泻：据《素问》应作“泄”。

㉔ 物：据《素问》应作“味”。

㉕ 胕（fū 夫）：同“肤”，皮肤。

㉖ 微者逆之，甚者从之：指病情轻微、证情单纯的用正治法，证情复杂的用反治法。

㉗ 反纵：据文意疑为衍文。

㉘ 中外不相及，则治其主病：指内外同病，但内病和外病没有病理上的直接联系，则先治疗危害的病证。

㉙ 王：通“旺”。

㉚ 久而增气，物化之常：指五脏依其所属入五脏，应用时间久了，可增强脏气，这是万物生化的常规。

㉛ 应：协调，协从臣药以助君药。

㉜ 守：守持，把握。

㉝ 至真要论：指《至真要大论》。

㉞ 必先岁气，无伐天和：必须首先确立岁气的太过和不及，宜补则补，宜泻则泻，不要干犯天之和气。

㉟ 化不可代，时不可违：指万物造化不可以人力代之，勿用人为的力量取代自然力量，四时规律也不可违背。

㊱ 必养必和，待其来复：治疗疾病用药要恰到好处，不要越其法度，到一定程度要用保养和气的方法等到正气平复。

卷中之三

色　诊

絪絪缊缊，迎渊瞻云，吉凶之徵，机存乎人，具色诊钞。

岐伯曰：色脉者，上帝之所贵[1]也，先师之所传也。先师，僦贷季也。上古使僦贷季，理色脉而通神明[2]，合之金木水火土四时八风六合，不离其常[3]，〔续〕先师以色白、脉毛而合金应秋，以色青、脉弦而合木应春，以色黑、脉石而合水应冬，以色赤、脉洪而合火应夏，以色黄、脉代而合土应长夏及四季然。以是色脉下合五行之休王，上副四时之往来，故六合之间，八风鼓折，不离常候，尽可与期。何者？以见其变化而知之也，故下文曰：变化相移，以观其妙，以知其要，欲知其要，则色脉是矣。〔续〕言所以知四时五行之气变化相移之要妙者，以色脉也。色以应日，脉以应月[4]，常求其要，则其要也。〔续〕言脉应月，色应日者，占候之期准也。常求色脉之差忒，是则常人之诊要也。夫色之变化，以应四时之脉，此上帝之所贵，以合于神明[5]也，所以远死近生。〔续〕观色脉之臧[6]否，晓死生之征兆，故能常远于死，而近于生也。〔移精变气论〕

夫精明五色者，谓人之精彩神明也。气之华也，〔续〕五气之精华者，上见于五色也。愚谓：人之精彩神明与夫五色，乃五气之精华发见也。故下文言五色欲其隐隐然见于内，神明欲其能别黑白，审长短。赤欲如白当作“帛”。裹朱，不欲如赭；白欲如鹅羽，不欲如盐；〔续〕《甲乙》作白欲如白璧之泽，不欲如垩。青欲如苍璧[7]之泽，不欲如蓝；黄欲如罗裹雄黄，不欲如黄土；黑欲如重漆色，不欲如地苍[8]。《甲乙》作“炭色”。五色精微象见矣[9]，其寿不久也。五色精微谓朱色、鹅羽、苍璧、雄黄、漆色，象见谓赭色、盐色、蓝色、黄土色、地苍色。言五色贵乎精彩微妙，若败象见则寿不久也。夫精明者，所以视万物，别黑白，审长短。以长为短，以黑为白，如是则精衰矣。夫人之精彩神明，贵乎能视万物、别白黑，审长短也；反是则精明衰可知矣。〔脉要精微论〕

色见青如草兹[10]滋也。者死，〔续〕如草初生之青色。黄如枳实[11]者死，色青黄也。黑如炲[12]煤也。者死，赤如衃血者死，败恶凝聚之血色，赤黑也。白如枯骨者死，此五色之见死也。〔续〕脏败故见死色。青如翠羽[13]者生，赤如鸡冠者生，黄如蟹腹者生，白如豕膏者生，黑如乌羽者生，此五色之见生也。〔续〕皆谓润泽也。色虽可爱，若见朦胧尤善。故下文曰：生于心，如以缟白色。裹朱；生于肺，如以缟裹红；生于肝，如缟裹绀；薄青色。生于脾，如以缟裹栝蒌实；生于肾，如以缟裹紫。此五脏所生之外荣也。〔续〕荣，美色。〔五脏生成论〕

容色见上下左右，各在其要。容色，他气也。如肝木部内见赤黄白黑色，皆谓他气也，余脏率如此例所见，皆在明堂上下左右要察候处。故云各在其要，全元起“容”作“客”。视色之法具在《甲乙经》。上为逆，下为从[14]。〔续〕色见于下，病生之气，故从色见于上，伤神之兆，故逆。女子右为逆，左为从；男子左为逆，右为从。〔续〕左为阳，故男右为从，左为逆；右为阴，故女右为逆，左为从。易，重阳死，重阴死。〔续〕女子色见于左，男子色见于右，是变易也。男子色见于左是曰重阳，女子色见于右是曰重阴。气极则反，故皆死也。

阴阳反他,《阴阳应象论》作"反作"。治在权衡相夺[15],奇恒事也,揆度事也。权衡相夺,言阴阳二气不得高下之宜,是奇于寻常之事,当揆度其气,随宜而处疗之。〔玉版要论〕

帝曰:夫络脉之见也,其五色各异,青黄赤白黑不同,其故何也?岐伯曰:经有常色[16]而络无常变也。经行气,故色见常应于时;络主血,故受邪则变而不一矣。曰:经之常色何如?曰:心赤,肺白,肝青,脾黄,肾黑,皆亦应其经脉之色。曰:络之阴阳,亦应其经乎?曰:阴络之色应其经,阳络之色变无常,随四时而行也。〔续〕顺四时气化之行止。寒多则凝泣,凝泣则青黑;热多则淖泽,〔续〕淖,湿也;泽,润液也,谓微湿润也。淖泽则黄赤。此皆常色,谓之无病。五色俱见者,谓之寒热。〔经络论〕

岐伯曰:五脏六腑固尽有部,〔续〕面上之分部。视其五色,黄赤为热,白为寒,〔续〕阳气少,血不上荣于色,故白。青黑为痛。〔续〕血凝泣则变恶,故色青黑则痛。〔举痛论〕

善诊者,察色按脉,先别阴阳,审清浊而[17]知部分;视喘息,〔续〕候呼吸长短。听音声而知所苦;观权衡规矩而知病所主。〔续〕权谓秤锤,衡谓星衡,规圆形,矩方象。然权所以察中外,衡所以定高卑,规所以表柔虚,矩所以明强盛,故善诊之用必备见焉。所主谓应四时之气,所主生病之在高下中外也。按尺寸,观浮沉滑涩,而知病所主以治;无过以诊,则不失矣。〔续〕《甲乙经》作"知病所在以治则无过"。愚谓:审色之清浊,别脉之阴阳,而知病生于何部,似指脏腑言也。视喘息之长短,听音声之高卑,而知病生于何症,似指虚实言也。又须观其时之升降浮沉,则可以验夫气之高下中外,似指外感言也。又须参其脉之浮沉滑涩,则可以知其病之所生之由而施治焉,似指内伤言也。如此兼备详尽,以治则不差,以诊则无误,岂非善诊者耶!诊,诊候也;失,失误也。〔阴阳应象论〕

太阳之脉，其终[18]也戴眼反折，瘛疭，其色白，绝汗[19]乃出，出则死矣，〔续〕戴眼，谓睛不转而仰视也。绝汗，谓汗暴出如珠而流旋复干也。太阳极则汗出，故出则死。足太阳脉起目内眦，上额交巅络脑，下项，循肩髆，挟脊抵腰，其支循足至小趾。手太阳脉起手小指，循臂上肩，其支上颊至目内眦，故病有如是。少阳终者，耳聋，百节皆绝[20]，目瞏绝系，一日半死，其死也，色先青白，乃死矣。〔续〕此手足少阳经分病也，少阳主骨，故气终则百节纵缓。色青白者，金木相薄也，故见死矣。瞏，谓直视如惊貌。阳明终者，口目动作[21]，善惊妄言，色黄，其上下经盛，不仁则终矣。〔续〕此手足阳明经分病也。口目动作，谓目睒睒而鼓颔也。胃病闻木音则惊，又骂詈不避亲疏，故善惊妄言也，上手经，下足经，皆躁盛而动。不仁，谓不知善恶也。少阴终者，面黑齿长而垢，腹胀闭，上下不通而终矣。〔续〕手少阴气绝则血不流，足少阴气绝则骨不软。骨硬则龈上宣，故齿长而积垢。汗血坏则皮色死，故面色如漆而不赤。太阴终者，腹胀闭不得息[22]，善噫善呕，呕则逆，逆则面赤；不逆则上下不通，不通则面黑皮毛焦而终矣。〔续〕此手足太阴经分病也。呕则气逆而上通，故但面赤。不呕则下已闭，上复不通，心气外燔，故皮毛焦而终矣。脾脉支别者上膈注心中，故皮毛焦，乃心气外燔而然。厥阴终者，中热嗌干，善溺心烦，甚则舌卷囊上缩而终矣。〔续〕足厥阴络循胫上睾结于茎，其正经环阴器抵少腹，挟胃，上循咽喉。手厥阴脉起胸中，出属心包。《灵枢》曰：肝者筋之合，筋聚于阴器而脉络于舌本，故病如是。此十二经之所败也。〔诊要经终论〕[23]

年长则求之于腑[24]，年少则求之于经，年壮则求之于脏。年长者甚于味则伤腑，年少者劳于使则经中风邪，年壮者过于内则伤精。〔示从容论〕

帝曰[25]：有故病五脏发动[26]，因伤脉色，各何以知其久暴至之病乎？〔续〕有自病、故病及因伤候也。岐伯曰：征其脉小，色不夺者，新病也。〔续〕气之神犹强。征其脉不夺，其色夺者，此久病也。〔续〕神持而邪凌其气也。**征其脉与五色俱夺者，此久病也。**〔续〕神与气俱衰也。**征其脉与五色俱不夺者，新病也。**〔续〕神与气俱强。〔脉要精微论〕

帝曰[27]：愿闻要道。岐伯曰：治之要极，无失色脉，用之不惑，治之大则。〔续〕惑，谓惑乱。则，谓法则。言色脉之应昭然不欺，但顺用而不乱纪纲，则治病审当之大法也。**逆从倒行，标本不得，亡神失国。**〔续〕逆从倒行，谓反顺为逆；标本不得，谓工病失宜。夫以反理倒行，所为非顺，岂惟治人而神气受害，若使辅佐君主亦令国祚不保矣。**去故就新，乃得真人。**〔续〕工病失宜则当去，故逆理之人就新，明悟之士乃得，至真精晓之人以存已也。**曰：余闻其要于夫子矣，夫子言不离色脉，此余之所未知也。曰：治之极于一。曰：何谓一？曰：一者因而得之。**因问而得。**曰：奈何？曰：闭户塞牖，系之病者，数问其情，以从其意。**〔续〕问其所欲以察是非。愚谓：系，系属，犹亲近也。**得神[28]者昌，失神者亡。**雪斋云：此则所谓祝由。〔移情变气论〕

帝曰：吾得脉之大要，天下至数，愚按：经中凡言至数者不一，所主俱不同。**五色脉变，揆度奇恒，道在于一，**愚按：《玉版论》曰：揆度者，度病之浅深也；奇恒者，言奇病也。王注：一者谓色脉之应也。知色脉之应，则可以揆度奇恒矣。**神转不回，回则不转，乃失其机。**脉之大要，天下至数，五色脉变，揆度奇恒，皆在于一也。一者，纯一、无杂之谓，纯一不杂，天下之理得矣。况于术数乎！若夫神气流转而不止，又遏生物之机关也。王注：血气者，人之神，不可不谨养。夫血气应顺四时，递迁因王，循环五气，无相夺伦，是则神转不回也。回谓却行也，却行则反常，反常则回而不转也，回而不转，乃失生气之机矣。何以明之？夫木衰则火旺，火衰则土旺，土衰则金旺，金衰则水旺，水衰则木旺。终而复始循环，此之谓神转不回也。若木衰水旺，水衰金旺，金衰土旺，土衰火旺，火衰木旺，此之谓回而不转也。此反天常规，何以得生？愚谓：脉之大要，有神而为治，天下之数，有神而莫测。五色脉变，有神而可生；揆度异常之病，有神而可保。

故曰：道在于一，一者神也。凡此数者，皆贵有神。若神日去而不回，则失生气之机矣，何以得生！又数者理之寓。故不曰理而曰数，且兼术数之义焉。〔玉机真脏论〕

【校注】

① 贵：重视。

② 神明：人体阴阳之变。

③ 常：指自然界运动变化的正常规律。

④ 色以应日，脉以应月：指色有明暗如同太阳有晴有阴，脉有虚实如同月亮有盈有亏。

⑤ 神明：指自然界阴阳的变化规律。

⑥ 臧：古同“藏”。

⑦ 苍璧：青色玉石也。

⑧ 地苍：青黑色土壤。

⑨ 五色精微象见矣：指真脏色暴露于外。

⑩ 草兹：枯草之色。

⑪ 枳实：其色黯黄干枯不泽。

⑫ 炲（tái　台）：煤烟之尘土。

⑬ 翠羽：翡翠鸟之羽毛，其色青而明润。

⑭ 上为逆，下为从：此上下言色之上下移行，即上行病势盛故为逆，下行病势衰故为从。

⑮ 权衡相夺：指通过权衡揆度，予以相应的治疗，消除阴阳反作，使之恢复平衡。夺，消除。

⑯ 经有常色：指经脉表里与相应的五脏有其恒常之色，即心赤、肝青、脾黄、肺白、肾黑。

⑰ 而：据《素问》“而”前应有“审清浊”。

⑱ 终：尽也，绝也。

⑲ 绝汗：亡阳之汗。

⑳ 百节皆绝：指全身的关节弛缓。绝，据《素问》应作“纵”。

㉑ 口目动作：口眼瞤动，牵引歪斜。

㉒ 不得息：呼吸困难。

㉓ 《灵枢》曰：……〔诊要经终论〕：原脱，据石印本补。

㉔ 年长则求之于腑：此段原脱，据石印本补。

㉕ 帝曰：此段原脱，据石印本补。

㉖ 故病五脏发动：指原有宿疾旧病在身，五脏又感新邪而发病。

㉗ 帝曰：此段原脱，据石印本补。

㉘ 神：指人体生命活动总的表现。

卷中之四

针　刺

九针法星，利人九脏，决凝疏滞，渊乎哉针。具针刺钞。

岐伯曰：善用针者，从阴引阳，从阳引阴，以右治左，以左治右，以我知彼，以表知里，以观过与不及之理，见微则过，用之不殆。愚谓："从阴引阳"二句，乃阳病治阴，阴病治阳也。"以右治左"二句，乃以左引右，以右引左也。"五常政大论"云：气反者，病在上取之下，病在下取之上，病在中旁取之，即此义也。以我知彼，欲体察也。以表知里，达内外也。过与不及，总结上文，观夫阴阳左右表里之过与不及也。是以善针者，不待病形已具方知过与不及，若微见征兆便知脏腑之过差矣。深明如此，用针岂至于危殆哉！〔阴阳应象论[①]〕

岐伯曰：天温日明，则人血淖多也。液而卫气浮，故血易泻，气易行；天寒日阴，则人血凝泣而卫气沉。月始生，则血气始精[②]，卫气始行；月郭[③]满，则血气实，肌肉坚；月郭空，则肌肉减，经络虚，卫气去，形独居。是以因天时而调血气也。是以天寒无刺，天温无凝。月生无泻，月满无补，月郭空无治，攻也。故月生而泻，是谓脏一作"减"。

虚。月满而补，血气扬溢，络有留血，命曰重实。月郭空而治，是谓乱经。阴阳相错，真[④]邪不别，沉以留止[⑤]，外虚内乱，愚谓：内气是以沉而留止而内乱，外气被其所泻而外虚。淫邪乃起。〔八正神明〕

岐伯曰：凡刺之真[⑥]，必先治神，〔续〕专其精神寂无动乱，刺之真要其在兹焉。五脏已定，九候已备，后乃存针，〔续〕先定五脏之脉，备循九候之诊，而有太过不及者，然后乃存意于用针之法。众脉[⑦]不见，众凶[⑧]弗闻，外内相得，无以形先[⑨]，〔续〕众脉谓七诊之脉，众凶谓五脏相乘。外内相得，言形气相得也。无以形先，言不以已形之衰盛寒温料病人之形气，使同于已也。故下文云。愚谓：不可徒观其外形而遗其内气之相得否。可玩往来，乃施于人。愚谓：玩谓玩味，往来谓翻来覆去。玩味，言精熟也。《经》曰：谨熟阴阳，无与众谋。此其类也。人有虚实，五虚勿近[⑩]，五实勿远[⑪]，至其当发[⑫]，间不容瞚[⑬]。〔续〕人之虚实，非其远近而有之，盖由血气一时之盈缩耳。然其未发，则如云垂而视之可久；至其发也，则如电灭而指所不及，迟速之殊有如此矣。瞚，音瞬，一作"眴"。手动若务，针耀而匀，〔续〕手动用针，心如专务于一事也。针耀而匀，谓针形光净、上下匀平也。静意视义，观适之变[⑭]，是谓冥冥，莫知其形，〔续〕冥冥，言血气变化之不可见也。故静意视息，以义斟酌，观其调适经脉之变易尔。虽且针下用意精微而测量之，犹不知变易形容，谁为其象也。《经》云：观其冥冥者，言形气荣卫之不形于外，而工独知之，以日之寒温，月之虚盛，四时气之浮沉参互相合而调之。工常先见之，然而不形于外，故曰：观于冥冥焉。见其乌乌，见其稷稷，从见其飞，不知其谁，〔续〕乌乌，叹其气至，稷稷，嗟其已应。言所针得失，如从空中见飞鸟之往来，岂复知其所使之元主耶！是但见经脉盈虚而为信，亦不知其谁之所召遣尔。伏如横弩，起如发机。〔续〕血气之未应针，则伏如横弩之安静；其应针也，则起如机发之迅疾。帝曰：何如而虚？何如而实？虚实之形，何如而约之？岂留呼而可为准定耶？岐伯曰：刺虚者须其实[⑮]，刺实者须其虚[⑯]，〔续〕言要以气至有效而为约，不必守息数而为定法也。《针解论》云：刺实须其虚，留针阴气隆至，乃去针也。刺虚须其实，阳气隆至，针下热，乃去针也。**经气已至，慎守勿失，**《针解论》云：慎守勿失，勿变更也，变更谓变法而失经意也，言得气至，必宜慎守，无变其法，反招损也。**浅深在志，远近若一，**言精心专一也。所针经脉虽浅深不同，然其补泻皆如一俞之专意。《针解论》云：浅深在志者，知病之内外也；远近如一者，浅深其候等也。注云：气虽近远不同，然其测候皆以气至而有效也。**如临深渊，手如握虎，神无[17]营[18]于众物。**《针解论》曰：如临深渊，不敢堕也，言不敢堕慢。失补泻之法也。手如握虎，欲其壮也，壮谓持针坚定也。《经》曰：持针之道，坚定为宝是也。神无营于众物者，静志观病人，无左右视也。言目绝妄视，心专一务，则用之必中，无惑误也。〔保命存形论[19]〕

岐伯曰：天地温和，则经水安静；天寒地冻，则经水凝泣；天暑地热，则经水沸溢；卒风暴起，则经水波涌而陇起[20]。大邪之入于脉也，寒则血凝泣，暑则气淖泽，虚邪因而入客，亦如经水之得风也，经之动脉，其至也亦时陇起，其行于脉中循循然，〔续〕循循然，顺动貌。言随顺经脉之动息，因循呼吸之往来，但形状或异耳。**其至寸口中手也，时大时小，大则邪至，小则平，其行无常处，**〔续〕大，谓大常，平之形诊。小者，非纯小之谓也，以其比大，则谓之小，若无大以比，则自是平常之经气耳。然邪气者，因其阴气则入阴经，因其阳气则入阳脉，故其行无常处也。**在阴与阳，不可为度，**〔续〕以随经脉之流运也。**从而察之，三部九候，卒然逢之，早遏其路[21]。**〔续〕逢，谓逢遇。遏，谓遏绝。三部之中、九候之位，卒然逢遇，当按而止之，即而泻之。迳路既绝，则大邪之气无能为也。**曰：候气[22]奈何？曰：夫邪去络入于经也，**〔续〕邪入舍于络脉，留而不去，则入舍于经。**舍于血脉之中，其寒温未相得[23]，如涌波之起也，时来时去，故不常在[24]。**〔续〕周流于十六丈二尺经脉之分，故不常在于所候之处。**故曰：方其来也，必按而止之，止而取之，无逢其冲而泻之。**〔续〕冲，谓应水刻数之平气也。《灵枢经》曰：水下一刻，人气在太阳；水下二刻，人气在少阳；水下三刻，人气在阳明；水下四刻，人气在阴分。然气在太阳，则太阳独盛；气在少阳，则少阳独盛。夫见独盛者，便谓邪来，以针泻之，则反伤真气。故下文曰：真气者，经气也，经气大虚，故曰其来不可逢，此之谓也。〔续〕经气应刻，乃谓为邪，工若泻之，则深误也，故曰其来不可逢。故曰：候邪不审，大气已过，泻之则真气脱，脱则不复，邪气复至，而病益蓄[25]，故曰其往不可追，此之谓也。〔续〕已随经脉之流去，不可复追召使还。不可挂以发者。〔续〕言轻微而有，尚且知之，况若涌波，不知其至也。愚谓：邪至之时，不可毫发差误，即当泻而去之。待邪之至时而发针泻矣，若先若后者，血气已尽，尽，当作"虚"。其病不可下，〔续〕言不可取而取，失时也。故曰：知其可取如发机，愚谓：喻迅疾也，应前不可挂以发句。不知其取如扣椎，愚谓：喻冥顽也，即下文所云也。故曰：知机[26]道者不可挂以发，不知机者扣之不发，此之谓也。〔续〕机者，动之微，言贵知其微也。〔离合真邪论[27]〕

帝曰：余闻补泻，未得其意。岐伯曰：泻必用方。方者，以气方盛也，以月方满也，以日方温也，以身方定也，以息方吸而内针，乃复候其方吸而转针，乃复候其方呼而徐引针，故曰泻必用方，其气而行焉。〔续〕方犹正也，泻邪气出，则真气流行矣。补必用圆，圆者行也，行者移也，〔续〕行谓宣不行之气，令其必行；移谓移未复之脉，俾其平复。刺必中荣，复以吸排针也。〔续〕针人[28]至血谓之中荣。吸则内针，无令气忤；静以久留，无令邪布；吸则转针，以得气为故；候呼引针，呼尽乃去；大气皆出，故命曰泻。愚按：补则久留。今泻而曰静，以久留而先补者，若真气不足，针乃泻之，则经脉不满，邪气无所排遣，故先补真气，令足后乃泻出其邪矣。引，谓引出。去，谓离穴。候呼而引至其门，呼尽乃离穴户，则经气审以平定，邪气无所拘留，故大邪之气随针而出也。呼，谓气出。吸，谓气入。转，谓转动。大气，大邪之气，错乱阴阳者。扪而循之，切而散之，推而按之，弹而怒之，抓而下之，通而取之，外引其门，以闭其神，〔续〕扪循，谓手摸。切，谓指按。扪而循之，欲气舒缓。切而散之，使经脉宣散。推而按之，排蹙其皮也。弹而怒之，使脉气䐜满也。抓而下之，置针准也。通而取之，以常法也。愚谓：通而取之，总结上文。盖言针刺通用此法而取之。外引其门，以闭其神，则推而按之者也，谓蹙按穴外之皮。盖其所刺之穴，门户不开则神气内守，故云以闭其神。下文曰推阖其门，令神气存，此之谓也。呼尽内针，静以久留，以气至为故。〔续〕言必以气至而为去针之故，不以息之多数而便去针也。如待所贵，不知日暮，愚谓：专于候气也。其气已至，适而自护，〔续〕适，调适也。护，慎守也。言气已平调，当慎守勿令改变，使疾更生也。《针解论》曰：经气已至，慎守勿失是也。愚谓：适者，宜也，宜自慎守也。候吸引针，气不得出，各在其处，推阖其门，令神气存，大气留止，故命曰补。〔续〕候吸引针，大气不泄，补之为义，断可知矣。愚按：推阖其门，已下乃详解上文二句义也。大气谓大经之气，流行荣卫者也。岐伯曰：泻实者气盛乃内针，针与气俱内，以开其门如如读曰“而”。利其户，针与气俱出，精气不伤，邪气乃下，外门不闭，以出其疾，摇大其道如如读曰“而”。利其路，是谓大泻，必切而出，大气乃屈。〔续〕言欲开其穴而泻其气也。切，谓急也，急出其针也。疾，出而徐按之也。大气，谓大邪。气屈，谓退屈也。补虚者，持针勿置，以定其意，候呼内针，气出针入，针孔四塞，精无从去，方实而疾出针，气入针出，热不得还，闭寒[29]其门，邪气布散，精气乃得存，动气候时，近气不失，远气乃来，是谓追之。〔续〕言但密闭穴俞，勿令其气散泄也。近气，谓已至之气。远气，谓未至之气也。欲动经气而为补者，必候水刻气之所在而刺之，是谓得时而调之。进，言补也。《针经》曰：追而济之，安得无补是也。〔调经论[30]〕

帝曰：补泻奈何？岐伯曰：此攻邪也，疾出以去盛血，〔续〕视有血者取之。而复其真气，此邪新客，溶溶[31]未有定处也，〔续〕言邪之新客，未有定居，推针补之，则随补而前进，若引针致之，则随引而留止也。逆而利之，逆，迎也。刺出其血，其病立已。〔离合真邪论[32]〕

岐伯曰：刺虚则实之者，针下热也，气实乃热也。满而泄之者，针下寒也，气虚乃寒也。菀陈则除之者，出恶血也。〔续〕菀，积也。陈，久也。言络脉之中，血积而久者，刺而去之也。邪盛则虚之者，出针勿按。〔续〕邪者，不正之目，非本经气也。出针勿按，穴俞且开，故得经虚，邪气发泄也。徐而疾则实者，徐出针而疾按之。疾而徐则虚者，疾出针而徐按之。刺实须其虚者，留针，阴气隆至，乃去针也。刺虚须其实者，阳气隆至，针下热，乃去针也。〔续〕言要以气至而有效。经气已至，慎守勿失者，勿变更[33]也。浅深在志者，知病之内外也。远近如一者，浅深其候等也。〔针解论[34]〕

夫实者，气入也。虚者，气出也。〔续〕入为阳，出为阴。阴生于内，故出；阳生于外，故入。愚谓：入者，言皮肤致密，其气固闭于内也。出者，皮肤疏豁，其气发泄于外也。气实者，热也；气虚者，寒也。〔续〕阳盛则阴内拒，故热；阴盛则阳外微，故寒。入实者，右[35]手开针空也。入虚者，左手闭针空也。〔续〕言用针补泻也。右手持针，左手捻穴，故实者右手开针空以泻之，虚者左手闭针空以补之。〔刺志论〕

经病者治其经，孙络病者治其孙络血，〔续〕有血留止，刺而去之。《灵枢》曰：经脉为里，支而横者为络，络之别者为孙络，是知孙络则络之别支而横者。血病身有痛者治其经络。其病在奇邪，奇邪之脉则缪刺之。〔续〕奇，谓奇缪不隅[36]之气，而与经脉缪处也，故缪刺之。缪刺者，刺络脉左取右，右取左也。留瘦不移，节而刺之。〔续〕病气淹留，形容减瘦，证不移易，则消息节级，养而刺之。上实下虚，切而从之，愚谓[37]：按切，随其病之所在而取之。索其结络脉，刺出其血，以见通之。〔续〕结谓血结于络中也。血去则经遂通矣。以见通之，一本作“以通其气”。〔三部九候论〕

刺阳明出血气，刺太阳出血恶气，刺少阳出气恶血，刺太阴出气恶血，刺少阴出气恶血，刺厥阴出血恶气。〔续〕明三阴三阳血气多少之刺约也。按《太素》云：阳明太阴为表里，其血气俱盛，故并泻血气。前文太阴一云"多血少气"，一云"多气少血"。详《太素》血气并泻之旨，二说俱未为得。〔血气形志论〕

帝曰：春亟治经络，夏亟治经俞，秋亟治六腑，冬则闭塞。闭塞者，用药而少针石也。亟，犹急也。闭塞，谓气之门户闭塞也。所谓少针石者，非痈疽之谓也，痈疽不得顷时回。〔续〕虽气门闭塞，然痈疽气烈，内作大脓，不急泻之，则烂筋腐骨，故虽冬月亦宜针以开之，盖以此病顷时回转之间，过而不泻，则穿通脏腑。〔通评虚实论〕

凡刺胸腹，必避五脏。〔续〕心肺在膈上，肾肝在膈下，脾居中，故刺胸腹必避之，损之则五神去而死矣。中心环死，谓气周身一日死也。其动为噫。〔续〕心在气为噫。中肝五日死，其动为语。〔续〕肝在气为语。中脾十[38]日死，一本作"十五日"。其动为吞。〔续〕脾在气为吞。中肾六[39]日死，其动为嚏。〔续〕肾在气为嚏。中肺三[40]日死，其动为咳。〔续〕肺在气为咳。中胆一日半死，其动为呕。胆气勇，故为呕。中膈者，皆为伤中，其病虽愈，不过一岁必死。〔续〕五脏之气，同主一年，膈伤则五脏之气互相克伐，故不过一岁必死。按《诊要经终论》云：中脾五日死，注云：土数五也。中肾七日死，注云：水成数六，水数毕至七日死。中肺五日死，注云：金成数四，金数毕至五日死。中肝缺而不言。按：《刺禁论》《四时刺逆从论》《诊要经终论》文相重复，皆岐伯言之而死日变动不同，传之误也。刺避五脏者，知逆从也。所谓从者，膈与脾肾之处，不知者反之。〔续〕肾着脊，脾居中，膈连胁际，知者为顺，不知者反伤其脏。刺胸腹者，必以布憿[41]著之，憿，如缠缴也。乃从单布上刺，〔续〕形定则不误中五脏。刺之不愈复刺。〔续〕要以气至为故。《针经》曰：刺之气不至，无问其数；刺之气至，去之勿复针是也。刺针必肃，

〔续〕谓肃静所以候气之存亡。**刺肿摇针**，〔续〕以出脓血故也。**经刺勿摇。**经气不欲泄故。〔诊要经终论〕

岐伯曰：脏有要害，不可不察，肝生于左，肺藏于右，心部于表，〔续〕阳气主外，心象火也。**肾治于里**，〔续〕阴气主内，肾象水也。**脾为之使**，〔续〕营动不已，糟粕水谷，故使者也。**胃为之市**。〔续〕水谷所归，五味皆入，如市杂也。杨上善云：肝为少阳，阳长之始，故曰生。肺为太阴，阴脏之初，故曰藏。心为五脏部主，故称部。肾间动气，内治五脏，故曰治。**膈肓之上，中有父母**[42]，〔续〕杨上善云：心下膈上为肓，心为阳，父也；肺为阴，母也。肺主气，心主血，共荣卫于身，故为父母。**七节之旁，中有小心**，〔续〕小心谓真心神灵之宫室。杨上善云：小心作志心，脊有三七廿一节，肾在下七节之旁，肾神曰志。**从之有福，逆之有咎**。〔续〕八者人之所以生，形之所以成，故随顺之则福延，逆害之则咎至。〔刺禁论〕

刺跗上中大脉，血出不止死。〔续〕跗为足跗，大脉动而不止者，胃之大经。**刺面中溜脉，不幸为盲**。〔续〕溜脉，手太阳任脉之交会。手太阳脉，自颧斜行至目内眦。任脉自鼻鼽两旁上行，至瞳子下。故刺面中之为盲。**刺头中脑户，入脑立死。刺舌下中脉太过，血出不止为瘖**。〔续〕脾脉连舌本，散舌下挟咽。血出不止，脾气不能营运于舌，故瘖不能言也。**刺足下布络**[43]**中脉，血不出为肿**。〔续〕布络，当内踝前足下空处布散之络，正当然谷穴分也。**刺郄**委中也。**中大脉，令人仆脱色**。〔续〕令人仆倒而面色如脱去也。**刺气街中脉，血不出，为肿鼠仆**。〔续〕内结为肿，如伏鼠之形。气街之中，胆胃脉也。穴在腹下挟脐两旁相去四寸，鼠仆上一寸，动脉应手。**刺脊间**〔续〕脊骨节间也。**中髓，为伛**。〔续〕偻伛，身蜷曲也。**刺乳上，中乳房，为肿根蚀**。〔续〕根蚀，刺中乳房，则为大肿，中有脓根，内蚀肌肤，化为脓。**刺缺盆中内陷，气泄令人喘咳逆**。〔续〕五脏，肺为之盖，缺盆为之道。肺藏气而主息，又在气为咳，刺缺盆中内陷，则肺气外泄，故喘咳逆也。**刺手鱼腹内中陷，为**

肿。无刺大醉，令人气乱。无刺大怒，令人气逆。无刺大劳人，无刺新饱人，〔续〕气盛满也。无刺大饥人，〔续〕气不足也。无刺大渴人，〔续〕血脉干也。无刺大惊人。〔续〕神荡越而气不治。《灵枢经》云：新内无刺，已刺无内。大怒无刺，已刺无怒。大劳无刺，已刺勿劳。大醉无刺，已刺勿醉。大饱无刺，已刺勿饱。大饥勿刺，已刺勿饥。大渴无刺，已刺无渴。大惊大恐，必定其气，乃刺之也。刺阴股中大脉，〔续〕脾之脉也。血出不止死。刺客主人内陷，中脉，为内漏为聋。客主人，今名上关。手足少阳、足阳明三脉交会。陷脉，言刺太深也。刺膝膑出液，为跛。刺臂太阴脉，脉肺也。出血多立死。刺足少阴脉，重虚出血，为舌难以言。刺膺中陷中肺，为喘逆仰息。刺肘中内陷，气归之，为不屈伸。〔续〕谓肘屈折之中，尺泽穴也。刺过陷脉，恶气归之。刺阴股下三寸内陷，令人遗溺。〔续〕股下三寸，肾之络也。与冲脉皆起肾下，出气街，并循阴股。其上行者，出胞中。故刺陷脉，令遗溺。刺腋下胁间内陷，令人咳。〔续〕腋下，肺脉也。心脉直行者，从心系却上腋下。刺陷脉，心肺俱动，故咳。刺少腹脐下。中膀胱，溺出，令人少腹满。刺腨肠内陷，为肿。刺眶目眶。上陷骨中脉，为漏[44]为盲[45]。〔续〕骨中，谓目眶骨中也。匡骨中脉，目之系，肝之脉也。刺关节中液出，不得屈伸。〔续〕诸筋皆属于节，液谓渗润，津液出则筋膜干，故不得屈伸。〔刺禁论〕

帝曰：夫子言虚实者有十，生于五脏五脉耳。夫十二经脉皆生其病，今夫子独言五脏。夫十二经脉者，皆络三百六十五节，节有病必被经脉，经脉之病皆有虚实，何以合之？岐伯曰：五脏者，故得六腑与为表里，经络支节，各生虚实，其病所居，随而调之。〔续〕从其左右经气支节而调之。病在脉，调之血；〔续〕脉者，血之府，脉实血实，脉虚血虚，由此脉病而调之血也。病在血，调之络；〔续〕血病则络脉易，故调之于络。愚谓：易乃变易其常也。病在气，调之卫；〔续〕卫主气，故气病而调之卫。病在肉,调之分肉;〔续〕候寒热而取之。病在筋,调之筋;〔续〕适缓急而刺熨之。病在骨,调之骨。察轻重而调之。燔针劫刺其下及与急者;〔续〕调筋法也。筋急则烧针而劫刺之。病在骨,焠针药熨;〔续〕调骨法也。焠针,火针也。病不知所痛,两跷为上;〔续〕两跷谓阴阳跷脉。阴跷出照海,阳跷出申脉。身形有痛,九候莫病,无病也。则缪刺之;〔续〕缪刺者,刺络脉,左痛刺右,右痛刺左。痛在于左而右脉病者,巨刺之。〔续〕巨刺,刺经脉也。左痛刺右,右痛刺左。必谨察其九候,针道备矣。〔调经论〕

帝曰:真邪以合,波陇不起,候之奈何?岐伯曰:审扪循三部九候之盛虚而调之,〔续〕调谓盛者泻之,虚者补之,不盛不虚以经取之。察其左右上下相失〔续〕失,谓气候不相类。及相减者,审其病脏以期之。〔续〕期谓气之在阴,则候其气之在于阴分而刺之;气之在阳,则候气其之在于阳分而刺之,是谓逢时。经曰:水下一刻,人气在太阳;水下四刻,人气在阴分,积刻不已,气亦随在,周而复始,故审其病脏以期其气而刺之。不知三部者,阴阳不别,天地不分。地以候地,天以候天,人以候人,调之中府[46],以定三部,愚谓:调,度也。度其中府位分以定上下也。故曰:刺不知三部九候病脉之处,虽有太过且至[47],工不能禁也。〔续〕禁,禁止也。然候邪之处尚未能知,复能禁止其候气耶!愚谓:虽有太过之邪至于其经,工亦不能用针以禁绝也。诛伐无过,命曰大惑[48],反乱大经[49],真不可复,用实为虚,以邪为真,用针无义,反为气贼,夺人正气,以从为逆,荣卫散乱,真气已失,邪独内着,绝人长命,予人夭殃。不知三部九候,故不能久长。愚按:三部,言身之上中下部,三部之内,经隧由之,故察候存亡,悉由于是。部各有三候。上部天,两额之动脉,在额两旁,动应手也,足少阳脉气所行。上部地,两颊之动脉,在鼻孔下两旁,动脉应手,近巨髎之分,足阳明脉气所行。上部人,耳前动脉,在耳前陷中,动脉应手,少阳脉气所行。中部天,手太阴在掌后寸口中,经渠穴,动应手也。中部地,手阳明合谷之分,动应手也。中部人,手少阳神门之分，动应手也，下部天，足厥阴羊矢下一寸半五里之分，卧而取之，动应于手。女子取太冲，在足大趾本节后二寸。下部地，足少阴太溪之分，动应于手。下部人，足太阴在鱼腹上越筋间直五里下箕门之分，巩足单衣，沉取乃得。候胃气者，当取足跗上，冲阳之分，动脉应手。〔离合真邪论〕

【校注】

① 阴阳应象论：此段原脱，据石印本补。

② 精：流利也。

③ 郭：外围，外框。此指月的周边盈满。

④ 真：真气。

⑤ 沉以留止：指邪气深入，留止不去。

⑥ 真：要领。

⑦ 众脉：指五脏真气败坏的真脏脉。

⑧ 众凶：指五脏真气败绝的危象。

⑨ 无以形先：指不能仅以表面现象作为诊断依据。

⑩ 勿近：不要轻易用针刺治疗。

⑪ 勿远：不要轻易放弃针刺治疗。

⑫ 至其当发：指进针得气，抓住时机，即刻起针，不能有瞬间之误。

⑬ 瞚（shùn　顺）：同"瞬"，眨眼。

⑭ 静意视义，观适之变：指冷静细致地观察针气所至，形气所发生的变化。

⑮ 实：补法。

⑯ 虚：泻法。

⑰ 无：据《素问》"无"前应有"神"字。

⑱ 营：此处作惑解。

⑲ 保命存形论：应作《宝命全形论》。此节原脱，据石印本补。

⑳ 陇起：隆盛高起也。陇，通"隆"。

㉑ 早遏其路：指及早阻断邪气传变的路径。

㉒ 候气：指察候邪气之往来。

㉓ 寒温未相得：指正邪不合，彼此交争。

㉔ 不常在：指邪气运行无定处。

㉕ 益蓄：指邪气蓄积不去，病情更加严重。

㉖ 机：指针刺补泻的时机。

㉗ 离合真邪论：此段据石印本补。

㉘ 人：据文义应为“入”。

㉙ 寒：据《素问》及文义应为“塞”。

㉚ 调经论：本节内容据石印本补，考《素问》，本节系从《八正神明论》《离合真邪论》《调经论参并》。

㉛ 溶溶：水流貌。

㉜ 离合真邪论：原脱，据石印本补。

㉝ 勿变更：指守持一定之规，不要变更方法。

㉞ 针解论：此段据石印本补。

㉟ 右：据《素问》应作“左”。

㊱ 隅：据文义应作“偶”。

㊲ 愚谓：原作阴文。

㊳ 十：《素问》作“五”，《刺禁论》《四时刺逆从论》作“十”，《甲乙经》作“十五”。

㊴ 六：《素问》作“七”，《刺禁论》《四时刺逆从论》作“六”，《甲乙经》作“三”。

㊵ 三：《素问》作“五”。《刺禁论》《四时刺逆从论》《甲乙经》作“三”。

㊶ 憿（jiǎo　姣）：缠绕。

㊷ 父母：指心肺。

㊸ 布络：此处指络脉丛聚。

㊹ 漏：流泪不止。

㊺ 盲：视物不明。

㊻ 中府：指中焦脾胃。

㊼ 太过且至：指大邪将至。

㊽ 惑：逆乱。

㊾ 大经：十二经脉。

卷下

卷下之一

阴　阳

阴阳者，造化之权，與物各有阴阳，人云乎哉，具阴阳钞。

帝曰：阴阳者，天地之道[①]也，〔续〕谓变化生成之道。《易》曰：一阴一阳之谓道是也。万物之纲纪[②]，〔续〕谓生长化成收藏之纲纪也。又云：阳与之，正气以生；阴为之，主持以立。故为万物之纲纪也。变化之父母[③]，愚按：化，施化也。变，散易也。气之施化，故曰生气之散易，故曰极。经云：物之生从乎化，物之极由乎变，是知万物无能逃乎阴阳，故曰父母。王注：异类之用也，如鹰化为鸠，腐草化萤之类，皆异类因变化而成者也。生杀之本始[④]，〔续〕寒暑之用也。万物感阳气温而生，因阴气寒而死，故知生杀本始，是阴阳之所运为也。神明[⑤]之府也，〔续〕府，官府。言所以生杀变化之多端者，何哉？以神明居其中也。《易》曰：阴阳不测之谓神，亦谓居其中也。又云：合散不测，生化无穷，非神明运为无能尔也。详此与《天元纪论》同，注颇异。治病必求其本。愚谓：本指阴阳。故积阳为天，积阴为地。〔续〕言阴阳为天地之道者，以此。阴静阳躁，〔续〕言应物类运用之标格也。阳生阴长，阳杀阴藏。〔续〕明前天地生杀之殊用也。或疑阴长阳杀之义，按《周易》八卦布四方坤者，阴也，位西南隅，时在六七月之交，万物所盛长也，安谓阴无长之理。乾者，位戌亥之分，时在九月、十月之交，万物所收杀也，孰谓阳无杀之理。此语又见《天元纪论》，其说自异矣。**阳化气，阴成形。天地者，万物之上下也；**〔续〕观其覆载而万物之上下可知。雪斋云：上下指覆载。**阴阳者，血气之男女也；**〔续〕阴主血，阳主气，阴生女，阳生男。**左右者，阴阳之道路也；**〔续〕阴阳间气，左右循环，故左右为阴阳之道路。杨上善云：阴气右行，阳气左行，谓此也。间气之说，具"六微旨论"中。**水火者，阴阳之征兆也；**〔续〕征，信也，验也。兆，先也。以水火之寒热，彰信阴阳之先兆也。又云：观水火之气，则阴阳征兆可明之也。**阴阳者，万物之能始也。**〔续〕谓能为变化生成之元始也。详天地至能始，与"天元纪论"相出入，但注颇异。**故曰：阴在内，阳之守也；阳在外，阴之使也。**〔续〕阴静，故为阳之镇守；阳动，故为阴之役使。〔阴阳应象论〕

清阳为天，浊阴为地；地气上为云，天气下为雨；雨出地气，云出天气⑥。阴凝上结，则合而成云；阳散下流，则注而为雨。雨从云而施化，故言雨出地。云凭气以交合，故言云出天。此天地之阴阳也。人身清浊亦如之。**故清阳出上窍，浊阴出下窍；**本乎天者亲上，本乎地者亲下，各从其类也。上窍，谓耳目鼻口。下窍，谓前阴后阴。**清阳发腠理，**此无形者。**浊阴走五脏；**此有质者也。腠理谓渗泄之门，故清阳于是而发施；五脏为包藏之所，故浊阴于是而走集。**清阳实四肢，浊阴归六腑。**四肢外动，故清阳实之；六腑内化，故浊阴归之。**水为阴，火为阳，**水寒而静，故为阴；火热而躁，故为阳。**阳为气，阴为味。**气散布，故阳为之；味从形，故阴为之。今按阳为气，阴为味，此气味字以天地阴阳之化而言也。阳在天成象，气之谓也；阴在地成形，味之谓也。**味归形，形归气，**雪斋云：地之气。**气归精，精归化，**形食味，故味归形，气养形，故形归气，精食气，故气归精，化生精，精归化。雪斋云：天之化。**精食气，形食味，**气化则精生，味和则形长，故云食之也。**化生精，气生形。**即气养也。王注：精微之液，惟血化而成；形质之有，资气行营立。故斯二者各奉生乎。雪斋云:化,天化气,地气。**味归形,气伤精,**过其节也。今按:形食味,味过则伤形;精食气,气郁气耗则伤精也。**精化为气,气伤于味。**精承化养则食气,精若化生则不食气,精血内结,郁为秽腐攻胃,则五味倨然不得入也。女人重身,精化百日,皆伤于味也。今按:五味入口,藏于胃,以养五脏,气过则伤之,气伤于味也。雪斋云:上文精与气为一类,形与味为一类,是分别言之。此二句乃交互言之;精化为气,见其交相益;气伤于味,见其互相损也。**阴味出下窍,阳气出上窍,**味有质,故下流于便泄之窍;气无形,故上出于呼吸之门。味厚者为阴,薄为阴之阳。气厚者为阳,薄为阳之阴。阳为气,气厚者为纯阳;阴为味,味厚者为纯阴。故味薄者为阴中之阳,气薄者为阳中之阴。**味厚则泻,薄则通。气薄则发泄,厚则发热。**阴气润下,故味厚则泄利;阳气炎上,故气厚则发热。味薄为阴少,故通泄;气薄为阳少,故汗出。发泄,谓汗出也。**壮火之气衰,少火之气壮。壮火食气,气食少火。壮火散气,少火生气。**气生壮火,故云壮火食气;少火滋气,故云气食少火。以壮火食气,故气得壮火则耗散;以少火益气,故气得少火则生长。人之阳气,壮少亦然。今按:少而壮,壮而衰,理则然也。**气味辛甘发散为阳,酸苦涌泄为阴。**〔阴阳应象大论〕

阳气者,若天与日,失其所⑦则折寿而不彰,〔续〕论人之有阳,若天之有日。天失其所则日不明,人失其所则阳不固,日不明则天暗昧,阳不固则人夭折。**故天运当以日光明。**〔续〕言火之生,固宜藉其阳气也。**是故阳因而上,卫外者也。**〔续〕此明阳气运行之部分,辅卫人身之正用也。愚谓:人之有阳,如天之有日,天无日则暗,人无阳则夭。故天得以运行不息者,以日之阳气盛也。是以人身有阳得以上卫于外也。**阳气者,一日而主外,**〔续〕昼则阳气在外,周身行二十五度。**平旦⑧人气生,日中⑨而阳气隆,日西而阳气已虚,气门乃闭。**〔续〕夫气之有者,皆自少而之壮,积暖以成炎,炎极又凉,物之理也。故阳气平晓生,日中盛,日西而减虚也。气门,玄府也,所以发泄经脉荣卫之气,故曰气门。**是故暮而收拒,无扰筋骨,无见雾露,反此三时,形乃**

困薄。〔续〕皆所以顺阳气也。阳出则出，阳藏则藏，阳气衰，内行阴分，故宜收敛以拒虚邪。扰筋骨则逆阳精耗，见雾露则寒湿俱侵，故顺此三时，乃天真久远。〔生气通天论〕

阴中有阴，阳中有阳。平旦至日中，天之阳，阳中之阳也；日中至黄昏[10]，天之阳，阳中之阴也；〔续〕日中阳盛，故曰阳中之阳。黄昏阴盛，故曰阳中之阴。阳气主昼，故平旦至黄昏皆为天之阳，而中复有阴阳之殊。合夜至鸡鸣[11]，天之阴，阴中之阴也；鸡鸣至平旦，天之阴，阴中之阳也。〔续〕鸡鸣阳气未出，故曰天之阴。平旦阳气已升，故曰阴中之阳。故人亦应之。夫言人之阴阳，则外为阳，内为阴。言人身之阴阳，则背为阳，腹为阴。言人身脏腑中之阴阳，则脏者为阴，腑者为阳。肝、心、脾、肺、肾，五脏皆为阴，胆、胃、大肠、小肠、膀胱、三焦，六腑皆为阳。〔续〕《止埋论》曰：三焦者，有名无形，上合于手心主，下合右肾，主谒道诸气，名为使者。又曰：足三焦者，太阳之别名。所以欲知阴中之阴，阳中之阳者，何也？为冬病在阴，夏病在阳，春病在阴，秋病在阳，皆视其所在，为施针石也。故背为阳，阳中之阳，心也；〔续〕心为阳脏，位处上焦。以阳居阳，故为阳中之阳。又曰：心为牡脏。牡，阳也。背为阳，阳中之阴，肺也；〔续〕肺为阴脏，位处上焦。以阴居阳，故为阳中之阴。又曰：肺为牝脏。牝，阴也。腹为阴，阴中之阴，肾也；〔续〕肾为阴脏，位处下焦。以阴居阴，故谓阴中之阴。又曰：肾为牝脏，牝，阴也。腹为阴，阴中之阳，肝也；〔续〕肝为阳脏，位处中焦。以阳居阴，故谓阴中之阳，又曰：肝为牡脏。牡，阳也。腹为阴，阴中之至阴，脾也。〔续〕脾为阴脏，位处中焦。以太阴居阴，故谓阴中之至阴。又曰：脾为牝脏。牝，阴也。此皆阴阳、表里、内外、雌雄相输应也，故以应天之阴阳也。〔续〕以其气象参合，故能上应于天。〔金匮真言论〕

天气通于肺，〔续〕居高故。地气通于嗌，〔续〕以下故。风气通于肝，〔续〕风生木故。雷气通于心，〔续〕雷象火之有声故。谷气通于脾，

〔续〕谷空虚。脾受纳故。雨气通于肾。〔续〕肾主水故。六经为川，〔续〕流注不息故。肠胃为海，〔续〕以皆受纳也。《经》曰：胃为水谷之海是也。九窍为水注之气。九窍之气流通不滞，犹水之流注也。以天地为之阴阳，〔续〕以人事配象，则近指天地，以为阴阳，即下文所云是也。阳之汗，以天地之雨名之；〔续〕汗泄于皮肤，是阳气之发泄尔，与天地间云腾雨降而相似也，故此云然。阳之气以天地之疾风名之。〔续〕阳气发散，疾风飞扬，故以应之。暴风象雨[12]，〔续〕暴风鼓击，鸣转有声，与雷相似。愚谓：风雷，阳也，人之暴逆之气，奔迫喘喝，亦象风雷之象也。逆气象阳。〔续〕逆气凌上，阳气亦然。寒极生热，热极生寒。寒气生浊，热气生清。〔续〕言正气也。清阳[13]在下，则生飧泄；火性急速，不得传化，以阳躁也。浊气在上，则生䐜胀。寒气痞塞，不能和畅，以阴静也。䐜，昌真切，肉胀起也。此阴阳反作，病之逆从也。〔续〕反，谓反复。作，谓作务。反复作务，则病如是。天不足西北，故西北方阴也，而人右耳目不如左明也。〔续〕在上故法天。地不满东南，故东南方阳也，而人左手足不如右强也。〔续〕在下故法地。曰：何以然？曰：东方阳也，阳者，其精并于上，并于上则上明而下虚，故使耳目聪明而手足不便也。西方阴也，阴者，其精并于下，并于下则下盛而上虚，故其耳目不聪明而手足便也。故俱感于邪，其在上则右甚，在下则左甚，此天地阴阳所不能全也，故邪居之。〔续〕夫阴阳之应天地，犹水之在器也。器圆则水圆，器曲则水曲，人之血气亦如是，故随不足则邪气留居之。〔阴阳应象也[14]〕

阴者，藏精而起亟也；阳者，卫外而为固也。〔续〕言在人之用也。亟，数也，起亟，义未详。愚谓：起者，起而应也，外有所召，则内数起以应也。如外以顺召，则心以喜起而应之；外以逆召，则肝以怒起而应之之类也。阴不胜其阳，则脉流薄疾，并乃狂。〔续〕薄疾，谓极虚而亟数也。并，谓盛实也。狂，谓狂走。阳并于四肢则狂。《经》曰：四肢者，诸阳之本，阳盛则四肢实，实则能登高而歌。热盛于身，故弃衣欲走。夫如是者，皆为阴不胜其阳也。**阳不胜其阴，则五脏气争，九窍不通。**〔续〕九窍者，内属于脏，外设为官，故五脏气争，则九窍不通。目为肝之官，鼻为肺之官，口为脾之官，耳为肾之官，舌为心之官，舌非通窍也。《金匮真言》曰：南方赤色，入通于心，开窍于耳。北方黑色，入通于肾，开窍于二阴故也。**凡阴阳之要，阳密乃固**⑮，〔续〕阴阳交会之要，正在于阳气闭密而不妄泄耳。密不妄泄，乃生气强固而能久长。愚谓：交会恐指男女言。**两者不和，若春无秋，若冬无夏**，〔续〕两，谓阴阳。和，和合，即交会也。言绝阳阳和合之道者，如天四时，有春无秋，有冬无夏也。所以然者，绝废于生成也。故圣人不绝和合之道，但贵闭密，以守固天真法也。**因而和之，是谓圣度**⑯。〔续〕因阳气盛发，中外相应，贾勇有余，乃相交合，则圣人交会之制度也。**故阳强不能密，阴气乃绝**，〔续〕阳强而不能闭密，则阴泄泻而精气竭绝矣。**阴平阳闭**⑰，**精神乃治**，〔续〕阴气和平，阳气闭密，则精神之用，日益治也。**阴阳离决，精气乃绝。**〔续〕若阴不和平，阳不闭密，强用施泻，耗损天真，二气分离，经络决惫，则精气不化，乃绝流通也。〔生气通天论〕

【校注】

① 道：规律。

② 纲纪：纲领。

③ 父母：起源。

④ 本始：本源。

⑤ 神明：事物的内部变化及表现于外的征象。

⑥ 雨出地气，云出天气：指雨的产生要靠地阴之气凝结，云的产生要靠天阳之气的升腾。

⑦ 失其所：指阳气运行失常。

⑧ 平旦：卯时。

⑨ 日中：午时。

⑩ 黄昏：酉时。

⑪ 鸡鸣：子时。

⑫ 雨：据注文应作“雷”。

⑬ 阳：据《素问》应作“气”。

⑭ 阴阳应象也：原“阴”字为黑底白字，据内容及体例应作“阴阳应象大论”。

⑮ 阳密乃固：指阳气致密，阴精才能固守于内。

⑯ 圣度：指圣人调养阴阳的法度。

⑰ 闭：《素问》作“秘”。

卷下之二

标　本

标本，根干之喻也。草木得根干，则生意行，阴阳瘥。知标本，则治道明，具标本钞。

帝曰：病有标本，刺有逆从，奈何？岐伯曰：凡刺之方，必别阴阳，前后相应，逆从得施①，标本相移②，故曰有其在标而求之于标，有其在本而求之于本，有其在本而求之于标，有其在标而求之于本。故治有取标而得者，有取本而得者，有逆取而得者，有从取而得者。〔续〕得病之情，知治大体，则逆从皆可，施必中焉。故知逆与从，正行无问③。知标本者，万举万当；〔续〕道不疑惑，识断深明，不必问之于人，而所行皆当。不知标本，是谓妄行。夫阴阳逆从，标本之为道也，小而大，言一而知百病之害，〔续〕著之至也。言能别阴阳，知逆顺，法明著，见精微，观其所举则小，寻其所利则大，以斯明著，故言一而知百病之害。愚谓：此节泛言标本之道，其大如此。少而多，浅而博，可以言一而知百也。〔续〕言少可以贯多，举浅可以料大者，何也？法之明也。故非圣人，孰能至于是耶！故本之者，犹可以言一而知百病也。愚谓：此节言人能知标本之道，其益如此。以浅而知深，察近而知远，言标与本，易而勿及。〔续〕虽事极深玄，人非咫尺，略以浅近，而悉贯之。然标本之道，虽易可为言，而世人识见无能及者。愚谓：此节申言标本之道，包括虽大，人若有志于此，则亦易而可知矣。但世人自画莫有能及之者。《至真要论》云：夫标本之道，要而博，小而大，可以言一而知百病之害，言标与本，易而弗损，察本与标，气可令调。与此大同小异。治反为逆，治得为从。先病而后逆者治其本，先逆而后病者治其本，先寒而后生病者治其本，先病而后生寒者治其本，先热而后生病者治其本，先热而后生中满者治其标，滑氏曰：此句当作先病而后生热者治其标。盖以下文自有先病而后生中满者治其标之句矣。此误无疑。先病而后泄者治其本，先泄而后生他病者治其本，必且调之，乃治其他病，先病而后生中满者治其标，先中满而后烦心者治其本。人有客气有同气。愚谓：客气标本不同，如少阴是也；同气标本相同，如少阳是也。大小不利治其标，大小利治其本。病发而有余，本而标之，先治其本，后治其标。病发而不足，标而本之，先治其标，后治其本。〔标本病传论〕

帝曰：病生于本[4]，余知之矣。生于标[5]者，治之奈何？岐伯曰：病反其本，得标之病；治反其本，得标之方。王记：言少阴、太阳之二气，余四气标本同。六气标本，所从不同，奈何？岐伯曰：气有从本者，有从标本者，有不从标本者，少阳、太阴从本，少阴、太阳从本从标，阳明、厥阴，不从标本、从乎中也。〔续〕少阳之本火，太阴之本湿，本末同，故从本也。少阴之本热，其标阴；太阳之本寒，其标阳，本末异，故从本从标。阳明之中太阴，厥阴之中少阳，本末与中不同，故不从标本从乎中也。从本、从标、从中，皆以其为化生之用也。愚谓：阳阴本燥标阳中湿，厥阴本风标阴中热。惟此二经，本末与中不同，故治从中。少阴本热标阴，太阳本寒标阳，故治从本又从标。少阳本火标阳，太阴本湿标阴，本末同气，故治从本。故从本者化生于本，从标本者有标本之化，从中者以中气为化也。〔续〕化，谓气化之元主也。有病以元主气，用寒热治之。《六微旨论》云：少阳之上，火气治之，中见厥阴；阳明之上，燥气治之，中见太阴；太阳之上，寒气治之，中见少阴；厥阴之上，风气治之，中见少阳；少阴之上，热气治之，中见太阳；太阴之上，湿气治之，中见阳明。所谓本也，本之下，中之见也，见之下，气之标也。本标不同，气应异象，此之谓也。**是故百病之起，有生于本者，有生于标者，有生于中气者，有取本而得者，有取标而得者，有取中气而得者，有取标本而得者，有逆取而得者，有从取而得者。**〔续〕反佐取之，是为逆取；奇偶取之，是为从取。寒病治以寒，热病治以热，是为热⑥取。**逆，正顺也。若顺，逆也。**〔续〕寒盛格阳，治热以热，热盛拒阴，治寒以寒之类，皆谓之逆，外虽用逆，中乃顺也，此逆乃正顺也。若寒格阳而治以寒，热拒寒而治以热，外则虽顺，中气乃逆，故方若顺，是逆也。**故曰：知标与本，用之不殆，明知逆顺，正行无问，此之谓也。不知是者，不足以言诊，足以乱经。**〔全真要论〕

【校注】

① 逆从得施：指逆刺法和从刺法得以施用。

② 标本相移：指治标和治本的方法依据不同情况而发生改变。

③ 正行无问：大胆施使不得迟疑。

④ 本：风、寒、热、火、湿、燥六气。

⑤ 标：指三阴三阳。

⑥ 热：据文义应作“寒”。

卷下之三

运　气

五运六气，天地之纪用也。生物芸芸介乎两间，同纪用者斯人尔，具运气钞。

岐伯曰：天度者，所以制[①]日月之行也；气数者，所以纪化生之用也。〔续〕制，谓准度。纪，谓纲纪。准日月之行度者，所以明日月之行迟速也。纪化生之为用者，所以彰气至而斯应也。气应无差，则生成之理不替；迟速以度，大小之月生焉。故日异长短，月移寒暑，收藏生长，无失时宜也。六六之节，天之度也。九九制会，天之数也。所谓气数者，生成之气也。愚谓：生成之气乃六气，谓之时之气，必九十日而更换，故云九九，又云数也。天为阳，地为阴；日为阳，月为阴。行有分纪，周有道理，日行一度，月行十三度而有奇[②]焉，故大小月三百六十五日而成岁，积岁余而盈闰矣。日行迟，故昼夜行天之一度，而三百六十五日一周天，而犹有度之奇分矣。月行速，故昼夜行天之十三度余，而二十九日一周天也。言有奇者，谓十三度外，复行十九分度之七，故云月行十三度而有奇也。《礼仪》及汉《律历志》云：二十八宿及诸星，皆从东而循天西行。日月及五星，皆从西而循天东行。今太史说云：并循天而东行，从东而西转也。诸历家说:月一日至四日,月行最疾,日夜行十四五度余;自五日至八日,行次疾,日夜行十三度余;自九日至十九日,其行迟,日夜行十二度余;二十日至二十三日,行又小疾,日夜行十三度余;二十四日至晦日,行又大疾,日夜行十四度余。太史说月行之率不如此矣,月行有十五日后迟者,有十五日前迟者,有十五日后疾者,有十五日前疾者,大率一月四分之,而皆有迟疾,迟速之度固无常准矣。虽尔,终以二十七日月行一周天,凡行三百六十一度。二十九日日行二十九度,月行三百八十七度,少七度而不及日也。至三十日日复迁,计率至十三分日之八,月方及日矣,此大尽之之月也。大率其计率至十三分日之半者,亦太尽法也。其计率至十三分日之五之六而及日者,小尽之月也。故云:大小月三百六十五日而成岁也。正言之者,三百六十五日四分日之一乃一岁,法以奇不成日,故举六而言之。若通以大小为法,则岁止有三百五十四日,岁少十一日余矣。取月所小之辰,加岁外余之日,故从闰后三十二日而盈闰焉。《书》曰:期三百有六旬有六日,以闰月定四时成岁,其日义也。积盈余闰者,盖以月之大小,不尽天度之故也。**立端[③]于始,表[④]正于中,推余于终,而天度毕矣。**端,首也。始,初也。表,彰示也。正,斗建也。中,月半也。推,退位也。言立首气于初节之日,示斗建于月半之辰,退余闰于相望之后。是以闰之前,则气不及月;闰之后,则月不及气。故常月之制,建初立中;闰月之纪,无初无中,纵历有之,皆他节气也。故历无云某候闰某月节闰某月中也,推终之义断可知乎。故曰立端于始,表正于中,推余于终也。由斯推日成闰,故能令天度毕焉。**天[⑤]有十日,日六竟而周甲,甲六复而终岁,三百六十日法也。**〔续〕十日谓甲乙丙丁戊己庚辛壬癸之日也。十者,天地之至数也。《易》曰:天九地十是也。六十日而周甲子之数,甲子六周而复始,则终一岁之日,是三十六十日之岁法,非天度之数也!此盖十二月各三十日者,若除小月,其日又差也。**帝曰:夫子言积气盈闰,愿闻何谓气?岐伯曰:五日谓之候,三候谓之气,六气谓之时,四时谓之岁,而各从其主治焉。**〔续〕日行天之五度,则五日也。三候,正十五日也。六气凡九十日,正三月也,设其多之矣,故十八候为六气,六气谓之时也。四时凡三百六十日，故曰四时谓之岁也。各从主治，谓一岁之日，各归从五行之一气，而为之主以王也。故下文曰：五运相袭，而皆治之，治，主治也。终期之日，周而复始，时立气布，如环无端，候亦同法。故曰：不知年之所加[6]，气之盛衰，虚实之所起，不可以为工矣。〔续〕五运，谓五行之气，应天之运而主化者也。袭言五行之气，父子相承，主统一周之日，常如是无已，周而复始也。时，谓立春前当至时也。气，谓当王之脉气也。春前气至，脉气亦至，故曰时立气布。候，谓日行五度之候。言一候之日，亦五气相生而直之，差则病矣。《新校正》云：王注似非本旨，按此正谓岁立四时，时布六气，如环之无端，故又曰候亦同法。曰：五运之始[7]，如环无端，其太过、不及何如？曰：五气更立，各有所胜，盛虚之变，此其常也。〔续〕言盛虚之变，见此乃天之常道也。曰：平气何如？曰：无过者也。〔续〕不愆常候，则无过也。曰：太过、不及奈何？曰：在经有也。《新校正》云：《气交变论》《五常政论》俱言五气平和，太过不及之旨。曰：何谓所胜？曰：春胜长夏，长夏胜冬，冬胜夏，夏胜秋，秋胜春，所谓得五行时之胜，各以气命其脏。〔续〕春应木，木胜土；长夏应土，土胜水。五行相胜，常如是矣。四时之中，加之长夏，故谓得五行时之胜也。所谓长夏者，六月也，土生于火，长在夏中，既长而王，故云长夏。以气命脏者，春之木，内合肝；长夏土，内合脾之类。故曰各以气命其脏也。命，名也。曰：何以知其胜？曰：求其至也，皆归始春，立春之日。未至而至，此谓太过，则薄所不胜，而乘所胜也，命曰气淫[8]。至而不至，此谓不及，则所胜妄行，而所生受病，所不胜薄之也，命曰气迫[9]。所谓求其至者，气至之时也。凡气之至，皆谓立春前十五日，乃候之初也。未至而至，谓所直之气，未应至而先期至也。先期而至，是气有余，故曰太过。至而不至，谓所直之气，应至不至而后期至。后期而至，是气不足，故曰不及。太过则薄所不胜而乘所胜，不及则所胜妄行而所生受病，所不胜薄之也。凡五行之气，我克者为所胜，克我者为所不胜，生我者为所生。假令肝木有余，是肺金不足，金不制木，故木太过。木气既余，则薄肺金而乘于脾土矣。此皆五脏之气内相淫并为疾，故命曰气淫也。余太过例同。又如肝木气少不能制土，土气无畏而遂妄行，木被土凌，故云所胜妄行而所生受病也。肝木之气不平，肺金之气自薄，故曰所不胜薄之。然木气不平，土金交薄，相迫为疾，故曰气迫也。余不及例同。**谨候其时，气可与期，失时反候，五治不分，邪僻内生，工不能禁也。**〔续〕时，气至时也。候其年则始于立春之日，候其气则始于四气定期，候其日则随于候日，故曰：谨候其时气可与期也。反，谓反背。五治，谓五行所治，主统一岁之气也。**曰：有不袭[⑩]乎？**言五行之气，有不相承袭者乎？**曰：苍天之气，不得无常也。气之不袭，是谓非常，非常则变[⑪]矣。**变，谓变易天常也。**曰：非常而变奈何？曰：变至则病，所胜则微，所不胜则甚，因而重感于邪，则死矣。故非其时则微，当其时则甚也。**〔续〕言苍天布气，尚不越于五行；人在气中，岂不应于天道。夫人之气乱不顺天常，故有病死之征。假令木直之年，有火气至，后二岁病矣；土气至，后三岁病矣；金气至，后四岁病矣；水气至，后五岁病矣。其气不足，复重感邪，真气内微，故重感于邪则死也。假令非正真年而气相干者，且为微病，不必内伤于神脏，故非其时而且持也。若当所直之岁，则易中邪气，故当其直时直病疾甚也。诸气当其王者皆必受邪，故云：非其时则微，当其时则甚也。《经》曰：非其时则生，当其时则死是也。当，谓正直之年。〔六节脏象论〕

帝曰：《论》言五运相袭而皆治之，终期之日，周而复始，余已知之矣，愿闻其与三阴三阳之候奈何合之？〔续〕运，谓五行应天之五运，各周三百六十五日而为纪者也。故曰：终期之日，周而复始也。以六合五，数不参同，故周之。**鬼臾区曰：夫五运阴阳者，天地之道也，**〔续〕谓化生之道。**万物之纲纪，变化之父母，生杀之本始，神明之府也，**注：具阴阳钞中。**可不通乎！故物生谓之化[⑫]，物极[⑬]谓之变，阴阳不测谓之神[⑭]，神用无方谓之圣[⑮]。**〔续〕此谓化变圣神之道也。化，施化也。变，散易也。神，无期也。圣，无思也。气之施化故曰生，气之散易故曰极，无期禀候故曰神，无思测量故曰圣。由化与变，故万物无能逃五运阴阳。由圣与神，故众妙无能出幽玄之理。深乎妙用，不可得而称之。按《经》云：物之生，从于化，物之极，由乎变，变化之相薄，成败之所由也。又云：气治而生化，气散而有形，气布而蕃育，气终而象变。其致一也。**夫变化之为用也**。〔续〕应万化之用也。**在天为玄**⑯，〔续〕天道玄远，变化无穷，《传》曰：天道远，人道迩。又曰：玄，谓玄冥，言天色高远也。**在人为道**⑰，〔续〕道，谓妙用之道也。经术正化，非道不成。又曰：正理之道，生养之政化也。**在地为化**，〔续〕谓生化万物也。非土气孕育，则形质不成。**化生五味**，〔续〕金石草木，根叶华实，酸苦甘淡辛咸，皆化气所生，随时而有。**道生智**，智，通妙用，惟道所生。**玄生神**。玄冥之内，神处其中，故曰玄生神。**神在天为风**，〔续〕风者，教之始，天之使也，天之号令也。**在地为木**，〔续〕东方之化。**在天为热**，应火为用。**在地为火**，〔续〕南方之化。**在天为湿**，〔续〕应土为用。**在地为土**，〔续〕中央之化。**在天为燥**，〔续〕应金为用。**在地为金**，〔续〕西方之化。**在天为寒**，〔续〕应水为用。**在地为水**，〔续〕北方之化。神之为用，如上五化，木为风所生，火为热所炽，金为燥所发，水为寒所资，土为湿所存，盖初因而成立也。虽初因之以化成，卒因之以败散尔。岂五行之独有是哉！凡因所因而成立者，悉因所因而散落尔。按：在天为玄，至此与《阴阳应象》及《五运行论》文重，注颇异。**故在天为气**，〔续〕气，谓风热湿燥寒。**在地成形**，形，谓木火土金水。**形气相感而化生万物矣**。〔续〕此造化生成之大纪。**然天地者，万物之上下也**；〔续〕天覆地载，上下相临，万物化生，无遗略也。**左右者，阴阳之道路也**；〔续〕天有六气御下，地有五行奉上。当岁者为上，主司天。承岁者为下，主司地。不当岁者，二气居右，北行转之，二气居左，南行转之。金木水火运，北面正之，常左为右，右为左，则左者南行，右者北行而反也。**水火者，阴阳之征兆也**；左右上下水火，义具阴阳钞中。**金木者，生成之终始也**。〔续〕木主发生，应春，春为生化之始。金主收敛，应秋，秋为成实。终始不息，其化常行。按：此与《阴阳应象论》相出入。**气有多少，形有盛衰，上下相召而损益彰矣。**气有多少，谓天之阴阳气有三等，多少不同秩也。形有盛衰，谓五运之气，有太过不及也。由是少多盛衰，天地相召，而阴阳损益昭然彰着可见矣。**曰：何谓气有多少，形有盛衰？曰：阴阳之气各有多少，故曰三阴三阳。**〔续〕由气有多少，故随其升降，分为二[18]别也。岐伯曰：气有多少异用。注云：太阴与正阴，太阳与正阳，次少者为少阴，次少者为少阳，又次为阳明，又次为厥阴。**形有盛衰，谓五行之治，各有太过不及也。**〔续〕太过，有余也。不及，不足也。气至不足，太过迎之；气至太过，不足随之。天地之气亏盈如此，故云形有盛衰也。**故其始也，有余而往，不足随之，不足而往，有余从之，知迎知随，气可与期。**〔续〕言亏盈无常，互有胜负尔。始，谓甲子岁也。《六微旨论》曰：天气始于甲，地气始于子，子甲相合，命曰岁立。此之谓也。则始甲子之岁，三百六十五日，所禀之气，当不足也。次而推之，终六甲也，故有余已则不足，不足已则有余。亦有岁运非有余非不足者，盖以同天地之化也。若余已复余，少已复少，则天地之道变常，而灾害作，苛疾生矣。《新校正》云：木运临卯，火运临午，土运临四季，金运临酉，水运临子，所谓岁会，气之平也。又《五常政论》云：委和之纪，上角与正角同，上商与正商同。上宫与正宫同。伏明之纪，上商与正商同。卑监之纪，上宫与正宫同，上角与正角同。从革之纪，上商与正商同，上角与正角同。涸流之纪，上宫与正宫同。赫曦之纪，上羽与正角同。坚成之纪，上徵与正商同。又《六元正纪论》云：不及而加同岁会。已前诸岁并为正岁，气之平也。今王注以同天之化为非有余不足者，非也。**应天为天符[19]，承岁为岁直[20]，三合为治。**〔续〕应天，为木运之岁上见厥阴，火运之岁上见少阳、少阴，土运之岁上见太阴，金运之岁上见阳明，水运之岁上见太阳。此五者，天气下降，如合符运，故曰应天为天符也。承岁谓木运之岁，岁当亥卯；火运之岁，岁当寅午；土运之岁，岁当辰戌丑未；金运之岁，岁当巳酉；水运之岁，岁当申子。此五者，岁之所直，故曰承岁为岁直也。三合，谓火运之岁，上见少阴，年辰临午；土运之岁，上见太阴，年辰临丑未；金运之岁，上见阳明，年辰临酉。此三者，天气、运气与年辰俱会，故云三合为治也。岁治亦曰岁位，三合亦为天符。《六微旨论》曰：天符岁会曰太乙天符，谓天运与岁相会也。详火运，上少阴，年辰临午，即戊午岁也。土运上太阴，年辰临丑未，即己丑、己未岁也。金运上阳明，年辰临酉，即乙酉岁也。**帝曰：上下相召奈何？鬼臾区曰：寒暑燥湿火，天之阴阳也，三阳三阴上奉之**[21]。〔续〕太阳为寒，少阳为暑，阳明为燥，太阴为湿，厥阴为风，少阴为火，皆为其元在天，故曰天之阴阳也。**木火土金水火，地之阴阳也，生长化收藏下应之**。〔续〕木，初气。火，二气。相火，三气。土，四气。金，五气。水，终气。以其在地应天，故云下应也。气在地，故曰地之阴阳。按《六微旨论》曰："地理之应六节气位何如？岐伯曰：显名之右，君火之位。退行一步，相火治之"一段，即此木火土金水火，地之阴阳之义也。**天以阳生阴长，地以阳杀阴藏**。〔续〕生长者天之道，藏杀者地之道。天阳主生，故以阳生阴长。地阴主杀，故以阳杀阴藏。天地虽高下不同，而各有阳阴之运用也。详此与《阴阳应象论》文重，注颇异，兹具阴阳钞。**天有阴阳，地亦有阴阳**。〔续〕天有阴，故能下降，地有阳，故能上腾，是以各有阴阳也。阴阳交泰，故化变由之成也。**故阳中有阴，阴中有阳**。〔续〕易之卦，离中虚，坎中满，其义象也。王注：阴阳之气，极则过亢，故各兼之。《经》曰：寒极生热，热极生寒。又曰：重阴必阳，重阳必阴是也。**所以欲知天地之阴阳者，应天之气，动而不息，故五岁**[22]**而右迁，应地之气，静而守位，故六期**[23]**而环会**，〔续〕天有六气，地有五位，天以六气临地，地以五位承天，盖以天气不加君火故也。以六加五，则五岁而余一气，故迁一位。若以五承立，则常六岁乃备尽天元之气，故六岁而环会，所谓周而复始也。地气左行，往而不返，天气东转，常自火运数五岁已，其次气正当君火之上，法不加临，则右迁君火气上，以临相火之上，故曰五岁而右迁也。由斯动静，上下相临，而天地万物之情，变化之机可见矣。**动静相召，上下相临，阴阳相错，而变由生也**。〔续〕天地之道，变化之微，其由是矣。孔子曰：天地设位，而易行乎其中。此之谓也。按：《五运行论》云：上下相遘，寒暑相临，气相得则和，不相得则病。又云：上者右行，下者左行，左右周天，余而复会。曰：上下周纪，其有数乎？曰：天以六为节，地以五为制。周天气者，六期为一备；终地纪者，五岁为一周。〔续〕六节，谓六气之分。五制，谓五位之分。位应一年，气统一年，故五岁为一周，六年为一备，谓备历天气，周，谓周行地位，所以地位六而言五者，天气不临君火故也。君火以名，相火以位。〔续〕君火在相火之右，但立名于君位，不立岁气，故天之以气，不偶其气以行君火之正㉔，守位而奉天之命，以宣行火令耳。以名奉天，故曰君火以名。守位禀命，故曰相火以位。五六相合而七百二十气为一纪，凡三十岁千四百四十气，凡六十岁而为一周，不及太过，斯皆见矣。〔续〕历法一气十五日因而乘之，积七百二十气则三十年，积千四百四十气则六十年也。《经》云：有余而往，不足从之，不足而往，有余从之。故六十年中，不及太过，斯皆见矣。《新校正》云：按《六节藏象论》"五日谓之候至，不可为工矣"一节，即此义也。今具已前。鬼臾区曰：甲己之岁，土运统之；乙庚之岁金运统之；丙辛之岁，水运统之；丁壬之岁，木运统之；戊癸之岁，火运统之。〔续〕天地初分之时，阴阳析位之际，天分五气，地列五行。五行定位，布政于四方，五气分流，散支于十干。当是黄气横于甲己，白气横于乙庚，黑气横于丙辛，青气横于丁壬，赤气横于戊癸。故甲己应土运，乙庚应金运，丙辛应水运，丁壬应木运，戊癸应火运。详运有太过、不及、平气，甲庚丙壬戊主太过，乙辛丁癸己主不及，大法如此。取平气之法，其说不一，具如诸篇。帝曰：其于三阴三阳，合之奈何？曰：子午之岁，上见少阴；丑未之岁，上见太阴；寅申之岁，上见少阳；卯酉之岁，上见阳明；辰戌之岁，上见太阳；巳亥之岁，上见厥阴。少阴所谓标也，厥阴所谓终也。〔续〕标，谓上首也。终，谓当三甲六甲之终。《新校正》云：午未申酉戌亥之岁为正化，正司化令之实。子丑寅卯辰巳之岁为对化，对司化令之虚。此其大法也。厥阴之上，风气主之；少阴之上，热气主之；太阴之上，湿气主之；少阳之上，相火主之；阳明之上，燥气主之；太阳之上，寒气主之。所谓本也，是谓六元。〔续〕三阴三阳为标，寒暑燥湿风火为本，故云所谓本也。天真元气，分为六化，以统坤元生成之用，征其应相，则六化不同，本其所生，则正是真元之一气，故曰六元也。〔并天元纪论〕

丹[25]天之气经于牛女戊分，黅[26]天之气经于心尾己分，苍[27]天之气经于危室柳鬼，素[28]天之气经于亢氐昴毕，玄[29]天之气经于张翼娄胃。所谓戊己分者，奎璧角轸，则天地之门户也。〔续〕戊土属乾，己土属巽。《遁甲经》曰：六戊为天门，六己为地户，晨暮占雨，以西北、东南。义取此也。雨为土用，湿气生之，故此占焉。〔五运行论〕

帝曰：论言天地者，万物之上下，左右者，阴阳之道路，未知其所谓也。论，谓《天元纪》及《阴阳应象论》以上。岐伯曰：所谓上下者，岁上下见阴阳[30]之所在也。左右者，诸上见厥阴，左少阴右太阳；见少阴，左太阴右厥阴；见太阴，左少阳右少阴；见少阳，左阳明右太阴；见阳明，左太阳右少阳；见太阳，左厥阴右阳明。所谓面北而命其位，言其见也。面向北而言之也。上，南也。下，北也。左，西也。右，东也。帝曰：何谓下？岐伯曰：厥阴在上，则少阳在下，左阳明右太阴；少阴在上，则阳明在下，左太阳右少阳；太阴在上，则太阳在下，左厥阴右阳明；少阳在上，则厥阴在下，左少阴右太阳；阳明在上，则少阴在下，左太阳右厥阴；太阳在上，则太阴在下，左少阳右少阴。所谓面南而命其位，言其见也。主岁者位在南，故面北而言其左右。在下者位在北，故面南而言其左右也。上，天位也。下，地位也。面南，左东也，右西也，上下异而左右殊也。上下相遘[31]，寒暑相临，气相得则和，不相得则病，木火相临，金水相临，水木相临，土金相临，为相得也。木土相临，土水相临，水火相临，火金相临，金木相临，为不相得也。上临下为顺，下临上为逆。逆亦抑郁而病生，土临君火、相火之类者也。曰：相得而病者，何也？曰：以下临上不当位也。以下临上，谓土临火，火临木，木临水，水临金，金临土，皆为以下临上，不当位也。父子之义，子为下，父为上，以子临父，不亦逆乎！间气何如？岐伯曰：随气所在，期于左右。于左右尺寸四部，分位承之，以知应与不应，过与不过也。曰：期之奈何？曰：从其气则和，逆其气则病。谓当沉不沉，当浮不浮，当涩不涩，当钩不钩，当弦不弦，当大不大之类也。《至真要论》云：厥阴之至，其脉弦；少阴之至，其脉钩；太阴之至，其脉沉；太阳之至，大而浮；阳明之至，短而涩；少阳之至，大而长。至而和则平，至而甚则病，至而反则病，至而不至者病，未至而至者，病阴阳易者危。不当其位者病，见于他位也。迭移其位者病，谓左见右脉，右见左脉，气差错故尔。失守其位者危，已见于他乡，本宫见贼杀之气。尺寸反者死，子午卯酉四岁有之。反，谓岁当阴，在寸脉，而反见于尺，岁当阳，在尺脉，而反见于寸，尺寸俱反乃谓反也。若尺独然，或寸独然，是不应气，非反也。阴阳交者死。寅申巳亥丑未辰戌八年有之。交，谓岁当阴，在右脉，反见左，岁当阳，在左脉，反见右，左右交见，是谓交。若左独然，或右独然，是不应气，非交也。愚按：黄仲理曰：夫运气应时交反脉者，谓取其加临日时，以诊平人，验其病之死生于将来，非已病脉之比也。先立其年以知其气，左右应见，然后乃可以言生死之逆顺。〔续〕《经》言岁气备矣。详此见《六元正纪论》中。〔并五营运论〕

帝曰：夫子言察阴阳所在而调之，论言人迎与寸口相应，若引绳大小齐等，命曰平，〔续〕寸口主中，人迎主外，两者相应，俱往俱来，若引绳也，大小齐等，春夏人迎微大，秋冬寸口微大者，命曰平也。愚按：脉之小大与四时应者平。阴之所在，寸口何如？阴之所在，脉沉不应，引绳齐等，其候颇乖，故问以明之。岐伯曰：视岁南北，可知之矣。曰：愿卒闻之。曰：北政之岁，少阴在泉，则寸口不应；木水金火运，面北受气。凡气之在泉者，脉悉不见，唯其左右之气脉可见之。在泉之气，善则不见，恶者可见，病以气及客主淫胜名之。在天之气，其亦然矣。厥阴在泉，则右不应；〔续〕少阴在右故。太阴在泉,则左不应;〔续〕少阴在左故。南政之岁,少阴司天,则寸口不应;土运之岁,面南行令,故少阴司天,则二手寸口不应。厥阴司天,则右不应;太阴司天,则左不应。〔续〕亦左右义也。诸不应,反其诊则见矣。诸不应,反其诊则见矣,谓诸脉之不应者,岁运之当,经候之常也。今乃见者,其候变也。变则不应者,斯应矣,反变也,诊候也。王注:覆其手者非。曰:尺候何如?曰:北政之岁,三阴在下,则寸不应;三阴在上,则尺不应;〔续〕司天曰上,在泉曰下。南政之岁,三阴在天,则寸不应;三阴在泉,则尺不应;左右同。〔续〕尺不应左右,悉与寸不应义同。故曰:知其要者,一言而终;不知其要,流散无穷。此之谓也。〔续〕要,谓知阴阳所在。知则用之不惑,不知则尺寸之气,沉浮小大,常三岁一差。欲求其意,岂不流散而无穷耶!〔至真要论〕

帝曰:主岁[32]何如?岐伯曰:气有余,则制己所胜而侮所不胜;其不及,则己所不胜侮而乘之,己所胜轻而侮之。木余则制土,轻忽于金,以金气不争,故木恃其余而欺侮也。又木少金胜,土反侮木,以木不及,故土妄凌之也。四气率同。侮,谓侮慢而凌侮也。侮反受邪,寡于畏也。受邪,谓受己所不胜之邪。然舍己宫观,适他乡邦,外强中干,邪胜真弱,寡于敬畏,由是纳邪,故曰寡于畏也。按:《六节藏象论》云:未至而至,此谓太过,则薄所不胜而乘所不[33]胜;命曰气淫。至而不至,此谓不及,则所胜妄行而所生受病,所不胜而薄之,命曰气迫,即此义也。〔五运行论〕

帝曰:愿闻天道六六之节盛衰何也?〔续〕经已启问,未敷其旨,故重问之。岐伯曰:上下有位,左右有纪[34]。〔续〕上下,谓司天地之气二也。余左右四气,在岁之左右也。故少阳之右,阳明治之[35];阳明之右,太阳治之;太阳之右,厥阴治之;厥阴之右,少阴治之;少阴之右,太阴治之;太阴之右,少阳治之。此所谓气之标,盖南面而待之也。〔续〕标,末也。圣人南面而立,以阅气之至也。少阳之上,火气治之,中见厥阴;〔续〕

少阳南方火，故上见火气，治之与厥阴合，故中见厥阴。阳明之上，燥气治之，中见太阴；〔续〕阳明西方金，故上燥气，治之与太阴合，故燥气之下，中见太阴。太阳之上，寒气治之，中见少阴；〔续〕《经》曰：太阳所至为寒生，中为温，与此义同。厥阴之上，风气治之，中见少阳；少阴之上，火气治之，中见太阳；〔续〕少阴所至为热生，中为寒，即此义也。太阴之上，湿气治之，中见阳明。太阴，西南方土，故上湿气治之。与阳明合，故湿气之下，中见阳明。所谓本也，本之下，中之见也，见之下，气之标[36]也。〔续〕本，谓元气也。气别为王。本标不同，气应异象[37]。〔续〕本者，应之元；标者，病之始。病生形用求之标，方施其用求之本，标本不同求之中。见法方全。按《至真要论》云：少阳太阴从本，少阴太阳从本从标，阳明厥阴不从标本从乎中。故从本者化生于本，从标本者有标本之化，从中者以中气为化。曰：其有至而至，有至而不至，有至而太过，何也？〔续〕皆谓天之六气也。初之气，起于立春前十五日。余二、三、四、五，终气次至，而分治六十日余八十七刻半。曰：至而至者和；至而不至者，来气不及也；未至而至，来气有余也。〔续〕时至而气至，和平之应，此为平岁也。假令甲子岁气有余，于癸亥岁未当至之期，先期而至也。乙丑岁气不足，于甲子岁当至之期，后时而至也。故曰来气不及，来气有余也。言初气之至期如此，岁气有余，六气之至皆先期，岁气不及，六气之至皆后时。先时后至，后时先至，各差十三日而应也。按《金匮要略》云：有未至而至，有至而不至，有至而不去，有至而太过。冬至之后得甲子，夜半少阳起，少阴之时阳始生，天得温和。以未得甲子，天因温和，此为未至而至也。以得甲子而天未温和，此为至而不至。以得甲子而天大寒不解，此为至而不去。以得甲子而天温如盛夏时，此为至而太过。此亦论气应之一端也。曰：至而不至，未至而至，何如？〔续〕言太过不及，岁当至早至晚之时应也。曰：应[38]则顺，否[39]则逆，逆则变生，变生则病。当期为应，愆期为否，天地之气生化不息，无止碍也。不应有而有，应有而不有，是造化之气失常，失常则气变，变常则气血纷挠而为病也。天地

变而失常，则万物皆病。〔六微旨论〕

帝曰：愿闻地理之应，六节气位何如？岐伯曰：显明[40]之右，君火之位也；君火之右，退行一步，相火治之；日出谓之显明，则卯之地气分春也。自春分后六十日有奇，斗建卯正至于巳正，君火位也。自斗建巳正未之中，三之气分，相火治之，所谓少阳也。君火之位，所谓少阴，热之分也，天度至此，暄涉大行，居热之分，不行炎暑，君之德也。少阳居之为僭逆，大热早行，疫疠乃生。阳明居之为温凉不时。太阳居之为寒雨间热。厥阴居之为风湿，雨生羽虫。少阴居之为天下疵疫，以其得位，君令宣行故也。太阴居之为时雨。火有二位，故以君火为六气之始也。相火，则夏至日前后各三十日也，少阳之分，火之位矣，天度至此，炎热大行。少阳居之，为热暴至，草萎河干，炎亢，湿化晚布。阳明居之为凉气间发。太阳居之为寒气间至，热争冰雹。厥阴居之为风热大行，雨生羽虫。少阴居之为大暑炎亢。太阴居之为云雨雷电。退，谓南面视之，在位之右也。一步，凡六十日又八十七刻半。余气同法。复行一步，土气治之；〔续〕雨之分也，即秋分前六十日有奇，斗建未正至酉之中，四之气也，天度至此，云雨大行，湿蒸乃作。少阳居之，为炎热沸腾，云雨雷电。阳明居之，为清雨雾露。太阳居之，为寒雨害物。厥阴居之，为暴风雨推位，雨生倮虫。少阴居之，为寒热气反用，山泽浮云，暴雨溽蒸[41]。太阴居之为大雨霪霪[42]。复行一步，金气治之；〔续〕燥之分也，即秋分后六十日有奇，自斗建酉正至亥之中，五之气也，天度至此，万物皆燥。少阳居之为温清更正，万物乃荣。阳明居之为大凉燥疾。太阳居之为早寒。厥阴居之为凉风大行，雨生介虫。少阴居之为秋湿，热病时行。太阴居之，为时雨沉阴。复行一步，水气治之；〔续〕寒之分也，即冬至日前后各三十日，至斗建亥至丑之中，六之气也，天度至此，寒气大行。少阳居之为冬温，蛰虫不藏，流水不冰。阳明居之为燥寒劲切。太阳居之为大寒凝冽。厥阴居之为寒风飘扬，雨生鳞虫。少阴居之为蛰虫出见，流水不冰。太阴居之为凝阴寒雪，地气湿也。复行一步，木气治之；〔续〕风之分也，即春分前六十日有奇也，自斗建丑正至卯之中，初之气也，天度至此，风气乃行，天地神明号令之始，天之使也。少阳居之为温疫至。阳明居之为清风，雾露朦脉。太阳居之为寒风切冽，霜雪水冰。厥阴居之为大风发荣，雨生毛虫。少阴居之为热风伤人，时气流行。太阴居之为风雨，凝阴不散。**复行一步，君火治之。**〔续〕热之分也，复春分始也，自斗建卯正至巳之中，二之气也。凡此六位，终统一年，六六三百六十日，六八四百八十刻，六七四十二刻，其余半刻分而为三，约终三百六十五度也，余其细分率之可也。**相火之下，水气承之；**〔续〕热盛水承，条蔓柔弱，凑润衍溢，水象可见。《经》云：少阳所至为火生，终为蒸溽。则水承之义可见。**水位之下，土气承之；**〔续〕寒甚物坚，水冰流涸，斯见，承下明矣。《经》云：太阳所至为寒雪冰雹白埃。则土气承之义可见。**土位之下，风气承之；**〔续〕疾风之后，时雨乃零，是则湿为风吹，化而为雨。《经》云：太阴所至为湿生，终为注雨。则土位之下，风气承之而为雨也。又云：太阴所至为雷霆骤注烈风。则风气承之义也。**风位于下，金气承之；**〔续〕风动气清，万物皆燥，金承木下，其象昭然。《经》云：厥阴所至为风生，终为肃清。则金承之义可见。**金位之下，火气承之；**〔续〕锻金生热，则火流金乘火之上，理无妄也。《经》云：阳明所至为散落，温则火乘之义。**君火之下，阴精承之。**〔续〕君火之位，大热不行，盖为阴精制承其下也。诸以所胜之气承于下者，皆折其慓[43]盛，此天地造化之大体耳。《经》云：少阴所至为热生，终为寒。则阴承之义可知。《六元正纪论》云：水发而雹雪，土发而飘骤，木发而毁折，金发而清明，火发而曛昧，何气使然？曰：气有多少，发有微甚，微者当其气，甚者兼其下，征其下气则象可见也。所谓征其下者，即此六承之气也。**曰：何也？曰：亢则害，承乃制，制生则化[44]，外列盛衰[45]，害则败乱，生化大病。**愚按：王安道曰：自"显明之右"至"君火治之"十五句，言六节所治之位也；自"相火之下"至"阴精承之"十二句，言地理之应乎岁气也；"亢则害，承乃制"二句，言抑其过也；"制生则化"至"生化大病"四句，言有制之常与无制之变也。承犹随也，不曰随而曰承者，以下言之则有上奉之象，故曰承。虽谓之承，而有防之之义存焉。亢者，过极也。害者，害物也。制者，克胜之也。然所承也，其不亢则随之而已，故虽承而不见。既亢则克，胜以平之，承斯见矣。故后篇厥阴所至为风生，终为肃；少阴所至为热生，终为寒之类。其为风生，为热生者，亢也。其为肃为寒者，制也。又水发而为雹雪，土发而为飘骤之类。其水发土发者，亢也。其雹雪飘骤者，制也。若然者，则造化之常不能以无亢，亦不能以无制能焉耳。夫前后二篇，所主虽有岁气、运气之殊，然亢则害承乃制之道，盖无往而不然也。故求之于人，则五脏更相平也。一脏不平，所不胜平之，五脏更相平，非不亢而防之乎！一脏不平，所胜平之，非既亢而克胜之乎！姑以心火而言，其不亢，则肾水虽心火之所畏，亦不过防之而已。一或有亢，则起而克胜之矣。余脏皆然。制生则化，当作制则生化。盖传写之误，读之者求之不通，遂并遗四句而弗取，殊不知上二句止言亢而害，害而制耳。此四句乃害与制之外之遗意也，苟或遗之，则无以见经旨之周悉矣。制则生化，正与下文害则败乱相对，辞理俱顺。制则生化者，言有所制，则六气不至于亢而为平，平则万物生，生而变化无穷矣。化为生之盛，故生先于化也，外列盛衰者，言六气分布主治，迭为盛衰，昭然可见，故曰外列害则败乱。生化大病者，言既亢为害而无所制，则败坏乖乱之政行矣。败坏乖乱之政行，则其变极矣，其灾甚矣，万物岂有不病者乎！生化指[46]所生化者，言谓万物也，以变极而灾甚，故曰大病上生化以造化之用言，下生化以万物言，以人论之，制则生化，犹元气周流滋营一身，凡五脏六腑四肢百骸九窍皆藉焉，以为动静。云：为之主生化大病，犹邪气恣横，正气耗散。凡五脏六腑、四肢百骸、九窍举不能遂其运用之常也，或以害为自害，或以承为承藉，或以生为自无而有化为自有[47]无，或以二生化为一意，或以大病为喻造化之机息，此数者，皆非也。且夫人之气也，固亦有亢而自制者，苟亢而不能自制，则汤液针石导引之法以为之助。若天地之气其亢而自制者，固复于平亢而不制者，其孰助哉！虽然造化之道，苟变至于极，则亦终必自反而复其常矣。帝曰：盛衰何如？岐伯曰：非其位[48]则邪，当其位则正，邪则变甚，正则微。曰：何谓当位？曰：木运临卯，火运临午，土运临四季，金运临，水运临子，所谓岁会[49]，气之平也。〔续〕非太过，非不及，是谓平运主岁也。平岁之气，物生脉应，皆必合期，无先后也。木运临卯，丁卯岁也。火运临午，戊午岁也。土运临四季,甲辰、甲戌、己丑、己未岁也。金运临乙酉岁也。水运临子,丙子岁也。内戊午、己丑、己未、乙酉,又为太乙天符。曰:非位何如?曰:岁不与会也。不与本辰相逢会也。曰:土运之岁,上见太阴;火运之岁,上见少阳、少阴;少阳、少阴皆火气。金运之岁,上见阳明;木运之岁,上见厥阴;水运之岁,上见太阳,奈何?曰:天之与会也。〔续〕天气与运气相逢会也。土运之岁,上见太阴,己丑、己未也。火运之岁,上见少阳,戊寅、戊申也;上见少阴,戊子、戊午也。金运之岁,上见阳明,乙卯、乙酉也。木运之岁,上见厥阴,丁巳、丁亥也。水运之岁,上见太阳,丙辰、丙戌也。内己丑、己未、戊午、乙酉,又为太乙天符。又按《六元正纪论》云:太过而同天化者三,不及而同天化者亦三,戊子、戊午太徵上临少阳,戊寅、戊申太徵上临少阳,丙辰、丙戌太羽上临太阳,如是者三。丁巳、丁亥少角上临厥阴,乙卯、乙酉少商上临阳明,己丑、己未少宫上临太阴,如是三。临者太过不及,皆曰天符也。故《大元册》曰天符。天符岁会何如?曰:太乙天符之会也。是谓三合,一者天会,二者岁会,三者运会。《天元纪论》曰:三合为治。此之谓也。太乙天符详,具《天元纪论》中。〔六微旨论〕

帝曰:四时之气,至有早晏高下左右,其候何如?岐伯曰:行有逆顺,至有迟速,故太过者化先天,不及者化后天。〔续〕气有余,故化先;气不足,故化后。曰:愿闻其行何谓也?曰:春气西行,夏气北行,秋气东行,冬气南行。〔续〕观万物生长收藏,如斯言。故春气始于下,秋气始于上,夏气始于中,冬气始于标。春气始于左,秋气始于右,冬气始于后,夏气始于前。此四时正化之常。〔续〕察物以明之,可知也。故至高之地,冬气常在,至下之地,春气常在,〔续〕高山之颠,盛夏冰雪,污下川泽,严冬草生,常在之义足明矣。按"五常政论"云:高者气寒,下者气热是也。必谨察之。帝曰:天地之气,终始奈何?岐伯曰:数之始,起于上而终于下。岁半之前,天气主之;岁半之后,地气主之;〔续〕王注:岁半,立秋之日也。《新校正》云:初气交司在岁前大寒日,岁半当在立秋前一气之十五日，不得云立秋之日也。**上下交互，气交主之**。〔续〕交互，互体也。上体下体之中，有二互体也，气交主之。愚谓：大寒前后与立秋前后也。**岁纪毕矣。故曰：位明岁[50]月可知乎，所谓气也**。〔续〕大凡一气，主六十日而有奇，以立位数之位，同一气则月之节气中气可知也。故言天地者以上下体，言胜复者以气交，言横逆者以上下互，皆以节气推之，候之灾眚，变复可期矣。机案：吴草庐《运气考定·序》曰：世之言运气者，率以每岁大寒节为今年六之气所终，来年一之气所始，其终始之交隔越一气，不相接续，予尝疑于是，后见杨子建《通神论》，乃知其论已先于予。郓城曹大本、彦礼甫、好邵学，予请以先天后天卦明之。夫风木冬春之交北东之维。艮，震也，君火春夏之交东南之维；震，巽也，相火正夏之时，正南之方离也，湿土夏秋之交南西之维；坤，兑也，燥金冬秋之交西北之维；兑，乾也，寒水正冬之时，正北之方坎也，此主气之定布也。地初正气子中，而丑中震也；地后间气丑中，而卯中离也。天前间气卯中，而巳中兑也；天中正气巳中，而未中乾巽也；天后间气未中，而酉中坎也。地前间气酉中，而亥中艮也；地终正气亥中，而子中坤也。此客气之加临者也。主气土居二火之后，客气土行二火之间，终艮始艮，始天卦位也。始震终坤先天卦序也。世以岁气起大寒节者，似协后天终艮始之文，然而非也。子建以岁气起冬至者，宜契先天始震终坤之义。子午岁之冬至起燥金而生丑中之寒；水丑未岁之冬至起寒水而生丑中之风木。寅申岁起风木，卯酉岁起君火，辰戌岁起湿土，已亥岁起相火，皆肇端于子半六气相生，循环不穷，岂岁间断于传承之际哉。然则终始乎艮者，可以分主气所居之位，而非可以论客气所行之序也。彦礼甫于经传之所，已言采拾详矣。惟此说乃古今之所未发，敢为诵之，以补遗阙。予与之聚处国学获睹其书，遂为志其卷首。又曰：天地阴阳之运往过来，续木火土金水始终。终始如环，斯循六气相生之序也。岁气起于子中，尽于子中，故曰冬至子之半天心无改移，子午之岁始冬至燥金三十日，然后禅于寒水，以至相火日各六十者五，而小雪以后其日三十复终于燥金。丑未之岁始冬至寒水三十日，然后禅于风木，以至燥金日各六十日五，而小雪以后其日三十复终于寒水，寅申以下皆然。如是六十年至千万年，气序相生而无间，非小寒之末无所于授，大寒之初无所于承，隔越一气不相接续，而截自[51]大寒为次年，初气之首也。此造化之妙，《内经》秘而未发，启玄子阙而未言。近代杨子建昉[52]推而得之。兹说与经不合，然[53]极有理，谨附于此。俾学人知之。曰：余司其事，则而行之，不合其数，何也？曰：气用多少，化治[54]有盛衰，衰盛多少，同其化也。曰：愿闻同化何如？曰：风温春化同，热熏昏火夏化同，胜与复同，燥清烟露秋化同，云雨昏暝埃长夏化同，寒气霜雪冰冬化同，此天地五运六气之化，更用衰盛之常也。曰：五运行同天化[55]者，命曰天符，予知之矣。愿闻同地化[56]者何谓也？曰：太过而同天化者三，不及而同天化者亦三，太过而同地化者三，不及而同地化者亦三，此凡二十四岁。〔续〕六十年中，同天地之化者，凡二十四岁，余悉随已多少。曰：愿闻其所谓也。曰：甲辰甲戌太宫下加[57]太阴，壬寅壬申大角下加厥阴，庚子庚午大商下加阳明，如是者三。癸巳癸亥少徵下加少阳，辛丑辛未少羽下加太阳，癸卯癸酉少徵下加少阴，如是者三。戊子戊午大徵上临[58]少阴，戊寅戊申大徵上临少阳，丙辰丙戌大羽上临太阳，如是者三。丁巳丁亥少角上临厥阴，乙卯乙酉少商上临阳明，己丑己未少宫上临太阴，如是者三。除此二十四岁，则不加不临也。曰：加者何谓？曰：太过而加同天符，不及而加同岁会也。曰：临者何谓？曰：太过不及，皆曰天符，而变行有多少，病形有微甚，生死有早晏耳。帝曰：六位之气，盈虚何如？岐伯曰：太少异也，太者之至徐而常，少者暴而亡。〔续〕力强而作，不能久长，故暴而亡也。亡，无也。曰：天地之气盈虚何如？曰：天气不足，地气随之，地气不足，天气从之。运居其中，而常先也。〔续〕运，谓木火土金水各主岁者也。地气胜则脏运上升，天气胜则脏运下降，上升下降，运气常先迁降也。恶所不胜，归所同和[59]，随运归从而生其病也。〔续〕非其位则变生，变生则病作。故上胜则天气降而下，下胜则地气迁而上，〔续〕胜，谓多也。上多则自降,下多则自迁,多少相移,气之常也。胜[60]多少而差其分,〔续〕多则迁降多,少则迁降少,多少之应,有微有甚之异也。微者少差,甚者大差,甚则位易气交易,则大变生而病作矣。《大要》曰:甚纪五分,微纪七分,其差可见。此之谓也。〔续〕以其五分七分之[61],所以知天地阴阳过差矣。〔六元正纪论〕

帝曰:其贵贱何如?岐伯曰:天符为执法,〔续〕犹相辅。岁位为行人[62],〔续〕犹方伯。太乙天符为贵人。〔续〕犹君王。曰:邪之中也奈何?曰:中执法者,其病速而危;〔续〕执法官人之[63],有为邪僻,故病速而危。中行令者,其病徐[64]而持[65];〔续〕方伯无执法之权,故无速害,病但执持而已。中贵人者,其病暴而死。〔续〕义无移犯,故病则暴而死。曰:位之易[66]也何如?曰:君位臣则顺,臣位君则逆。逆则其病近,其害速;顺则其病远,其害微。所谓二火也。〔续〕相火居君位,是臣位居君位,故逆也。君火居相火,是君位居臣位,君临臣位,故顺也。远谓里远,近谓里近。〔六微旨论〕

帝曰:何谓太虚?曰:大气举之[67]也。〔续〕言太虚无碍,地体何凭而山住耶?大气,谓造化之气,任持太虚者也。故以太虚不屈,地久天长者,盖由造化之气任持之也。气化而变,不任持之,则太虚之气亦败坏耳。夫落叶飞空,不疾而下,为其乘气,故势不得速焉。凡之有形,处地之上者,皆有生化之气任持之也。然器有大小不同,坏有迟速之异,及至气不任持,则大小之坏一也。燥以乾之,暑以蒸之,风以动之,湿以润之,寒以坚之,火以温之,故风寒在下,燥热在上,湿气在中,火游行其间,寒、暑六入,故令虚而化生[68]也。地体之中,元有六入:曰燥,曰暑,曰风,曰湿,曰寒,曰火。受燥故干性生焉,受暑故湿性生焉,受风故动性生焉,受湿故润性生焉,受寒故坚性生焉,受火故温性生焉,此谓天之六气也。今按:寒暑六入者,以其燥温统于风,寒火统于暑与热。故燥胜则地干,暑胜则地热,风胜则地动,湿胜则地泥,寒胜则地裂,火胜则地固矣。〔续〕六气之用。〔五运行论〕

帝曰:胜复之动,时有常乎?气有必乎?岐伯曰:时有常位,而气无必也。〔续〕虽位有常,而发动有无,不必定之有也。曰:愿闻其道。曰:初气终三气,天气主之,胜之常也。四气尽终气,地气主之,复之常也。有胜则复,无胜则否。曰:复已而胜何如?曰:胜至则复,无常数也。衰乃止耳。〔续〕胜微则复微,故复已而又胜,胜甚则复甚,故复已则少有再胜者也,假有胜者,亦随微甚而复之尔。然胜复之道虽无常数,至其衰谢,则胜复皆自[69]也。复已而胜,不复则害,此伤生也。〔续〕有胜无复,是复气已衰,衰不能复,是天真之气已伤败甚而生意尽。曰:复而反病何也?曰:居非其位,不相得也。太复其胜则主胜之,故反病也。〔续〕舍己宫观,适于他邦,己力已衰,主不相得,怨随其后,唯便是求,故力极而复,主反袭之,反自病者也。所谓火燥热也。〔续〕少阳,火也。阳明,燥也。少阴,热也。少阴少阳在泉,为火居水位。阳明司天,为金居火位。金复其胜,则火主胜之。火复其胜,则水主胜之。余气胜复,则无主胜之病气也。故又曰所谓火燥热也。曰:治之奈何?曰:夫气之胜也,微者随之,甚者制之,气之复也,和者平之,暴者夺之。皆随胜气,安其屈伏,无问其数,以平为期,此其道也。〔续〕随,谓随之。安,谓顺胜气以和之也。制,谓制止。平,谓平调。夺谓夺其胜气也。治此者,不以数之多少,但以气平和为准度尔。〔至真要论〕

帝曰:气之上下何谓也?曰:身半以上,其气三矣,天之分也,天气主之。身半以下,其气三矣,地之分也,地气主之。以名命气,以气命处,而言其病。半,所谓天枢也。〔续〕身之半,正谓脐中也。伸臂指天,舒足指地,以绳量之,正当脐也,故又曰半,所谓天枢也。天枢,正当脐两旁同身寸之二寸。其气三者,假如少阴司天,则上有热中有太阳兼之三也。六气皆然。司天者其气三,司地者其气三,故身半以上三气,身半以下三气也。以名言其气,以气言其处,以气处寒热,而言其病之形症也。如足厥阴气,居足及股胫内侧,上行少腹循胁。足阳明气,在足上,胻外,股前,上腹脐之旁,循胸乳上面。足太阳气，起目，上额络头，下项背过腰，横过髀枢股后，下行入腘贯腨，出外踝之后，足小趾外侧。足太阴气，循足及股胫之内侧，上行腹胁之前。足少阴同之。足少阳气，循胫外侧，上行腹胁之侧，循颊耳至目锐眦，在首之侧。此足六经之部主也。手厥阴少阴太阴气，从心胸横出，循臂内侧，至中指、小指、大指之端。手阳明、太阳、少阳气，并起手表，循臂外侧，上肩及甲上头。此手六气之部主也。欲知病诊，当随气所在以言之，当阴之分，冷病归之，当阳之分，热病归之，故胜复之作，先言病生寒热者，必依此物理也。按《六微旨论》云：天枢之上，天气主之。天枢之下，地气主之。气交之分，人气从之。**故上胜而下俱病者，以地名之。下胜而上俱病者，以天名之。**〔续〕彼气既胜，此未能复，抑郁不畅而无所行，进则困于仇嫌，退则穷于拂塞，故上胜至，则下与俱病，下胜至，则上与俱病。上胜下病地气郁也，故从地郁以名地病。下胜上病，天气塞也，故从天塞以名天病。夫以天名者，方顺天气为制，逆地气而攻之。以地名者，方从天气为制则可。假如阳明司天，少阴在泉，上胜而下俱病者，是拂于下而生也，天气正胜，天[70]可逆之，故顺天之气，方同清也。少阴等司天上下胜同法。《六元正纪论》云：上胜则天气降而下，下胜则地气迁而上。此谓之也。**所谓胜至，报气屈伏而未发也。复至则不以天地异名，皆如复气为法。**〔续〕胜至未复而病生，以天地异名为式。复气已发，则所生无问上胜下胜，悉皆依复气为病，寒热之主也。〔至真要论〕

帝曰：天地之气何以候之？岐伯曰：天地之气，胜复之作，不形于诊也，言平气及胜复，皆以形症观察，不以诊知也。**《脉法》曰：天地之变，无以脉诊，此之谓也。**天地以气不以位，故不当以脉知。〔五运行论〕

厥阴之至，其脉弦，软虚而滑，端直以长，是谓弦。实而弦则病，不实而微亦病，不端长直亦病，不当其位亦病，位不能弦亦病。**少阴之至，其脉钩，**来盛去衰，如偃带钩，是谓钩。来不盛去反盛则病，来盛去盛亦病，来不盛去不盛亦病，不当其位亦病，位不能钩亦病。**太阴之至，其脉沉，**沉，下也。按之乃得，下，下诸位脉也。沉甚则病，不沉亦病，不当其位亦病，位不能沉亦病。**少阳之**

至大而浮，浮，高也。大，谓稍大诸位脉也。大浮甚则病，浮而不大亦病，大而不浮亦病，不大不浮亦病，不涩亦病，不当其位亦病，不能大浮亦病。阳明之至短而涩，往来不利，是谓涩。往来不远，是谓短。短甚则病，涩甚则病，不短不涩亦病，不涩亦病，不当其位亦病，位不能短涩亦病。太阳之至大而长。往来远是谓长。大甚则病，长甚则病，长而不大亦病，大而不长亦病，不当其位亦病，位不能长大亦病。至而和则平，不大甚则为平调，不弱不强是为和。至而甚则病，弦似张弓弦，滑如连珠，沉而附骨，浮高于皮，涩而止住，短如麻黍，大如帽簪，长如引绳，皆谓至而大甚也。至而反者病。应弦反涩，应大反细，应浮反沉，应沉反浮，应短涩反长滑，应软虚反强实，应细反大，是皆为气反常平之候，有病乃如此见也。至而不至者病，气位已至，而脉气不应也。未至而至者病，按历古法，凡得节气，当年六位之分，当如南北之岁，脉象改易而应之。气序未移而脉先变易，是先天而至，故病。阴阳易者[71]危。不应天常，气见交错，失其常位，更易见之，阴位见阳脉，阳位见阴脉，是易位而见也，二气交错，故病危。《六微旨论》云：至而至者和，至而不至，来气不及也；未至而至，来气有余也。曰：至而不至，未至而至，何也？曰：应则顺，否则逆，逆则变生，变生则病。曰：请言其应。曰：物生其应也，气脉其应也。所谓脉应，即此脉应也。〔至真要论〕

厥阴所至为里急，筋软缩，故急。为支痛[72]，为緛戾，为胁痛呕泄。利也。少阴所至为疡疹身热，火气生也。为惊惑恶寒战慄谵乱言也。妄，为悲妄衄衊，污血，亦脂也。为语笑。太阴所至为积饮痞膈，土气也。为蓄满，为中满霍乱吐下，为重胕肿。胕肿，谓肉泥，按之不起也。少阳所至为嚏呕，为疮疡，火气生也。为惊躁瞀昧暴病，为喉痹耳鸣呕涌，溢食不下。为暴注瞤瘛暴死。阳明所至为浮虚，薄肿按之复起。为鼽尻阴股膝髀腨胻足病，为胁痛皴揭[73]，身皮麸象。为鼽嚏。太阳所至为屈伸不利，为腰痛，为寝汗睡中汗发于胸，溢颈腋之间。痉，流泄禁止，病之常也。〔六元正纪论〕或问：《五运》《六气》《内经》讲论诸方，所略其理，奥妙未易造入，原发明焉。丹溪曰：医学之初，宜须识病机之变化，论人形而处治。若便攻于气运，恐流于马宗素之徒，而云其生人于某日病属其经，用某药治之之类也。又问：人之五脏六腑，外应天地，司气司运，八风动静之变，人应气焉，岂不切当。苟不知此，为医未造其理。何以调之？曰：杨太受尝云：五运、六气须每日候之，记其风雨晦明，而有应时作病者，有伏气后时而有病者，故病冲而动者，体认纯熟，久久自能造其至极。王安道曰：运气七篇与《素问》诸篇自是两书，作于二人之手，其立意各有所主，不可混言。王冰以为七篇参入《素问》之中，本非《素问》原文也。又运气之说，褚澄尝议之矣，曰：大桡作甲子纪岁年耳，非言病也。夫天地五行，寒暑风雨，仓卒而变，人婴斯气，作疾于身，气难预期。故疾难预定，气非人为；故疾难人测，推验多乖，拯救易误。俞扁弗议，淳华弗稽，运气之书，岂非后人托名于圣哲耶！黄仲理曰：南北二政三阴，司天在泉，寸尺不应交反脉，图并图解。运气图说，出刘温舒《运气论奥》。又六气上下加临，补泻病症图并汗差棺墓图歌括，出浦云《运气精华》。又五运六气加临，转移图并图说，出刘河间《原病式》。后人采附仲景《伤寒论》中。夫温舒、浦云、守真三家之说，岂敢附于仲景之篇，特后人好学人为之耳。又曰：运气之说，仲景三百九十七法无一言及之者，非略之也，盖有所不取也。

【校注】

① 制：节也，度也，此有计算标志之意。

② 奇：余数之意。

③ 立端：指确立岁首。

④ 表：圭表也，古代天文仪器之一。

⑤ 天：天干。

⑥ 年之所加：指各年主客加临之期。

⑦ 五运之始：指五运更迭之次序。

⑧ 淫：太过也。

⑨ 迫：窘迫，此指气不及。

⑩ 不袭：指五运之气不相承袭。

⑪ 变：指反常气候。

⑫ 化：化育。

⑬ 极：终也，尽也。

⑭ 神：玄机，灵动之机。

⑮ 圣：超凡脱俗之智。

⑯ 玄：幽远，微妙。

⑰ 道：生命之道。

⑱ 二：石印本作“三”。

⑲ 应天为天符：指中运之气与六气中的司天之气相应相合，称之为“天符”之年。

⑳ 承岁为岁直：指中运之气的五行属性与岁支的五行属性相同，称之“岁直”之年。

㉑ 上奉之：指天气承奉于上。

㉒ 五岁：指五运的最小周期，每年一运。

㉓ 六期：六年周期，为六气的最小周期。

㉔ 正：通“政”。

㉕ 丹：赤色。

㉖ 黅（jīn　今）：黄色。

㉗ 苍：青色。

㉘ 素：白色。

㉙ 玄：黑色。

㉚ 阴阳：三阴三阳也。

㉛ 上下相遘：司天在上，在泉在下，五运居中，三气相交。

㉜ 主岁：指五运六气各有主岁之时。

㉝ 不：据文义，“不”字系衍文。

㉞ 上下有位，左右有纪：指司天在泉，上下有其主位，左右间气有其运行条理。

㉟ 少阳之右，阳明治之：指少阳司天右间气为阳明分治。下文类推。

㊱ 气之标：指三阴三阳为六气之标象。

㊲ 本标不同，气应异象：由于标与本的不同，气之从化也有不同情况。

㊳ 应：指时与气相应。

㊴ 否：指时与气不相应。

㊵ 显明：日出之位。

㊶ 溽（rù 褥）蒸：湿气重蒸。溽，湿热。

㊷ 霪霪（yínyín 淫）：久雨浸淫。

㊸ 慓：同“剽”。迅捷勇猛。

㊹ 制生则化：据《素问》及注文当作“制则生化”。意为有制约才能有平衡，平衡而能生化。

㊺ 外列盛衰：盛而衰，衰而盛，是制化的外在表现。

㊻ 指：据石印本应作“之”。

㊼ 有：据石印本后应有“而”字。

㊽ 非其位：指五运与五方的不相合。

㊾ 岁会：指年运与岁支的五行属性相同的年份。

㊿ 岁：《素问》作“气”。

51 自：据石印本应作“其”。

52 昉：据文义应作“旁”。

53 然：据石印本然下有“言”字。

54 化治：五运六气相合之化。

55 同天化：岁运与司天之气一致。

56 同地化：岁运与地泉之气一致。

57 下加：下加于上为加运，与在泉同化谓之下加。

58 上临：上临于下为临运，与司天同化谓之上临。

59 归所同和：岁运在司天在泉之气相同。

60 胜：《素问》无此字。

61 之：据《素问》王注“之”字后有“纪”字。

62 人：据《素问》应作“令”。

63 之：据《素问》王注“之”字后有“绳准”两字。

64 徐：指发病缓慢。

65 持：疾病持久不愈。

66 位之易：指主气、客气易位。

67 大气举之：大地在太虚之中是依靠大气托举。

68 虚而化生：指自然空间虚寓，气才能生化。

69 自：据《素问》其下应有“止”字。

70 天：《素问》王注作“安”，于义较胜。

71 阴阳易者：指阳病阳脉不见于阳位而见阴位，阴病阴脉不见于阴位而见阳位。

72 支痛：两胁胀痛，如物所支。

73 皴揭：肌肤粗糙如麸皮。

卷下之四

汇　萃

辞不可属，事不可比，森乎众也，且汇萃钞。

帝曰：人年老而无子[①]者，材力尽[②]耶？〔续〕材，谓材干，可以立身者。将天数[③]然也？愚谓：天癸之数也。岐伯曰：女子七岁，肾气盛，齿更发长。〔续〕老阳之数极于九，少阳之数次于七，女子为少阴之气，故以少阳数偶之，明阴阳气和，乃能生成其形体，故七岁肾气盛，齿更发长。二七而天癸至，任脉通，太冲脉盛，月事以时下，故有子。〔续〕癸，北方水干名也。任脉、冲脉，皆奇经脉也。肾气全盛，冲任流通，经血渐盈，应时而下，天真之气降，与之从事，故云天癸也。然冲为血海，任主胞胎，二者相资，能故有子。谓月事者，平和之气，常以三旬而一见也，愆期谓之有病。三七，肾气平均，故真牙生而长极。〔续〕真牙，谓牙之最后生者，表牙齿为骨之余也。四七，筋骨坚，发长极，身体盛壮，〔续〕天癸七七而终，年居四七，材力之半，故身体壮盛长极于斯。五七，阳明脉衰，面始焦，发始堕。〔续〕手足阳明之脉气营于面，循发际，至额颅，故其衰也，发堕面焦。六七，三阳脉衰于上，面皆焦，发始白。〔续〕三阳之脉，尽上于头，故衰则面焦发白，所以衰者，妇人有余于气，不足于血，以其经月数泄之故。七七，任脉虚，太冲脉衰少，天癸竭，地道不通，故形坏而无子也。〔续〕经水绝止，是为地道不通。冲任衰微，故形坏无子。丈夫八岁，肾气实，发长齿更。〔续〕老阴之数极于十，少阴之数次于八，男子为少阳之气，故以少阴数合之。《易》曰：天九地十是也。二八，肾气盛，天癸至，精气溢泻，阴阳和，故能有子。〔续〕男子之质不同，精血之形亦异，阴静海满而去血，阳动应合而泄精，二者通和，故能有子。《易》曰：男女遘精，万物化生是也。三八，肾气平均，筋骨劲强，故真牙生而长极。四八，筋骨隆盛，肌肉满壮。〔续〕丈夫天癸，八八而终，年居四八，亦材力之半也。五八，肾气衰，发堕齿槁[4]，〔续〕肾主于骨，齿为骨余，肾气既衰，精无所养，故发堕而齿干枯。六八，阳气衰竭于上，面焦，发鬓颁白。〔续〕阳气，阳明之气也。七八，肝气衰，筋不能动，天癸[5]竭，精少，肾脏衰，形体皆极，八八，则齿发去。〔续〕肝气养筋，肝衰故筋不能动；肾气养骨，肾衰故形体疲极。天癸已竭，故精少也；阳气竭，精气衰，故齿发皆落矣。非惟材力衰谢，固亦天数使然。肾者主水，受五脏六腑之精而藏之，故五脏盛，乃能泻。〔续〕五脏六腑，精气淫溢而渗灌于肾，肾乃受而藏之。此乃肾为都会关司之所，非肾一脏而独有精，故曰五脏盛乃能泻也。今五脏皆衰，筋骨解堕[6]，天癸尽矣，故发鬓白，身体重，行步不正，而无子尔。曰：其有年已老而有子者何也？〔续〕言以非天癸之数也。曰：此其天寿过度[7]，气脉常通，而肾气有余也。〔续〕所禀天真之气，本自有余也。此虽有子，男不过尽八八，女不过尽七七，而天地之精气皆竭矣。〔续〕老而生子，子寿不能过天癸之数。〔上古天真论〕

天食[8]人以五气，地食人以五味。〔续〕天以五气食人者，臊气凑肝，焦气凑心，香气凑脾，腥气凑肺，腐气凑肾也。地以五味食人者，酸味入肝，苦味入心，甘味入脾，辛味入肺，咸味入肾也。清阳化气而上为天，浊阴成味而下为地，故天食人以气，地食人以味也。《经》曰：阳为气，阴为味是也。五气入鼻，藏于心肺，上使五色修明，音声能彰。五味入口，藏于肠胃，味有所藏，以养五气，气和而生，津液相成，神乃自生。〔续〕心荣面色，肺主音声，故气藏于心肺，上使五色修洁分明，音声彰著。气为水母，故味藏于肠胃，内养五气，五气和化，津液方生，津液与气，相副化成，神气乃能生而宣化也。〔六气[9]脏象论〕

天气，清静光明者也，愚谓：天气清静，故光明不竭。人能清静，则寿亦延长。藏德[10]不止，止，一作上。故不下也。〔续〕四时成序，七曜周行，天不形言，是藏德也，德隐则应用不屈，故不下也。言天至尊高，德犹见隐，况全生之道，不顺天乎。天明[11]则日月不明，邪害空窍。〔续〕大明见则小明灭，故大明之德不可不藏。天若自明，则日月之明隐矣。喻人当清静法道，以保天真。苟离于道，则虚邪入于空窍。阳气者闭塞，地气者冒明，〔续〕阳谓天气，亦风热也。地气谓湿，亦云雾也。风热害人，则九窍闭塞；雾湿为病，则掩医[12]清明。取类者，在天则日月不光，在人则两目藏曜也。云雾不精，则上应白露不下。〔续〕雾者云之类，露者雨之类。夫阳盛则地不上应，阴虚则天不下交，故云雾不化精微之气，上应于天而为白露不下之咎矣。《经》曰：地气上为云，天气下为雨；明二气交合，乃成雨露。又曰：至阴虚，天气绝，至阳盛，地气不足。明气不相召，亦不能交合也。交通不表，万物命故不施，则名木多死。〔续〕表，谓表陈其状。《易》曰：天地絪缊，万物化醇。然不表交通，则为否也。名，谓名果珍木。夫云雾不化其精微，雨露不沾于原泽，是为天气不降，地气不腾。变化之道既亏，生育之原斯泯，故万物之命，无禀而生，然其死者，则名木先应。恶气不发，风雨不节，白露不下，则菀槁不荣，〔续〕恶，谓害气也，发，谓发散，节，谓节度，菀，谓蕴积，菀，谓枯槁，言常气伏藏而不散，风雨无度，折伤复多，槁物蕴积，春不荣也。岂惟其物独遇是而有之？人离于道，亦有之矣。故下文云：贼风数至，暴雨数起，天地四时不相保，与道相失，则未央[13]绝灭。〔续〕不顺四时之和，数犯八风之害，与道相失，则天真之气未期久远，而致灭亡。央，久也，远也。惟圣人从之，故身无奇病，万物不失，生气不竭[14]。王注：圣人法天地，藏德，恬淡虚无，精神内守，病安从来？又云：从，犹顺也，谓顺四时之令也。然四时之令，不可逆之，逆之则五脏内伤而他疾起矣。苍天之气，清净〔续〕春为苍天发生之主。则志意治，顺之则阳气固，虽有贼邪，弗能害也，亦以天道喻诸人也。此因时之序。以因天四时之气序，故贼邪之气不能害也。故圣人传精神，服天气[15]，而通神明。流通精神，不耗不治。王注：久服天真之气，则妙用自通于神明也。失之则内闭九窍，外壅肌肉，卫气散解，〔续〕失，谓逆苍天清净之理也。卫气者，合天之阳气也，所以温分肉而充皮肤，肥腠理而司开阖。故失其度则内闭九窍，外壅肌肉，以卫不营运，故言散解也。此谓自伤，气之削也。〔续〕夫逆苍天之气，违清静之理，使正真之气如削去者，非天降之，人自为之尔。阳气者，若天与日，失其所则折寿而不彰，〔续〕此明前阳气之用也。喻人之有阳，若天之有日，天失其所则日不明，人失其所则阳不固，日不明则天暗，阳不固则人夭。故天运当以日光明。喻人之生，固宜藉其阳气。愚谓：天之运行不息，以藏隐其气，而日月得以光明也。〔生气通天论〕

阴气者，静则神藏，躁则消亡，〔续〕阴，谓五神脏也。言人安静不涉邪气，则神气宁而内藏，人躁动触冒邪气，则神被害而离散，脏无所守，故曰消亡。饮食自倍，肠胃乃伤。〔续〕脏以躁动致伤，腑以食饮气损，皆谓过用越性则受其邪也。〔痹论〕

岐伯曰：根于中者，命曰神机，神去则机息。根于外者，命曰气立，气止则化绝。诸有形之类，根于中者，生源系天，其所动浮，皆神气为机发之主，故其所为也，物莫之知，是以神舍去，则机发动用之道息矣。根于外者，生源系地，故其生长化成收藏，皆为造化之气所成立，故其所出也，物亦莫之知，是以气止息，则生化结成之道绝灭矣。其木火土金水，燥湿液坚柔，虽常性不易，及乎外物去，生气离，根化绝止，则其常体性颜色，皆必小变移其旧也。《六微旨论》

云：出入废则神机化灭，升降息则气立孤危。故非出入，则无以生长壮老已；非升降，则无以生长化收藏。〔五常政大论〕

帝曰：何谓三部？岐伯曰：有下部，有中部，有上部，部各有三候。三候者，有天有地有人也，必指而导之，必因师指引教导。乃以为真。上部天，两额之动脉；〔续〕在额两旁，动应于手，足少阳脉气所行。上部地，两颊之动脉；在鼻孔下两旁，近于巨髎之分，动应于手，足阳明脉气所行。上部人，耳前之动脉。在耳前陷者中，动应于手，手少阳脉气所行。中部天，手太阴也；肺脉也。在掌后寸口中，是谓经渠，动应于手。中部地，手阳明也；大肠脉也。合谷之分，动应于手。中部人，手少阴也。心脉也。在掌后锐骨之端，神门之分，动应于手也。《灵枢经》曰：少阴无输，心不病乎？曰：其外经病而脏不病，故独取其经中掌后锐骨之端。正谓此也。下部天，足厥阴也；肝脉也，在毛际外，羊矢下一寸半陷中，五里之分，卧而取之，动应于手。女子取太冲，在足大趾本节后二寸陷中是。下部地，足少阴也；肾脉也。在足内踝后跟骨上陷中，太溪之内，动应手。下部人，足太阴也。脾脉也。在鱼腹上越筋间，直五里下，箕门之分，宽巩足单衣，沉取乃得之，动应于手。候胃气者，当取足跗上，冲阳之分，动脉应手。故下部之天以候肝，地以候肾，人以候脾胃之气。脾与胃以膜相连，故兼候胃也。曰：中部之候奈何？曰：亦有天，亦有地，亦有人。天以候肺，地以候胸中之气，手阳明脉当其处。《经》云：肠胃同候，故以候胸中也。人以候心。曰：上部以何候之？曰：亦有天，亦有地，亦有人。天以候头角之气，地以候口齿之气，人以候耳目之气。以位当耳前，脉抵于目外眦，故以候之。三部者，各有天，各有地，各有人。三而成天，三而成地，三而成人。三而三之，合则为九，九分为九野，谓邑外为郊，郊外为甸，甸外为牧，牧外为林，林外为垌，垌外为野，言其远也。详《六节脏象论》云。九野为九脏。〔续〕以是故应天地之至数。故神脏五，形脏四，〔续〕魂魄心意神，皆五脏神也。故曰神脏所谓形脏者，皆如器，外张虚而不屈，合藏于物，故云形藏也。愚谓：徒有其器而无所藏，此与《宣明五脏篇》《生气通天论》《六节脏象论》注重。合为九脏。五脏已败，其色必夭，夭必死矣。〔续〕夭，谓死色，异常之候也。色者神之旗，脏者神之舍，故神去则脏败，脏败则色见异常之候，死也。曰：决死生奈何？曰：形盛脉细，少气不足以息者危。〔续〕形气相得，谓之可治。今脉细少气，是为气弱；体壮盛有余，是谓形盛；症不相扶，故当危也。危，近死，犹有生者。形瘦脉大，胸中多气者死。〔续〕此形气不足，脉气有余，故死。凡此皆形气不相得也。形气相得者生，参伍不调者病。〔续〕参，谓参较。伍，谓类伍。参较类伍，而有不调，谓不率其常，故病。三部九候皆相失者死。〔续〕失，谓气候不相类也。相失之候，胗[16]凡有七，见下文。上下左右之脉相应如参舂者，病甚。上下左右相失不可数者，死。〔续〕上下左右，三部九候，凡十八诊也。如参舂者，谓大数而鼓，如参舂杵之上下也。不可数者，谓一息十至以上也。中部之候虽独调。与众脏相失者，死。中部之候相减者，死。〔续〕上部下部已不相应，中部独调，亦知不久。若减于上下，亦是气衰，故皆死也。减，谓偏小也。目内陷者死。〔续〕太阳脉起目内眦，目内陷太阳绝。独言太阳，以其主诸阳之气。岐伯曰：九候之相应也，上下若一，〔续〕言迟速小大等也。不得相失。一候后则病，二候后则病甚，三候后则病危。所谓后者，应不俱也。俱，犹同也，一也。察其腑脏以知死生之期，〔续〕夫病入腑则愈，入脏则死，故死生期准，察以知之。必先知经脉，然后知病脉。〔续〕经脉，四时五脏之脉。帝曰：何以知病之所在？岐伯曰：察九候独小者病，独大者病，独疾者病，独迟者病，独热者病，独寒者病，独陷下[17]者病。相失之候，诊凡有七者，此也。然脉见七诊，谓参伍不调，随其独异，以言其病。肉脱身不去者死。〔续〕谷气外衰，则肉如脱尽。天真内竭，故身不能行。中部乍疏乍数者死。〔续〕气之散乱也。形肉已脱，九候虽调，犹死。〔续〕亦谓形气不相得也。证前肉脱身不去者，九候虽平调，亦死。帝曰：冬阴夏阳奈何？岐伯曰：九候之脉，此九候以脉言，寸关尺三部各有浮中沉，三部合之而为九也。皆沉细悬绝者为阴，主冬，故以夜半死。盛疾喘数者为阳，主夏，故以日中死。〔续〕位无常居，物极则反，乾坤之文[18]，阴极则龙战于野，阳极则亢龙有元[19]，是以阴阳极脉，死于夜半日中也。是故寒热病者，以平旦死。〔续〕亦物极则变也。平旦木王，木气为风，故木王之时，寒热病死。《经》曰：因于露风，乃生寒热。故知寒热乃风薄所为也。热中及热病者，以日中死。〔续〕阳之极也。病风者，以日夕死。〔续〕卯酉冲也。愚谓：寒热病者，木气实也，故木之王时死。此病风者，木气虚也，酉则金王，木虚金胜，故病于酉也。病水者，以夜半死。水王故也。其脉乍疏乍数乍迟乍疾者，日乘四季死。脾气内绝，故日乘四季死。七诊虽见，九候皆从者不死。〔续〕若九候顺四时之令，虽七诊互见亦生。所言不死者，风气之病及经月之病，似七诊之病而非也，故言不死。〔续〕风病之脉，诊大而数。经月之病，脉小以微。虽候与七诊之状略同，而死生之症乃异，故不死也。若有七诊之病，其脉候亦败者死矣。〔续〕七诊虽见，九候若从者不死，若病同七诊之状而脉应败乱，纵九候皆顺，犹不得生也。必发哕噫。〔续〕心为噫，胃为哕。胃精内竭，神不守心，故死之时，发斯哕噫。必审问其所始病，与今之所方病，〔续〕方，正也。当原始以要终。而后各切循其脉，视其经络浮沉，以上下逆从循之，其脉疾者不病，脉经盛故。脉迟者病，气不足故。脉不往来者死，精神去也。皮肤著者死。骨干枯也。〔三部九候论〕

帝曰：余知百病生于气也，〔续〕气之为用，虚实逆顺缓急皆能为病，故问之。怒则气上，喜则气缓，悲则气消，恐则气下，寒则气收，炅则气泄，惊则气乱，劳则气耗，思则气结，九气不同，何病之生？岐伯曰：怒则气逆，甚则呕血及飧泄，故气上矣。〔续〕怒则阳气逆上，肝气乘脾，故甚则呕血及飧泄。何以明之？怒则面赤，甚则色苍。《经》曰：盛怒不止则伤志。明怒则气逆上而不下也。喜则志和气达，荣卫通利，故气缓矣。悲则心系急，肺布叶举，而上焦不通，荣卫不散，热气在中，故气消矣。〔续〕悲则损于心，心系急则动肺，肺气系诸经，逆故肺布而叶举。恐则精却[20]，却则上焦闭，闭则气还，还则上焦胀，故气不行矣。〔续〕恐则阳精却上而不下流，故却则上焦闭也。上焦既闭，气不行流，下焦阴气亦还回不散，而聚为胀也。上焦固禁，下焦气还，各守一处，故气不行也。寒则腠理闭，气不行，故气收矣。〔续〕腠，谓津液渗泄之所。理，谓文理逢会之中。闭，谓密闭。气，谓卫气。行，谓流行。收，谓收敛也。身寒则卫气沉，故皮肤纹理及渗泄之处，皆闭密而气不流行，卫气收敛于中而不发散也。炅则腠理开，荣卫通，汗大泄，故气泄矣。〔续〕人在阳则舒，在阴则惨，故热则肤腠开发，荣卫大通，津液外渗而汗大泄。惊则心无所倚，神无所归，虑无所定，故气乱矣。〔续〕气奔越，故不调理。劳则喘息一作且，汗出，外内皆越，故气耗矣。〔续〕疲于力役则气奔速，故喘息也。气奔速则阳外发，故汗出。然喘且汗出，内外皆踰越常纪，故气耗损矣。思则心有所存，神有所归，正气留而不行，故气结矣。〔续〕系心不散，故气亦停留。〔举痛论〕

凡未诊病者，必问尝贵后贱。虽不中邪，病从内生，名曰脱营[21]。〔续〕神屈故也。贵之尊荣，贱之屈辱，心怀眷慕，志结忧惶，而病从内生，血脉虚减，故曰脱营。尝富后贫，名曰失精[22]，五气留连，病有所并。〔续〕富而从欲，贫则损财，内结忧煎，外悲过物。然则心随想慕，神从往计，营卫之道，闭以迟留，气血不行，积并为病。医工诊之，不在脏腑，不变躯形，处[23]之而疑，不知病名。〔续〕言病之初也。病由想恋所为，故未居脏腑。事因情念所起，故不变躯形。医不悉之，故诊而疑也。身体日减，气虚无精，〔续〕言病之次也，气血相迫，形肉消烁，故身体日减。《经》曰：气归精，精食气。今气虚不化，精无所滋故也。病深无气，洒洒然时惊，〔续〕言病之深也。病气深，谷气尽，阳气内薄，故恶寒而惊。洒洒，寒貌。病深者，以其外耗于卫，内夺于荣。〔续〕

血为忧煎，气随悲减，故外耗于卫，内夺于荣。病深者何？以此耗夺故尔。良工所失，不知病情，此治一过也。失，谓失问其所始也。凡欲诊病者，必问饮食居处，〔续〕饮食居处，五方不同，故问之也，详见《异法方宜论》，今具论治钞。愚按：丹溪云，凡治病必先问饮食起居，何如？盖主一人之身而言，与此不同，当参考之。暴乐暴苦，始乐后苦，皆伤精气，精气竭绝，形体毁沮，〔续〕喜则气缓，悲则气消。然悲衰动中者，竭绝而伤生。故精气竭绝，形体残毁，心神沮散矣。暴怒伤阴，暴喜伤阳，〔续〕怒则气逆，故伤阴。喜则气缓，故伤阳。愚按：此二句及下二句，与《阴阳应象论》文重而注异。今并具汇萃钞。厥气上行，满脉去形。〔续〕厥，气逆也。逆则气上行，满于经络，故神气荡散，去离形骸矣。愚医治之，不知补泻，不知病情，精华日脱，邪气乃并，此治之二过也。〔续〕不知喜怒哀乐之殊情，概为补泻而同贯，则五脏精华之气日脱，邪气薄蚀而乃并于正真之气矣。善为脉者，必以比类[24]奇恒，从容知之，为工而不知道，此诊之不足贵，此治之三过也。〔续〕奇恒，谓气候奇异于常之候也。从容，谓分别脏气虚实，脉见高下，几相似也。《示从容论》曰：脾虚浮似肺，肾小浮似脾，肝急沉散似肾，此皆工之所惑乱，然从容分别而得之矣。诊有三常，必问贵贱，封君败伤，及欲侯王。〔续〕封君败伤，降其君位，而贬公卿也。及欲侯王，谓情慕尊贵，而妄求不已也。故贵脱势，虽不中邪，精神内伤，身必败亡，〔续〕忧惶煎迫，怫结所为。始富后贫，虽不伤邪，皮焦[25]筋屈，痿躄为挛。〔续〕以五脏气留连，病有所并而为是也。医不能严，不能动神，外为柔弱，乱至失常，病不能移，则医事不行，此治之四过也。〔续〕严，为禁戒其非，所以令从命也。外为柔弱，言委随以顺从也。然戒不足以禁非，动不足以从令，委随任物，乱失天常，病且不移，何医之有也。凡诊者，必知终始，有知余绪[26]，切脉问名，当合男女。〔续〕终始，谓气色也。《经》曰：知外者终而始之。明知五色气象，终而复始也。余绪，谓病发端之余绪也。切，谓以指按脉也。问名，谓问病症之名也。男子阳气多而左脉大为顺，女子阴气多而右脉大为顺，故宜以候，当先合之也。离绝菀结[27]，忧恐喜怒，五脏空虚，血气离守，工不能知，何术之语。〔续〕离，谓离间亲爱。绝，谓绝念所怀。菀，谓菀积思虑，结，谓结固余怨。夫问亲爱者魂游，绝所怀者意丧，积所虑者神劳，结余怨者志苦，忧愁者闭塞而不行，恐惧者惕惮而失守，盛怒者迷惑而不治，喜乐者荡散而不藏，由是八者，故五脏空虚，血气离守，工不思晓，又何言哉！尝富大伤，斩筋绝脉，身体复行，令泽不息[28]。〔续〕斩筋绝脉，言非分之过损也。身体虽已复旧而行，且令泽液不为滋息也。何者？精气耗减也。泽，液也。故伤败结，留薄归阳，脓积寒炅[29]。〔续〕阳，谓诸阳脉及六腑也。炅，谓热也。言非分伤败筋脉之气，血气内结，留而不去，薄于阳脉，则化为脓，久积腹中，而外为寒热也。粗工治之，亟刺阴阳，身体解散，四肢转筋，死日有期。〔续〕不知寒热，为脓积所生，以为常热之疾，概施其法，数刺阴阳经脉，气夺病甚，故身体解散而不用，四肢废运而转筋，如是故死日有期，乃医之罪也。医不能明，不问所发，唯言死日，亦为粗工，此治之五过也。〔续〕诊不备三常，疗不慎五过，不求余绪，不问持身，亦足为粗略之医。凡此五者，皆受术不通，人事不明也。〔续〕言受术之徒，未通精微之理，不明人间之事也。故曰：圣人之治病也，必知天地阴阳，四时经纪，五脏六腑，雌雄表里，刺灸砭石，毒药所主，从容人事，以明经道，贵贱贫富，各异品理，问年少长，勇怯之理，审于部分[30]，知病本始，八证九候，诊必副矣。〔续〕圣人备识知此，工当勉之。〔疏五过论〕

帝曰：夫经脉十二，络脉三百六十五，此皆人之明知，工之所循用也。〔续〕谓循守而用。所以不十全者，精神不专，志意不理，外内相失，故时疑殆[31]。〔续〕外，谓色。内，谓脉也。所谓粗略，揆度失常，故色脉相失而时自疑殆也。诊不知阴阳逆从之理，此治之一失矣。〔续〕《脉要精微论》曰：冬至四十五日，阳气微上，阴气微下。夏至四十五日，阴气微上，阳气微下。阴阳有时，与脉为期。故诊不知阴阳逆从之理，为一失矣。受师不卒，妄作离[32]术，缪[33]言为道，更名自功，妄用砭石，后遗身咎[34]，此治之二失也。〔续〕不终师术，惟妄是为，易古变常，自动循己，遗身之咎，不亦宜乎！故为失二也。不适贫富贵贱之居，坐之薄厚[35]，形之寒温，不适饮食之宜，不别人之勇怯，不知比类，足以自乱，不足以自明，此治之三失也。〔续〕夫勇者难感，怯者易伤，二者不同，盖以其神气有壮弱也。观其贫贱富贵之义，则坐之厚薄，形之寒温，饮食之宜，理可知矣。不知比类，用必乖衰，适足以汩乱心绪，岂通明之可望乎！故为失三也。诊病不问其始[36]，忧患饮食之失节，起居之过度，或伤于毒，不先言此，卒持寸口，何病能中，妄言作名，为粗所穷，此治之四失也。忧，谓忧惧。患，谓患难。不先言此，愚谓：不先问其患忧，饮食起居及曾伤毒否，而卒持寸口，以言其病，何能中其病情？是以妄言作名，未免为粗工之所穷也。其意盖必先问后诊，方得十全，不可独凭乎脉也。〔征四失论〕

东风生于春，病在肝，俞在颈项；春气发荣于万物之上，故俞在颈项，历忌日甲乙不治颈是也。南风生于夏，病在心，俞在胸胁；心少阴脉，循胸出胁，故俞在焉。西风生于秋，病在肺，俞在肩背；肺处上焦，背为胸府，肩背相次，故俞在焉。北风生于冬，病在肾，俞在腰股；腰为肾府，股接次之，以气相连，故兼言也。中央为土，病在脾，俞在脊。以脊应土，言居中尔。故春气者病在头，春气，谓肝气。各随其脏气之所应。夏气者病在脏。心之应也。秋气者病在肩背，肺之应也。冬气者病在四肢。四肢气少，寒毒善伤，随所受邪，则为病处。故春善病鼽衄，〔续〕在气以头也。鼽，鼻出水；衄，鼻出血。仲夏善病胸胁，〔续〕心脉循胸胁故也。长夏善病洞泄寒中，〔续〕土主于中，是为仓廪，糟粕水谷，故为洞泄寒中也。秋善病风疟，〔续〕以凉折暑，乃为是病。《月令》曰：孟秋行夏令，则民多疟疾。冬善病痹厥。〔续〕血象于水，寒则水凝，以气薄流，故为痹厥。故冬不按跻，春不鼽衄，〔续〕按，谓按摩。跻，谓如跻捷者之举动手足，所谓导引也。然扰动筋骨，则阳气不藏，春阳气上升，重热熏肺，肺通于鼻，病则形乏，故冬不按跻，春不鼽衄。鼽，谓鼻流清水。衄，谓鼻中血出。春不病颈项，仲夏不病胸胁，长夏不病洞泄寒中，秋不病风疟，冬不病痹厥。此上五句，并为冬不按跻之所致也。夫精者，身之本也。故藏于精者，春不病温。此一句因冬不按跷而言。夏暑汗不出者，秋成风疟。此正谓以风凉之气折暑汗也。此论似不相蒙，与第三篇魄汗未尽云云相似。王注：冬月蛰藏之时也，冬而按跻，扰其热伤，故有四时之变如此者，况精者身之本，可不藏乎？〔金匮真言论〕

诸脉者皆属于目，〔续〕脉者，血之府。《经》云：久视伤血。由此明诸脉者皆属于目也。《校正》云：心藏脉，脉舍神。神明通体，故云属目。诸髓者皆属于脑，〔续〕脑为髓海，故诸髓属之。诸筋者皆属于节，〔续〕筋气之坚结者，皆络于骨节之间。《经》曰：久行伤筋。由此明诸筋皆属于节。诸血者皆属于心。〔续〕血居脉内，属于心。《经》曰：血气者，人之神。然神者心之主，由此故诸血皆属于心。诸气者皆属于肺。〔续〕肺脏主气故也。人卧则血归于肝，〔续〕肝藏血，心行之，人动则血运于诸经，人静则血归于肝脏，以肝主血海故也。肝受血而能视，〔续〕言其用也。目为肝之官，故肝受血而能视。足受血而能步，掌受血而能握，〔续〕谓把握也。指受血而能摄。谓收摄也。血气者，人之神，故受血者，皆能运用。〔五脏生成论〕

五味所入：酸入肝，辛入肺，苦入心，咸入肾，甘入脾，是谓五入。〔续〕肝合木而味酸，肺合金而味辛，心合火而味苦，肾合水而味咸，脾合土而味甘。《至真要论》云：五味入胃，各归所喜。攻[37]酸先入肝，苦先入心，甘先入脾，辛先入肺，咸先入肾。五气所病：心为噫[38]，〔续〕象火炎土，烟随焰出，心不受秽，故噫出之。肺为咳，〔续〕象金坚劲，叩之有声，邪击于肺，故为咳也。肝为语[39]，〔续〕象木枝条，而形支别，语宣委曲，故出于肝。脾为吞[40]，〔续〕象土包容，物归于内，翕如皆受，故为吞也。肾为欠[41]为嚏，〔续〕象水下流，上生云雾，气郁于胃，故欠生焉。太阳之气和利而蒲[42]于心，出于鼻则生嚏。胃为气逆为哕[43]为恐，〔续〕胃为水谷之海，肾与为关，关闭不利，则气逆上行也。以包容水谷，性喜受寒，寒谷相薄，故为哕也。寒盛则哕起，热盛则恐生。何者？胃热则肾气微弱，故为恐也。下文曰：精气并于肾则恐也。大肠小肠为泄，下焦溢为水[44]，〔续〕大肠为传导之府，小肠为受盛之府。受盛之气既虚，传导之司不禁，故为泄利也。下焦为分注之所，气窒不泻，则溢而为水。膀胱不利为癃，不约为遗溺，〔续〕膀胱为津液之府，水注由之。然足三焦脉实，约下焦而不通，则不得小便；足三焦脉虚，不约下焦，则遗溺也。《灵枢经》曰：足三焦者，太阳之别也，并太阳之正，入络膀胱约下焦，实则闭癃，虚则遗溺。胆为怒，〔续〕中正决断，无私无偏，其性刚决，故为怒也。《经》曰：凡十一脏，取决于胆也。是谓五病。五精所并：精气并于心则喜，〔续〕精气，谓火之精气也。肺虚而心精并之，则为喜。《灵枢经》曰：喜乐无极则伤魄，魄为肺神明，心火并于肺金也。并于肺则悲，〔续〕脾虚而肺气并之，则为悲。《灵枢经》曰：悲哀动中则伤魂。魂为肝神，明肺金并于肝木也。并于肝则忧，〔续〕脾虚而肝气并之，则为忧。《灵枢经》曰：忧愁不解则伤意。意为并[45]神，明肝木并于脾土。并于脾则畏，〔续〕肾虚而脾气并之，则为畏。《灵枢经》曰：心惧不解则伤精。精为肾神，明脾土并于肾水也。并于肾则恐，〔续〕心虚而肾气并之，则为恐。《灵枢经》曰：怵惕思虑则伤神。神为心神，明肾水并于心火也。此皆正气不足而胜气并之，乃是为矣。故下文曰：是谓五并，虚而相并者也。五脏所恶：心恶热，〔续〕热则脉溃浊。肺恶寒，〔续〕寒则气留滞。肝恶风，〔续〕风则筋燥急。脾恶湿，〔续〕湿则肉痿肿。肾恶燥，〔续〕燥则精竭涸。是谓五恶。五脏化液，心为汗，〔续〕泄于皮腠也。肺为涕，〔续〕润于鼻窍也。肝为泪，〔续〕注于眼目也。脾为涎，〔续〕溢于唇口也。肾为唾，〔续〕生于牙齿也。是谓五液。五病所发：阴病发于骨，阳病发于血，阴病发于肉，骨肉阴静，故阴[46]气从之。血脉阳动，故阳[47]气乘之。阳病发于冬，阴病发于夏，夏阳气盛，故阴病发于夏；冬阴气盛，故阳病发于冬，各从其少也。是谓五发。五邪所乱：邪入于阳则狂，邪入于阴则痹，〔续〕邪居于阳脉之中，则四肢热盛，故为狂。邪入于阴脉之内，则六经凝泣而不通，故为痹。抟[48]阳则为癫疾，搏阴则为瘖，王注：邪内抟于阳则脉流薄疾，故为上巅之病。邪内抟于阴，则脉不流，故令瘖不能言。《校正》按：《难经》云：重阳者狂，重阴者癫。巢元方云：邪入于阴则为癫。《脉经》云：阴附阳则狂，阳附阴则癫。孙思邈云：邪入于阳则为狂，邪入于阴则为血痹。邪入于阳，传则为癫痉；邪入于阴，传则为痛瘖。全元起云：邪已入阴，复传于阳，邪气盛，腑脏受邪，使其气不朝，荣气不复周身，邪与正气相击，发动为癫疾。邪已入阳，阳今复传于阴，脏腑受邪，故不能言，是胜正也。诸家之论不同，今具载之。阳入之阴则静，阴出之阳则怒，〔续〕随所之而为疾也。之，往也。是谓五乱。五邪所见：春得秋脉，夏得冬脉，长夏得春脉，秋得夏脉，冬得长夏脉，是谓五邪，死不治。五脏所藏：心藏神，〔续〕精气之化成也。《灵枢经》曰：两精相薄谓之神。肺藏魄，〔续〕精气之匡佐也。《灵枢经》曰：并精而出入者，谓之魄。肝藏魂，〔续〕神气之辅弼也。《灵枢经》曰：随神而往来者，谓之魂。脾藏意，〔续〕记而不忘者也。《灵枢经》曰：心有所忆谓之意。肾藏志，〔续〕专意而不移者也。《灵枢经》曰：意之所存谓之志。肾受五脏六腑之精，元气之本，生成之根，根为胃之关，是以志能则命通。谓五脏所藏。五脏所主：心主脉，〔续〕壅遏荣气，应息而动也。肺主皮，〔续〕包裹筋肉，闭拒诸邪也。肝主筋，〔续〕束络机关，随神而运也。脾主肉，〔续〕覆藏筋骨，通行卫气也。肾主骨，〔续〕张筋化髓，干以立身也。是谓五主。五劳所伤：久视伤血，〔续〕劳于心。久卧伤气，〔续〕劳于肺。久坐伤肉，〔续〕劳于脾。久立伤骨，〔续〕劳于肾。久行伤筋，〔续〕劳于肝。是谓五劳所伤。五脉应象：肝脉弦，〔续〕软虚而滑，端直以长也。心脉钩，〔续〕如钩之偃，来盛去衰也。脾脉代，〔续〕软而弱。肺脉毛，〔续〕轻浮而虚，如毛羽也。肾脉石，〔续〕沉坚而抟，如石之投也。是谓五脏之脉。〔宣明五气论〕

肝色青，宜食甘，粳米牛肉枣葵皆甘。心色赤，宜食酸，小豆犬肉李韭皆酸。肺色白,宜食苦,麦羊肉杏薤皆苦。脾色黄,宜食咸,大豆豕肉栗藿皆咸。肾色黑,宜食辛,黄黍鸡肉桃葱皆辛。〔续〕肝性喜急,故食甘物取其宽缓也。心性喜缓,故食酸物取其收敛也。肺喜气逆,故食苦物取其宣泄也。肾性取燥,故食辛物取其津润也。究斯宜食,乃调利机关之义也。肾为胃关,脾与胃合,故假咸柔软以利其关。关利而胃气乃行,胃行而脾气方化,故脾宜味与众不同。《校正》按上文云:脾苦湿,急食苦以燥之,况肝心肺肾食宜皆与前文合,独脾食咸不用苦,故王氏特注其意。辛收,酸收,甘缓,苦坚,咸软。〔续〕皆自然之气也。然辛味非惟能散,而亦能润,故曰:肾苦燥,急食辛以润之。苦味非惟能坚,而亦能燥能泄,故曰:脾苦湿,急食苦以燥之。肺苦气上逆,急食苦以泄之。毒药攻邪,五谷为养,五果为助,五畜为益,五菜为克[49],〔续〕毒药,谓金玉土石草木菜果虫鱼鸟兽之类。然辟邪安正,惟毒乃能,故通谓之毒药也。五谷,粳米小豆大豆麦黄黍;五果,桃李杏栗枣;五菜,葵藿薤葱韭。愚谓:充,足也,以五菜疏通肠胃,令食气足也。气味合而服之,以补精益气。〔续〕气谓阳化,味曰阴施,气味合和,则补益精气矣。《经》曰:形不足者温之以气,精不足者补之以味。孙思邈曰:精以食气,气养精以荣色;形以食味,味养色以生力。精顺五气以为灵也,若食气相恶则伤精也。形受味以成也,若食味不调则损形也。是以圣人先用食禁以存性,后制药以防命,气味温补以存精形。此谓气味合而服之,以补精益气也。此五者,有辛酸甘苦咸,各有所利,或散或收,或缓或急,或坚或软,四时五脏,病随五味所宜也。〔脏气法时论〕

五味所禁:辛走气,气病〔续〕病,谓力少不自胜也。无多食辛;咸走血,血病无多食咸;血者,水类,故咸走之。苦走骨,骨病无多食苦;〔续〕皇甫士安云:咸先走肾,此云走血者,肾合三焦,血脉虽属肝心,而为中焦之道,故咸人[50]而走血也。苦走心,此云走骨者,水火相济,骨气通于心也。甘走肉,肉病无多食甘;酸走筋,筋病无多食酸。〔续〕皆为行其气速,故不欲多食,多

食则病甚也。**是谓五禁，无令多食。**〔续〕口食而欲食之，无令多也。〔宣明五气论〕

多食咸，则脉凝泣而变色；〔续〕心合脉，其荣色，咸益肾而胜心，故脉凝泣而颜色变易。**多食苦，则皮槁而毛拔；**〔续〕肺合皮，其荣毛，苦益心胜肺，故皮枯槁而毛拔去也。**多食辛，则筋急而爪枯；**〔续〕肝合筋，其荣爪，辛益肺胜肝，故筋急而爪干枯也。**多食酸，则肉胝皱[51]而唇揭；**〔续〕脾合肉，其荣唇，酸益肝胜脾，故肉胝皱而唇皮揭举也。**多食甘，则骨痛而发落，**〔续〕肾合骨，其荣发，甘益脾胜肾，故骨痛而发堕落也。**此五味之所伤也。**五味入口，输于肠胃而内养五脏，各有所养，有所欲，欲则互有所伤，故下文曰：**故心欲苦，肺欲辛，肝欲酸，脾欲甘，肾欲咸，此五味之所合，五脏之气也。**〔续〕各随其欲而归凑之也。全元起云：五味合五脏气，二句相连。**色味当五脏：白当肺、辛，赤当心、苦，青当肝、酸，黄当脾、甘，黑当肾、咸。**〔续〕各当其所应而为色味也。**故白当皮，赤当脉，青当筋，黄当肉，黑当骨。**〔续〕各当其所养之脏气也。〔五脏生成篇〕

帝曰：愿闻虚实之要。岐伯曰：气实形实，气虚形虚，此其常也，反此者病。〔续〕气谓脉气。形谓身形。反，谓不相合应，失常平之候也。形气相反，故病生。**谷盛气盛，谷虚气虚，此其常也。反此者病。**〔续〕《灵枢经》曰：荣气之道，内谷为实，谷入于胃，气传于肺，精专者上行经隧。由是，谷气虚实，占必同焉。候不相应，则为病也。**脉实血实，脉虚血虚，此其常也，反此者病。**〔续〕脉者血之府，故虚实同焉。反不相应，则为病也。**曰：何如而反？曰：气虚身热，此谓反也。**〔续〕气虚为阳气不足，阳气不足当身寒，反身热者，脉气当盛，脉不盛而身热，症不相符，故谓反也。按《甲乙经》云：气盛身寒，气虚身热，此谓反也。当补此四字。**谷入多而气少，此谓反也。**胃之所出者谷气，而布于经脉也。谷入于胃，脉道乃散，今谷入多而气少者，是谓气不能散，故谓反也。**谷不入而气多，此谓反也。**〔续〕胃气外散，肺并之也。**脉**

盛血少，此谓反也。脉少[52]血多，此谓反也。〔续〕经脉行气，络脉受血，经气入络，络受经气，候不相合，故皆反常也。气盛身寒，得之伤寒；气虚身热，得之伤暑。〔续〕寒伤形，故气盛身寒。热伤气，故气虚身热。谷入多而气少者，得之有所脱血，湿居下也。〔续〕脱血则血虚，血虚则气盛内郁，化成津液，流入下焦，故云湿居下也。谷入少而气多者，邪在胃及与肺也。〔续〕胃气不足，肺气下流于胃中，故邪在胃。然肺气入胃，则肺气不自守，而邪气亦从之，故云邪在胃及与肺也。脉小血多者，饮中热也。〔续〕饮，谓留饮也。饮留脾胃之中则脾气溢，脾气溢则发热中。脉大血少者，脉有风气，水浆不入，此之谓也。〔续〕风气盛满，则水浆不入于脉。〔刺志论〕

天之邪气，感则害人五脏；〔续〕四时之气，八正之风，皆天邪也。入风发邪，经脉受之，则循经而触于五脏。水谷之寒热，感则害于六腑；〔续〕热伤胃及膀胱，寒伤肠及胆气。地之湿气，感则害皮肉筋脉。湿气盛，则荣卫脉不行，故感则害于皮肉筋脉。〔阴阳应象论〕

岐伯曰：阳者，天气也，主外；阴者，地气也，主内。故阳道实，阴道虚。故犯贼风虚邪者，阳受之；饮食不节、起居不时者，阴受之。阳受之则入六腑，阴受之则入五脏。入六腑则身热不时卧，上为喘呼；入五脏则䐜满闭塞，下为飧泄，久为肠澼。愚谓：《阴阳应象论》曰：天之邪气，感则害五脏；水谷寒热，感则害六腑。《太阴阳明论》曰：犯贼风虚邪，阳受之；食饮起居，阴受之。阳受之则入六腑，阴受之则入五脏。两说相反。何也？此所谓似反而不反也。夫天之邪气贼风，虚邪外伤，有余之病也；水谷寒热，饮食起居内伤，不足之病也。二者之伤，脏腑皆当受之。但随其所从所发之处而为病尔。不可以此两说之异而致疑，盖并行不相悖也。天之邪气，固伤五脏，亦未必不伤六腑。水谷寒热，固伤六腑，亦未必不伤五脏。至于地之湿气，亦未必专害皮肉筋脉，而不能害脏腑。邪气水谷，亦未必专害脏腑，而不能害皮肉筋脉也。但以邪气无形，脏主藏精气，故以类相从而多伤脏。水谷有形，腑主传化物，故因其所由而多伤腑。湿气浸润，其性缓慢，其入人也以渐，其始也自足，故从下而上，从浅而深，而多伤于皮肉筋脉耳，孰谓湿气全无及于脏腑之理哉！故喉主天气，咽主地气。故阳受风气，阴受湿气。〔续〕同气相求耳。故阴气从足上行至头，而下行循臂至指端；阳气从手上行至头，而下行至足。〔续〕《灵枢经》曰：手之三阴，从脏走手；手之三阳，从手走头。足之三[53]，从头走足；足之三阴，从足走腹。所行而异，故更逆更从。故曰：阳病者，上行极而下；阴病者，下行极而上。〔续〕此言其大凡耳。然足少阴下行，则不同诸阴之气也。故伤于风者，上先受之；伤于湿者，下先受之。〔续〕阳气炎上故受风，阴气润下故受湿，盖同气相合故耳。〔太阴阳明篇〕

五脏受气于其所生，传之于其所胜。气舍于其所生，死于其所不胜。病之且死，必先传行至其所不胜，病乃死。〔续〕受气所生者，谓受病气于己之所生也。传所胜者，谓传于己之所克也。气舍所生者，谓舍于生己者也。死所不胜者，谓死于克己者之分位也。所传不顺，故必死焉。此言气之逆行也，故死。〔续〕所为逆者，次如下说。肝受气于心，木生火也。传之于脾，气舍于肾，至肺而死。心受气于脾，传之于肺，气舍于肝，至肾而死。脾受气于肺，传之于肾，气舍于心，至肝而死。肺气受于肾，传之于肝，气舍于脾，至心而死。肾受气于肝，传之于心，气舍于肺，至脾而死。此皆逆死也。一日一夜五分之，此所以占死生之早暮也。〔续〕肝死于肺，位秋庚辛，余四仿此。然朝主甲乙，昼主丙丁，四季土主戊己，晡主庚辛，夜主壬癸，由此则死生之早暮可知矣。《校正》云：占死生当作占死者。〔玉机真脏论〕

天有四时五行，《天元纪论》作“天有五行以御五位”。以生长收藏，以生寒暑燥湿风。〔续〕春生夏长，秋收冬藏，谓四时之生长收藏。冬水寒，夏火暑，秋金燥，春木风，长夏土湿，谓五行之寒暑燥湿风也。然四时之气，土虽寄旺，原其所主，则湿属中央，故云五行以生寒暑燥湿风五气也。人有五脏化五气，以生喜、怒、悲、思、恐。〔续〕五气，谓喜、怒、悲、思、恐。然是五气更伤五脏之和气矣。《校正》按：《天元纪论》“悲”作“思”。盖言悲者，以悲能胜恐[54]，取五志迭相胜而言也。举思者，以思为之脾志也。各举一，则义俱不足；两见之，则互相成义也。喜怒伤气，寒暑伤形。〔续〕喜怒皆生于气，故云喜怒伤气。寒暑皆胜于形，故云寒暑伤形。近取诸身，则如斯矣；细而言之，则热伤于气，寒伤于形也。暴怒伤阴，暴喜伤阳。〔续〕怒则气上，喜则气下。故暴卒气上则伤阴，暴卒气下则伤阳。厥气上行，满脉去形。〔续〕厥，气逆也。逆气上行，满于经络，则神气浮越，去离形髓也。喜怒不节，寒暑过度，生乃不固。《灵枢经》曰：智者之养生也，必顺四时而适寒暑，和喜怒而安居处。然喜怒不常，寒暑过度，天真之气，何可久长？故重阴必阳，重阳必阴。〔续〕言伤寒、暑伤亦如是。〔阴阳应象论〕

风胜则动，〔续〕不宁也。风胜则庶物皆摇，故为动。《左传》曰：风摇末疾是也。《校正》：详“风胜则动”至“湿胜则濡泄”五句，与《阴阳应象论》文重而注不同。热胜则肿，〔续〕热胜则阳气内郁，故洪[55]肿暴作，甚则荣气逆于肉理，聚为痈肿。又云：热胜气为丹熛，胜血为痈脓，胜骨肉为胕肿，按之不起。燥胜则干。〔续〕干于外则皮肤皴揭，干于内则精血枯涸，干于气及津液则肉干而皮着骨。寒胜则浮，〔续〕浮，谓浮起按之起见也。又云：寒胜则阴气结于玄府，玄府闭密，阳气内攻，故为浮。湿胜则濡泄，甚则水闭胕肿。〔续〕湿胜则内攻脾胃，脾胃受湿则水谷不分，故大肠传道而注泄也。以湿内盛而泄，故谓之濡泄。《左传》曰：雨淫腹疾是也。濡泄，水利也。胕肿，肉泥按之陷而不起。水闭，则溢于皮中也。〔六元正纪论〕

帝曰：脾病而四肢不用，何也？岐伯曰：四肢皆禀气于胃，而不得至经，〔续〕“至经”，《太素》作“径至”。杨上善云：胃以水谷资四肢，不能径至于四肢，要因于脾布化水谷精液，四肢乃可以禀受也。必因于脾，乃得禀也。今脾病不能为胃行其津液，四肢不得禀水谷，气日以衰，脉道不利，筋骨肌肉，皆无气以生，故不用焉。曰：脾不主时何也？曰：脾者土也，治中央，常以四时长四脏，各十八日寄治，不独得主于时也。脾脏者，常著胃土之精也，土者，生万物而法天地，故上下至头足，不得主时也。〔续〕治，主也。著，谓常约著于胃也。土气于四时之中，各于季终寄王十八日，则五行之气各王七十二日，以终一岁之日矣。外主四季，则在人内应于手足也。曰：脾与胃以膜相连耳，而能为之行其津液，何也？曰：足太阴者，三阴也，其脉贯胃属脾络嗌，故太阴为之行气于三阴。阳明者表也，〔续〕胃是脾之表。五脏六腑之海也，亦为之行气于三阳。脏腑各因其经而受气于阳明。〔太阴阳明论〕

形弱气虚，死；〔续〕中外俱不足。形气有余，脉气不足，死；〔续〕脏衰，故脉不足也。脉气有余，形气不足，生。〔续〕脏盛，故脉气有余。〔方盛衰论〕

岐伯曰：夫盐之味咸者，其气令器津泄；弦绝者，其音嘶败；木敷者，其叶发；病深者，其声哕。人有此三者，是谓坏府，毒药无治，短针无取，此皆绝皮伤肉，血气争黑。此段有缺误。"木敷者，其叶发"。《太素》作"木陈者，其叶落"。"争黑"当作"争异"。坏府，谓三者之病，犹云崩坏之处也。详此文义若曰：夫弦绝者，其音嘶败；木陈者，其叶落；盐之味咸者，其气令器津液泄；病深者，其声哕。绝皮伤肉，血气争异。人有此三者，是谓坏府，毒药无治，短针无取。盖以弦绝，况声哕木落，况绝伤津泄，况血气争异也庶通。杨上善云：言欲知病征者，须知其候。盐之在于器中，津液泄于外，见津而知盐之有咸也。声嘶，知琴瑟之弦将绝；叶落，知陈木之已尽。举此三物衰坏之征，以比声哕识病深之候。人有声哕同三譬者，是为府坏之候。中府坏者，病之深也。其病既深，故针药不能取，以其皮肉血气各不相得故也。愚按：杨注虽与问答义相贯穿，终不若滑注之密也。岐伯曰：木得金而伐，火得水而灭，土得木而达，金得火而缺，水得土而绝，万物尽然，不可胜竭。〔续〕达，通也。言物类虽

不可竭尽而数，要之皆如五行之气，而有胜负之性分耳。〔宝命全形篇〕

阴盛则梦涉大水恐惧，〔续〕阴为水，故梦涉水而恐惧也。阳盛则梦大火[56]，〔续〕阳为火，故梦火而燔灼也。阴阳俱盛则梦相杀毁伤；〔续〕亦类交争之象也。上盛则梦飞，〔续〕气上则梦上故飞。下盛则梦堕；〔续〕气下则梦下，故堕。甚饱则梦与，〔续〕内有余。甚饥则梦取；〔续〕内不足。肝气盛则梦怒，〔续〕肝在志为怒。肺气盛则梦哭；〔续〕肺声哀故梦哭。仍少心脾肾气所梦，今具《甲乙经》中。短虫[57]多则梦聚众，长虫[58]多则相击毁伤。〔续〕长虫动则内不安，内不安则神躁扰，故梦是矣。〔脉要精微论〕

【校注】

① 无子：丧失生殖能力。

② 尽：竭也。

③ 天数：指自然界赋予人体生长壮老死的生理限数。

④ 稿：据《素问》应作“槁”。

⑤ 天癸：指肾中精气充盈到一定程度产生的具有生殖功能的一种物质。

⑥ 解堕：指倦怠乏力。

⑦ 天寿过度：指自然寿命超常。

⑧ 食：通“饲”，供给之意。

⑨ 气：据《素问》应作“节”。

⑩ 藏德：指万物能量蕴藏。

⑪ 天明：明与萌通，萌与蒙通，天明即天蒙，有阴霾晦暗之意。

⑫ 医：据文义应为“翳”。

⑬ 未央：未到一半。

⑭ 天气，清静光明者也……生气不竭：此段出自《四气调神大论》，后文皆出

《生气通天论》，有误。

⑮ 服天气：指顺从自然界阴阳之变化。

⑯ 胗：据文义应作“诊”。

⑰ 陷下：指脉沉伏不起。

⑱ 文：疑为“交”之误。

⑲ 元：疑误，应作“悔”。

⑳ 精却：指肾精不能上承反而下陷。

㉑ 脱营：病名。指上层贵族脱势而贫贱后，心情抑郁而营血不生。

㉒ 失精：病名。指先富后贫难为粗食之苦而出现的脱精。

㉓ 处：据《素问》及注文应作“诊”。

㉔ 比类：比较归纳。

㉕ 焦：憔也。

㉖ 宗绪：涉及事物的多种因素。

㉗ 离绝菀结：由于亲爱之人分离而致的精神损伤。

㉘ 令泽不息：津液不得生息。

㉙ 脓积寒炅：指脓液蓄积，寒热互作。炅，热。

㉚ 部分：据《素问》应为“分部”。

㉛ 疑殆：诊断不明。

㉜ 离：据《素问》应为“杂”。

㉝ 缪：通“谬”，错误。

㉞ 后遗身咎：指妄治后反为自身留下的过错。

㉟ 坐之薄厚：指居住条件的好坏。

㊱ 始：指发病的最初原因。

㊲ 攻：据《素问》王注应作“故”。

㊳ 噫：嗳气。

㊳ 语：多言也。

㊵ 吞：吞酸。

㊶ 欠：呵欠。

㊷ 蒲：据医理应作“薄”。

㊸ 哕：呃逆恶心干呕。

㊹ 水：水肿病也。

㊺ 并：据《素问》王注应作“脾”。

㊻ 阴：《素问》王注作“阳”。

㊼ 阳：《素问》王注作“阴”。

㊽ 抟：凝聚、集结义。

㊾ 克：据《素问》应作“充”。

㊿ 人：据《素问》王注及文义应作“入”。

51 胝（zhī　支）皱：皮肉粗厚皱缩。胝，手脚掌上的厚皮，俗称茧子。

52 少：据《素问》应作“小”。

53 三：据《素问》王注，其下应有“阳”字。

54 恐：《素问》王注作“怒”。

55 洪：据石印本应作“红”。

56 阳盛则梦大火：据《素问》后有“燔灼”二字。

57 短虫：蛲虫。

58 长虫：蛔虫。

跋

医之有《素问》，犹吾儒之有《四书》。不读《素问》，不知病源，不读《四书》，不知道理。时医只知检方疗疾，不知病源，误人多矣。许昌滑伯仁氏《读素问钞》九卷，其删取之精，编辑之审，其功犹程朱二夫子之于《四书》也。但微辞奥旨，未易即晓。祁门汪君省之，复取王氏注参补其间，注之而未尽者，用己意补之，其继往开来之功甚伟。吾党[①]好事者为之刻梓以公于天下后世，其亦仁者之心哉！仍有末卷未完，爰[②]命公以终之。因忘其固陋而僭识[③]岁月如此。

嘉靖乙酉[④]春二月朔旦[⑤]休宁[⑥]湖山程文杰识

【校注】

① 党：朋辈。

② 爰：于是

③ 僭识（jiàn　建）：超越本分而标记。

④ 嘉靖乙酉：1525 年。

⑤ 朔旦：初一。

⑥ 休宁：今安徽休宁县。

卷下之五

补　遗

脏象钞。注曰:膀胱位当孤腑。言他腑皆无所待而自能出,惟膀胱必待气化而后能出,与他腑不同,故曰孤腑。同则为类,异则为孤。

脉候钞。从阴阳始。按:阴阳即仲景所谓浮洪长滑为阳,沉细短涩为阴之类欤。

和柔相离者,缓也,若接续不离则数矣。故病脾,脉来实而益数也。

厌厌,和调不变乱也。摄摄,连属不止代也。榆荚,轻浮和软也,借之以形容秋脉之轻浮和适而相属也。来如弹石。弹石,强硬也。平则沉软,病则强硬,与沉软反也,与前弹石不同。前弹石兼促,此则只强硬也。

脾为孤脏。言他脏各主一时,惟脾不正主四时,与他脏异,故曰孤。

长夏胃微软弱,曰平。按:前二条皆言胃而毛,胃而石。此言软弱,软弱即胃也,下仿此。

弱多胃少,曰脾病。但代无胃,曰死。软弱有石曰冬病。弱甚曰今病。按:此节与前条夏胃微钩曰平之旨同。

毛而有弦曰春病。弦甚曰今病。按:前条春兼秋脉,知秋乃病。此条秋兼春脉,知春乃病。不过对举互言,别无他意,后条仿此。

如水之流，浮盛也。如鸟之啄，细小也。浮盛太过，细小不及。

浊气归心，浊气，阴气也。淫精于脉，精者，阳精也。脉非动脉，乃经脉也，即前阴气阳精也。

毛脉合精一节。言皮毛之精与脉气流经之精相合，而行气于气海，气海则流布于四脏，由是中外上下各得其所而平均也。“留”，当作“流”，后节揆度，即此权衡之义。

不间脏。《传》曰：难[①]已间脏传，如心病传肝之类。不间脏传，如心病传肺之类。然间脏虽传所生，至于七传，则一经不能再受邪矣。凡阳有五。盖五者土数也。五脏皆以胃气为主，故曰五五二十五阳。

不能极于天地之精气。盖极者中也，不适中乎精气也。

诸阳皆然，谓诸阴在内，格拒其阳于外，故病似阳而诚属阴，不可作阳病治，下仿此。阳气有余，身热无汗。汗者阴气也。阳胜阴虚，故热无汗。

病能钞。“秋冬夺于所用”，至“手足为之寒也”一节。用，用力也。争者，不和也。邪气，阴邪也。气因于中四字，疑衍。从之上者，阴邪从逆上之阳而上也。秋冬，阳衰阴盛，人于秋冬，耗夺其阳精之气，则下焦阳气愈衰，为盛阴迫之而上不和矣。阳既上而不下，则下焦愈见阳虚而阴愈盛，阴盛充溢为阴邪矣。阴邪而从微阳逆上，是寒自下逆上而厥也。手足寒者，四肢诸阳之本，阳衰阴旺，故手足寒也。

气聚于脾中。谷气聚也。

疟皆生于风。后言疟因于暑，盖疟皆先伤暑，后感风寒而发也。

注曰：阳气下行极而上，阴气上行极而下。故曰：阴阳上下交争。此指外邪所伤言。《汇粹钞》：阳病者，上行极而下；阴病者，下行极而上；此指本气自病言。按：风暑阳邪，喜伤于阳，阳经而受阳邪，则阳极矣。和则阳气下降，极则反上与阴争。水寒阴邪，喜伤于阴，阴经而受阴邪，则阴极矣。和则阴气上升，极则反下与阳争，此亦各经之阴阳，如某经气血多少之谓，非荣行脉中，卫行脉外之阴阳也。

皮肤之内，肠胃之外，此荣气所舍，暑热藏于皮肤之内，乃舍于荣气中也。后言皮肤之内，卫气所舍，风水客于皮肤，乃客于卫气中也。可见，皮肤之内，乃荣卫并居，此亦各经之荣卫，其气和柔，故能受邪。向之暑热伤荣，今之风寒伤卫，营卫俱受邪而并居，故因卫气外出而入于阳分，则与阳争。阳虚而寒，因卫气内行而入于阴分，则与阴争。阴虚而热，此指昼行阳，夜行阴之卫气也。后段并于阳，则阳胜，并于阴，则阴胜，又与前"阴阳上下交争"互相发明。

病极则复者，物极则衰，故阳中之邪极则寒止，阴中之邪极则热止。且卫气越其受邪之经，而行于他经，则邪正相离而寒热亦止。

疟但热不寒。盖因只感暑与风之阳邪，不感水邪之阴寒，故如是也。

寒而鼓颔，颔乃胃脉所经，热而多渴，乃胃热所致，故知疟属于胃者多。

胜复之气，盖言或胜气为病，或复气为病，非先胜后复之谓，如阳邪胜阴邪复也。

"徇蒙招尤"至"甚则入肝"。许学士云：上虚者，肝虚也，肝虚则头晕。徇蒙者，如以物蒙其首，招摇不定，目弦耳聋，皆晕之状也，名曰：肝厥头晕。

结阴者，便血。《宝鉴》曰：阴气内结，不得外行，无所禀渗入肠间，故便血也。

论治钞。按而收之，谓按摩以收摄之。假者何如？谓冬月用寒药，不以冬寒为禁也。高者抑之一节，总解上文制之夺之之义。

夫"气之胜也"一节，与后运气钞"夫气之胜也"文同。必安其主客，即六气加临之主客。同者逆之，指六气言；异者从之，指五运言。

"病所远而中道气味之者"一节。中道者，气味薄之药也。病在肾肝其道远，或用气味薄药治之，必须大剂顿服，亦合急方之制。注曰：食而令足，剂大而多也。然急过之，乃顿服之。

以所利行之。如辛利于散之类。

惊者平之。或使其平心易气，以先之而后药，此因外惊而治也。若内气动其神者，又当以药平其阴阳之盛衰，则神可安，志可定矣。

"必伏其所主"一节。伏，潜伏也。今欲潜伏其邪，使之不为害，当先知热因寒用等法。如同，谓以热治寒始皆同也；终异，谓热药寒服则异矣。热药寒服而无格拒之患，必破积溃坚而伏其病矣。

随其攸利。利者，宜也，或内治或外治或衰之以属，各随其所宜也。

色胗[②]钞。合于神明。谓合于天地神明之变化也。

针刺钞。观适之变。谓须静意视义而观察之，以调适其病变也。

无逢其冲而泻之。谓水下一刻、三刻、五刻、七刻，人气在三阳；二刻、四刻、六刻、八刻，人气在阴分。气在三阳，则阳分独盛；气在阴分，则阴分独盛。见其独盛，指以为邪，以针泻之，反伤真气，故下文云：王注言水下一刻，人气在太阳；二刻，在少阳；三刻，在阳明；四刻，在阴分。若然则气一昼一夜，只行得二十五周于身，与《灵枢》篇首人气一昼一夜五十度周于身之说不合，其误可知。且阴分者乃三阳之阴分，非内脏阴分。午时水下一刻，人气在三阴；二刻在阳分，亦三阴之阳分，非外腑阳分。故曰腑有阴阳，脏亦有阴阳，此专指卫气言也。

七节之旁，中有小心。按《经度篇·心经》注曰：心系有二：其一上与肺相连，入肺两大叶间；其一由肺系而下，曲折向后，并脊膂细络相连，贯脊髓与肾相通，正当七节之间，经之所云，其指此欤！从阴引阳，从阳引阴。谓头阳足阴，热阳寒阴。头有病下取之，足有病上取之。阳病热引之阴使凉，阴病寒引之阳使温，皆是也。此与《论治钞》阳病气反者，病在上取之下，病在下取之上，病在中磅[③]取之义并同。

阴阳钞。万物之能始。谓万物之生初固由之，死之初亦由之。

味归形，形食味；气生形，形食气。言不特味生形，气亦生形。

气归精，精归化，化生精，精食气。此言气不特生形，又能生精。

味伤形，气伤精。此言味虽生形，而亦伤形；气虽生精，而亦伤精。

精化为气。此言气不特生精，生化，而精化亦能生气，故曰交相益也。

气伤于味。此言不特形伤味，而气亦伤于味，故曰互相损也。

天运当以日光明。谓之天运行不息者，由日光明而阳气盛也。如人固守其阳则寿，若伤耗其阳则夭。

“暮而收拒”一节，示人以养阳也。

脉流薄疾并乃狂。薄疾，阴气虚也。并者，阳气盛实也。

标本钞。治，得为从。得者，顺也，如以热治热，为顺其病也。

运气钞。气数者。气指阴阳气言，数指三阴三阳言。注曰：气数者，生成之气，谓天一地六之九数也。

所胜则微，所不胜则甚。盖直[④]年之气，胜气也。胜气为邪所干，则直年之气为胜而邪不胜，故病微。直年之气不胜，不胜，不足也，为邪所干则甚。

非其时则微者。如木年而火气至，是直年木气胜，故火气虽至，乃非其时，故后二年乃病者微也。

当其时则甚。如木直之年，木气胜也，今为邪中，是木气虚而受邪，故曰：所不胜则甚。不胜者，木气虚也。又曰：当其时则甚，谓木直之年，而木为邪所病，其病为甚，故曰：当其时则甚。

安其屈复。如胜气和则平之，胜气甚则夺之，谓随胜气之微甚，或平或夺以安静之，使其屈伏耳。

汇粹钞。"故圣人传精神"一节。谓身中精神传而承袭之。不毁天之真气，服而顺从之，不逆则神明流通，而无内壅外壅之失。

其色必夭。前言察脉，此言亦当察色。

如参舂者病。参舂，谓轻重疾徐不等也。中部之候独调，谓中部虽不大不数，然上下二部皆大数者亦死，或上下二部大数，独中部脉小者亦死。

一候后则病。后者，谓胜脉有大小迟数，谓大者前，小者后，数者前，迟者后也。

独小者病。独者，于凡候中举一候言也，如前一候后则病之义。

岐伯曰：肾移寒于脾，痈肿少气。肾伤于寒而传于脾，胃主肉，寒生于肉，则结为坚，坚化为脓，故为痈也。血伤故少，故曰少气。**脾移寒于肝，痈肿筋挛**。脾主肉，肝主筋，肉温则筋舒，肉冷则筋急，故筋挛也。肉寒则卫气结聚，故为肿痈。**肝移寒于心，狂隔中**。心为阳脏，神处其中，寒薄之则神乱离，故狂也。阳气寒相薄，故隔塞而中不通。**心移寒于肺，肺消。肺消者，饮一溲二，死不治**。心为阳脏，反受诸寒，寒气不消，郁而为热，内烁于金，金受火邪，故中消也。肺脏消烁，气无所持，故饮一溲二，金火相贼，死不可治。**肺移寒于肾，为涌水。涌水者，按腹不坚，水气客于大肠，疾行则鸣，濯濯如囊裹浆，水之病也。**夫肺寒入肾，肾气有余则上奔于肺，故云涌水。大肠为肺之府，故水客于大肠也。肾受凝寒，不能化液，大肠积水而不流通，故病行则肠鸣云。**脾移热于肝，则为惊衄。**肝藏血，主惊，故热薄之则惊而鼻血。**肝移热于心，则死。**夫两阳和合，火木相燔，故肝热入心，则当死也已。**心移热于肺，传为膈消。**心肺两间，中有斜膈膜，膈膜下际，内连于横膈膜。故心热入肺，久久传化，内传膈热消渴而多饮也。**肺移热于肾，传为柔痓。**柔谓筋柔痓，痓谓骨强。气骨皆热，髓不内充，故骨痓强而不举，筋柔而缓无力也。**肾移热于脾，传为虚肠澼，死不可治。**脾土制水，肾反移热以与之，是土不能制水而受病，故久久传为虚损也。肠澼死者，肾主下焦，象水而冷，今乃移热，是精气内消，下焦无主以守持，故肠澼除而气不禁止也。**胞移热丁膀胱，则癃溺血。**膀胱为津液之府，胞为受纳之司。胞热移于膀胱，则阴络内溢，故不得小便而溺血。**膀胱移热于小肠，膈肠不便，上而口糜。**小肠脉，络心循咽下膈抵胃属小肠，故受热则下令肠隔塞而不便，上则令口生疮而糜烂也。**小肠移热于大肠，必虙瘕为沉。**小肠移热大肠，两热相藏则血溢，而为伏瘕也。血满不利，则月事成滞不行，故云：为伏瘕，为沉也。虙与伏同。**大肠移热于胃，善食而瘦，又谓之食亦。**胃为水谷之海，其气外养肌肉，热消水谷，又烁肌肉，故善食而瘦。食亦者，谓食人移易而过，不生肌肤也。亦，易也。**胃移热于胆，亦曰食亦。**义同上。**胆移热于脑，则辛頞[⑤]鼻渊。鼻渊者，浊涕下不止也，传为衄衊瞑目。**脑液下渗，则为浊涕，涕下不止，如彼水泉，故曰鼻渊。额，谓鼻额。足太阳脉，起目内眦上额交巅络脑；阳明脉，起于鼻交额中旁约大[⑥]阳之脉。令脑热则足太阳逆，与阳明之脉俱盛，薄于额中，故鼻额辛。辛，谓醉痛也。热盛则阳络溢，阳络溢，则衄出汗血也。衊谓汗血。血出甚，阳明太阳脉衰，不能荣养于目，故目瞑。瞑，暗也。**故得之气厥也。**厥者，气逆也，皆由气逆而得之。出《气厥论》。

帝曰：始生有病癫者，病名为何？曰：病名胎病，此得之在母腹中时，其母有所大惊，气上而不下。精气并居，故令子发癫疾。精气，谓阳之精气。出《奇病论》。

岐伯曰：阳虚则外寒者，阳受气于上焦，以温皮肤分肉之间，今寒气在外则上焦不通，上焦不通则寒气独留于外。故寒慄。慄，战慄也。阴虚生内热者，有所劳倦，形气衰少，谷气不盛，上焦不行，下脘不通，胃气热，热气熏胸中，故内热。王安道曰：此阴字，指人身之阴与水谷之味也。夫有所劳倦者，过动属火也。形气衰少者，壮火食气也。谷气不盛者，劳伤元气则少食而气衰也。上焦不行者，清阳不升也。下脘不通者，浊阴不降也。夫胃受水谷则清阳升而浊阴降，以传化出入，滋养一身也。今胃不能纳而谷气衰少，则清无升，浊无降矣。故曰：上不行，下不通，非绝不行不通，但比无病时谓之不行不通耳。上不行下不通则郁矣，郁则少火皆成壮火。胃居上焦下脘之间，故胃气热，热则上炎，熏胸中为内热也。斯东垣所谓劳伤形体，饮食失节而致热者乎！内伤之说，盖原于此。阳盛生外热者，上焦不通，则皮肤致密，腠理闭塞，玄府不通，卫气不得泄越，故外热。外伤寒毒，内薄诸阳，寒外盛则皮肤收，皮肤收则腠理密，故卫气蓄聚，无所流行矣。寒气外薄，阳气内争，积火内燔，故生外热。阴盛生内寒者，厥气上逆，寒气积于胸中而不泻，不泻则温气去，寒独留，则血凝泣，凝则脉不通，其脉盛大以涩，故中寒。温气，阳气也。阴逆内满，则阳气去于皮外也。出《调经论》。

《灵枢·病传篇》曰：七传当作次传，谓传其所胜，如心传肺，肺传肝之类。间传，谓间脏传所不胜，如心传肝，肝传肾之类。《根结篇》曰：形气不足，病气有余，急泻之。形，谓皮肉筋骨血脉也。气，谓口鼻中喘息也。形胜者，为有余；消瘦者，为不足。审口鼻中气劳役如故，为气有余；若喘息气促气短，或不足以息者，为不足。当补当泻，全不在此。但病来潮作之时，病气精神增添者，是病气有余，乃邪气胜也，急泻以寒凉酸苦之剂；如潮作之时，精神困弱，语言无力及懒语者，为病气不足，乃真气不足也，急补以辛甘温热之剂；若病人形气不足，病来之时病气亦不足，此阴俱不足，禁用针，针宜补，以甘药，不可尽剂，不已，取脐下气悔[7]穴。

有病头痛数岁不已者，当有所犯大寒，内至骨髓，髓者以脑为主，脑逆故令头痛，齿亦痛。出《奇病论》。

有癃者，一日数十溲，后条脉细微如发。此不足也；身热如炭，颈膺如格，人迎躁盛，喘息气逆，此有余也，太阴脉细如发，此不足也。外有余者五，内不足者二。名为何病？岐伯曰：病在太阴，其盛在胃，颇在肺，病名曰厥，死不治。外有余者五。皆手太阴脉当洪大而数，今微细如发，是脉与证相反也。以肺气逆凌于胃，故上使人迎躁盛也，故曰其病在太阴，其盛在胃也。以喘息气逆，又云颇在于肺。病相气逆，症不相应，故死不治。何也？谓其病在表，则内有二不足，谓其病在里，则外有五有余。表里既不可凭，补泻固难为用，其死明矣。有病痝[8]然如水状，切其脉大紧，身无痛，形不瘦，不能食，食少，何病也？曰：病生在肾，名曰肾风。脉如弓弦，大而且紧，大则为气，紧则为寒，寒气内薄，而反无痛，故问之。盖以劳气内蓄，寒复内争，劳气薄寒，故化为风，风胜于肾，故曰肾风。肾风而不能食，善惊，惊已心气痿者死。肾水受风，心火痿弱，水火俱困，故死。出《奇病论》。

尸厥邪客手足少阴太阴、足阳明之络，此五络皆会于耳中，上络左角，额角。五络俱竭，令人身脉皆动，而形无知也，其状若尸，故曰尸厥。其卒冒闷而如死尸，身脉独如常人而动也。然阴气盛于上，则下气重上而邪气逆，邪气逆则阳气乱，阳气乱则五络闭结而不通，故其状若尸。刺隐白、历兑、涌泉，于少商、中冲、神门各一痏。出《缪刺论》。

病有身重，九月而瘖，何也？岐伯曰：胞之络脉绝也。绝，谓断而不通流，非天真之气断绝也。胞脉者，系于少阴之脉，贯肾，系舌本，故不能言。少阴，肾脉。气不营养，故不能言。无治也，当十月复。十月胎去，胞络复通，肾脉上营，故复言也。《刺法》曰：无损不足益有余，以成其疹。疹，久病也。所谓无损不足者，身羸瘦，无用鑱石也。无益有余者，腹中有形而泻之，泻之则精出而病独擅中，故曰疹成也。出《奇病论》。

人有大谷十二分，大经所会，曰大谷。十二分者，十二经脉之部分。小溪三百五十三名，少十二俞，小络所会，曰小溪。小络三百六十五，除十二俞外，则当三百五十三名。此皆卫气之所留止，邪气之所客也，卫气满填以行，邪气不得居止，卫气亏缺留止，则为邪气所客。针石缘而去之。言邪气所客，卫气留止，针其溪谷，则邪寅缘气随脉而行去也。诊病之始，五决为纪，谓以五脏之脉，为决生死之纲纪也。欲知其始，先建其母。母，谓应时王气也。先立应时王气，然后乃求邪之气。所谓五决者，五脏之脉也。出《五脏生成篇》。

五味入口，藏于胃，以养五脏气。五气入鼻，藏于心肺，心肺有病，而鼻为之不利也。凡治病必察其下，适其脉候，观其志意，与其病也。下，谓目下所见可否也。调适脉之盈虚，观量志意之邪正，及病深浅成败之宜，乃守法以治之也。出《五脏别论》。

诸痈肿、筋挛、骨痛，此寒气之肿，八风之变也，此四时之病，以其胜治之愈也。如金胜木之类。出《脉要精微》。

道之至数。言五色脉应，乃道之至数。出《玉版要论⑨》。

天下数至。言五色脉变，乃天下至数。出《玉机真脏论》。

天地至数，始于一，终于九。一者天，二者地，三者人，三三者九，以应九野为九脏，故神脏五，形脏四，合为九脏。故人有三部，部有三候，以决死生。三候者，有天有地有人也，三而成天，三而成地，三而成人，非惟人独，由此三气而生，天地之道亦如是矣。故易乾坤诸卦，皆必三矣。又曰：三气乃天气、地气、运气也。其气九州九窍皆通乎天气。先言其气者，谓天真之气常系属于中也。天气不绝，真灵内属行脏，动静悉与天通，故曰皆通乎天气也。《阴阳离合论》曰：阴阳者，数之可十，推之可百，数之可千，推之可万，万之大不可胜数，然其要一也。一，谓离合也。虽不胜数，然其要妙，以离合推步，悉可知之也矣。

虚邪者，八正之虚邪气也。谓八正之虚邪，从虚乡而来，袭虚而入为病。正邪者，身形若用力汗出，腠理开，逢虚风，其中人也微，故莫知其情，莫见其形。正邪者，不从虚之乡来也。以中人微，故莫知其情意，莫知其形状也。上工救其萌芽，必先见三部九候之气，尽调不败而救之，故曰上工。不败，病未至于败也。出《八正神明论》。

八正者，所以候八风之虚邪，以时至者也。应时而至为八正，非时而至者为虚。四时，所以分春夏秋冬之气所在，以时调之也。四时之气所真[10]者，谓春气在经络脉，夏气在孙络，秋气在皮肤，冬气在骨髓也。八正之虚邪，而避之勿犯也。触冒虚邪，动伤真气，避而勿犯，乃不病邪。以身之虚，而逢天之虚，两虚相感，其气至骨，入则伤五脏，故曰：天忌不可不知也。八风正邪，其伤人也微；八风虚邪，其伤人也深。此人忌于天，故曰天忌。《八正神明论》。

诸气在泉，风淫于内，风变淫邪而胜于内也。治以辛凉，佐以苦，以甘缓之，以辛散之。风性喜温恶清，故治以凉，是以胜气治之也。佐以苦，随其所利也。肝木苦急，则以甘缓之。又肝散，若抑，则以辛散之，如仲景桂枝汤是也。盖发散风邪，以辛为主，故桂枝三两为君，芍药味苦酸微寒，三两为臣，甘草味甘平，二两为佐者，《内经》所谓平以辛，佐以辛、以甘缓、以酸收也。生姜味辛温，三两，大枣味甘温，十二枚，为使者，《内经》所谓风淫于内，以甘缓以辛散之意也。热淫于内，治以酸[11]寒，佐以甘苦，以酸收之，以苦发之。热性恶寒，故治以寒也。热之大盛甚于表者，以苦发之，不尽复寒制之，寒制不尽，复苦发之，以酸收之。甚者再方，微者一方，时发时止，亦以酸收之，如麻黄汤是也。《本草》曰：轻可去实。又曰：腠密邪胜表实者，轻剂所以扬之，故用麻黄之轻剂，味甘苦，三两，为君也。风邪在表，缓而肤腠疏者，故用桂枝二两解肌，为臣。《内经》曰：寒淫于内，治以甘热，佐以辛苦者是也。甘草味甘平，一两，为佐，杏仁味甘苦温，七十枚，为使者，经曰：肝苦急，急食味以缓之。肝者，荣之主也，伤寒伤荣，荣血为之不利，故用甘草、杏仁为佐使也。又谓气之所并为血虚，血之所并为气虚，故麻黄佐以杏仁，用利气也。湿淫于内，治以苦热，佐以酸淡，以苦燥之，以淡渗之。湿与燥反，燥除湿，故以苦燥其湿也。淡利窍，以故淡渗泄也。火淫于内，治以咸冷，佐以苦辛，以酸收之，以苦发之。火气大行，心怒之所生也。心欲软，故以咸治之。又心苦缓，故以酸治之。大法须汗者，以辛佐之，令其汗也，不必资以苦。燥淫于内，治以苦温，佐以甘辛，以苦下之。肺苦气上逆，急食苦以泻之，以辛泻之，酸补之。甘辛当作酸辛。寒淫于内，治以甘热，佐以苦辛，以咸泻之，以辛润之，以苦坚之。以热治寒，以胜折其气。肾苦燥，急食辛以润之，肾欲坚，急食苦以坚之，用苦补之，咸泻之。又曰：司天之气，风淫所胜，风变淫邪，所胜则淫邪胜也。平之辛凉，佐以苦甘，以甘缓之，以酸泻之。在泉外淫于内，所胜治之。司天上淫于下，所胜平之。热淫所胜，平以寒咸，佐以苦甘，以酸收之。湿淫所胜，平以苦热，佐以酸辛，以苦燥之，以淡泄之。按：湿淫于内，佐以酸淡，此酸辛当作淡。湿上甚而热，治以苦温，佐以甘辛，以汗为故而止。火淫所胜，平以咸冷，佐以甘苦，以酸收之，以苦发之，以酸复之，热淫同。寒淫所胜，平以辛热，佐以苦甘，以咸泻之。按：寒淫于内，治以甘热，佐以甘苦，此文恐误也。邪气反胜者，不能淫胜于地气，反为不胜之气为邪以胜之。风司于地，清反胜之，治以酸温，佐以苦甘，以辛平之。在泉之气胜盛，故以酸泻，佐以苦甘。邪退则正虚，故以补养而平之。热司于地，寒反胜之，治以甘热，佐以苦辛，以咸平之。湿司于地，热反胜之，治以苦冷，佐以咸甘，以苦平之。火司于地，寒反胜之，治以甘热，佐以苦辛，以咸平之。燥司于地，热反胜之，治以平寒，佐以苦甘，以酸[12]平之，以和为利。寒司于地，热反胜之，治以咸冷，佐以甘辛，以苦平之。此六气方治，与前所胜法殊。曰治者，泻客邪之胜气也。佐者，皆所利所宜。平者，补已弱之正气也。厥阴之胜，治之甘清，佐以苦辛，以酸泻之。少阴之胜，治以辛寒，佐以苦咸，以甘泻之。太阴之胜，治以咸热，佐以辛甘，以苦泻之。少阳之胜，治以辛寒，佐以甘咸，以甘泻之。阳明之胜，治以酸温，佐以辛甘，以苦泄之。太阳之胜，治以甘当作苦。热，佐以辛酸，以咸泻之。六胜之至，皆先归其不胜己者，故不胜者当先泻之，以通其道矣。泻所胜之气，令其退释也。厥阴之负，肝乘脾土，始因土胜水，水之子木，木乃复土仇。治以酸寒，佐以甘辛，以酸泻之，以甘缓之。少阴之复，治以咸寒，佐以苦辛，以甘泻之，以酸收之，以苦发之，以咸软之。太阴之复，治以苦热，佐以酸辛，以苦泻之，燥之，泄之。少阳之复，治以咸冷，佐以苦平，以咸软之，以酸收之，以苦发之。发不远热，无犯温凉，少阴同法。阳明之复，治以辛温，佐以苦甘，以苦泄之，以苦下之，以酸补之。太阳之复，治以咸热，佐以甘辛，以苦坚之。治诸胜复，寒者热之，热者寒之，温者清之，清者温之，散者收之，抑者散之，燥者润之，急者缓之，坚者软之，脆者坚之，衰者补之，强者泻之，各安其气，必清必静，则病气衰去，归其所宗，此治之大体也。有胜负，则各倍其气以调之，故可使平也。宗，属也。调不失理，则余气自归其所属。胜复衰已，则各补养而定平之，必清必静，无妄挠之，则运气之寒热，亦各归同天地气也。出《至真要大论》[13]。

揆度者，度病之浅深也。奇恒者，言奇病也。揆度者，切度之也，言切求其脉理也。度者，得其高下以四时度之也。又曰：凡揆度奇恒之法，先以气口太阴之脉定四时之正气，然后度量奇恒之气者。出《玉版论要》。

【校注】

① 难：据石印本应作“脏”。

② 胗：据文义应作“诊”。

③ 磅：据文义应作“旁”。

④ 直：通“值”。

⑤ 頞：据石印本应作“额”。

⑥ 大：通“太”。

⑦ 气悔：据穴位名应作“气海”。

⑧ 痝（máng 忙）：肿起。

⑨ 要论：据《素问》应为“论要”。

⑩ 真：据《素问》王注应作“在”。

⑪ 酸：《素问》作“咸”。

⑫ 酸：《素问》作“咸”。

⑬ 出《至真要大论》：原无，据上文内容补。